LA FACE KARCHÉE DE SARKOZY

VENTS D'OUEST | fayard

LA FACE KARCHÉE DE SARKOZY

Enquête : PHILIPPE COHEN
Scénario : RICHARD MALKA
Dessin : RISS
Couleur : ISABELLE LEBEAU

VENTS D'OUEST | fayard

Lettrage : Bakayaro !

©2006 Éditions Vents d'Ouest
31-33, rue Ernest-Renan
92130 Issy-les-Moulineaux
www.ventsdouest.com

Tous droits réservés pour tous pays - Dépôt légal : novembre 2006
Achevé d'imprimer en France en décembre 2006 par POLLINA - L20773

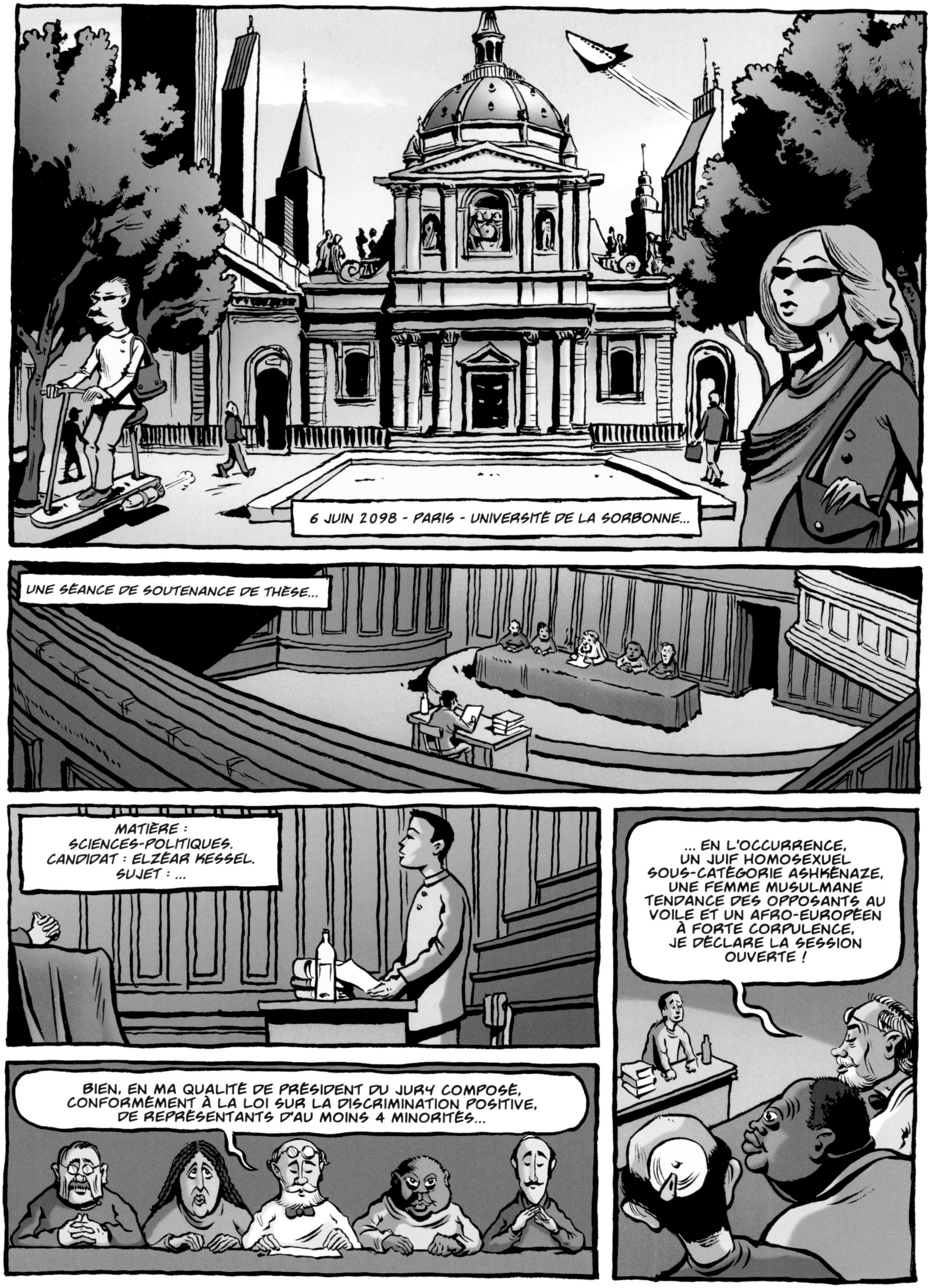
6 JUIN 2098 - PARIS - UNIVERSITÉ DE LA SORBONNE...
UNE SÉANCE DE SOUTENANCE DE THÈSE...
MATIÈRE : SCIENCES-POLITIQUES. CANDIDAT : ELZÉAR KESSEL. SUJET : ...
BIEN, EN MA QUALITÉ DE PRÉSIDENT DU JURY COMPOSÉ, CONFORMÉMENT À LA LOI SUR LA DISCRIMINATION POSITIVE, DE REPRÉSENTANTS D'AU MOINS 4 MINORITÉS...
... EN L'OCCURRENCE, UN JUIF HOMOSEXUEL SOUS-CATÉGORIE ASHKÉNAZE, UNE FEMME MUSULMANE TENDANCE DES OPPOSANTS AU VOILE ET UN AFRO-EUROPÉEN À FORTE CORPULENCE, JE DÉCLARE LA SESSION OUVERTE !

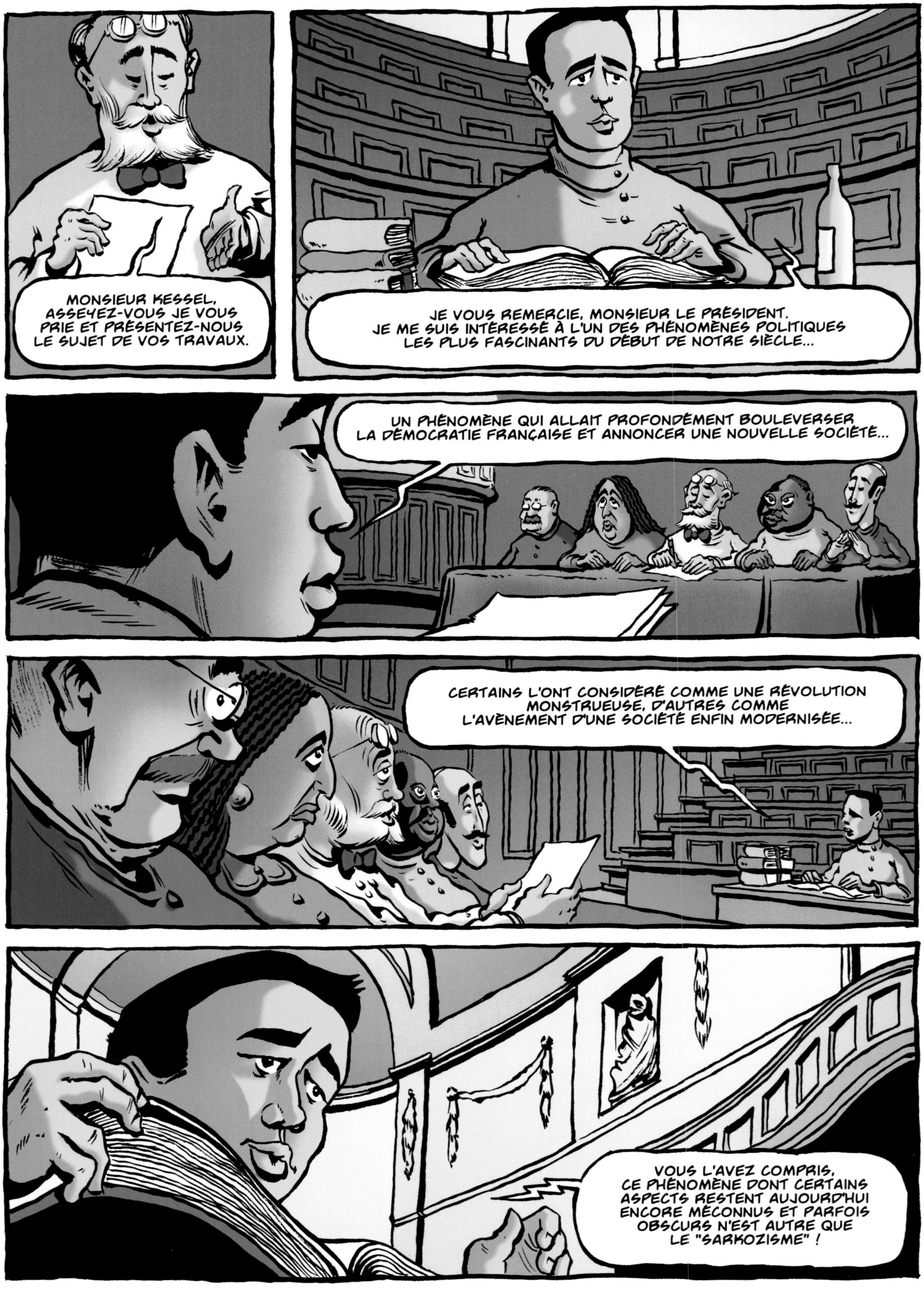
MONSIEUR KESSEL, ASSEYEZ-VOUS JE VOUS PRIE ET PRÉSENTEZ-NOUS LE SUJET DE VOS TRAVAUX.
JE VOUS REMERCIE, MONSIEUR LE PRÉSIDENT. JE ME SUIS INTÉRESSÉ À L'UN DES PHÉNOMÈNES POLITIQUES LES PLUS FASCINANTS DU DÉBUT DE NOTRE SIÈCLE...
UN PHÉNOMÈNE QUI ALLAIT PROFONDÉMENT BOULEVERSER LA DÉMOCRATIE FRANÇAISE ET ANNONCER UNE NOUVELLE SOCIÉTÉ...
CERTAINS L'ONT CONSIDÉRÉ COMME UNE RÉVOLUTION MONSTRUEUSE, D'AUTRES COMME L'AVÈNEMENT D'UNE SOCIÉTÉ ENFIN MODERNISÉE...
VOUS L'AVEZ COMPRIS, CE PHÉNOMÈNE DONT CERTAINS ASPECTS RESTENT AUJOURD'HUI ENCORE MÉCONNUS ET PARFOIS OBSCURS N'EST AUTRE QUE LE "SARKOZISME" !

SAR-COSETTE

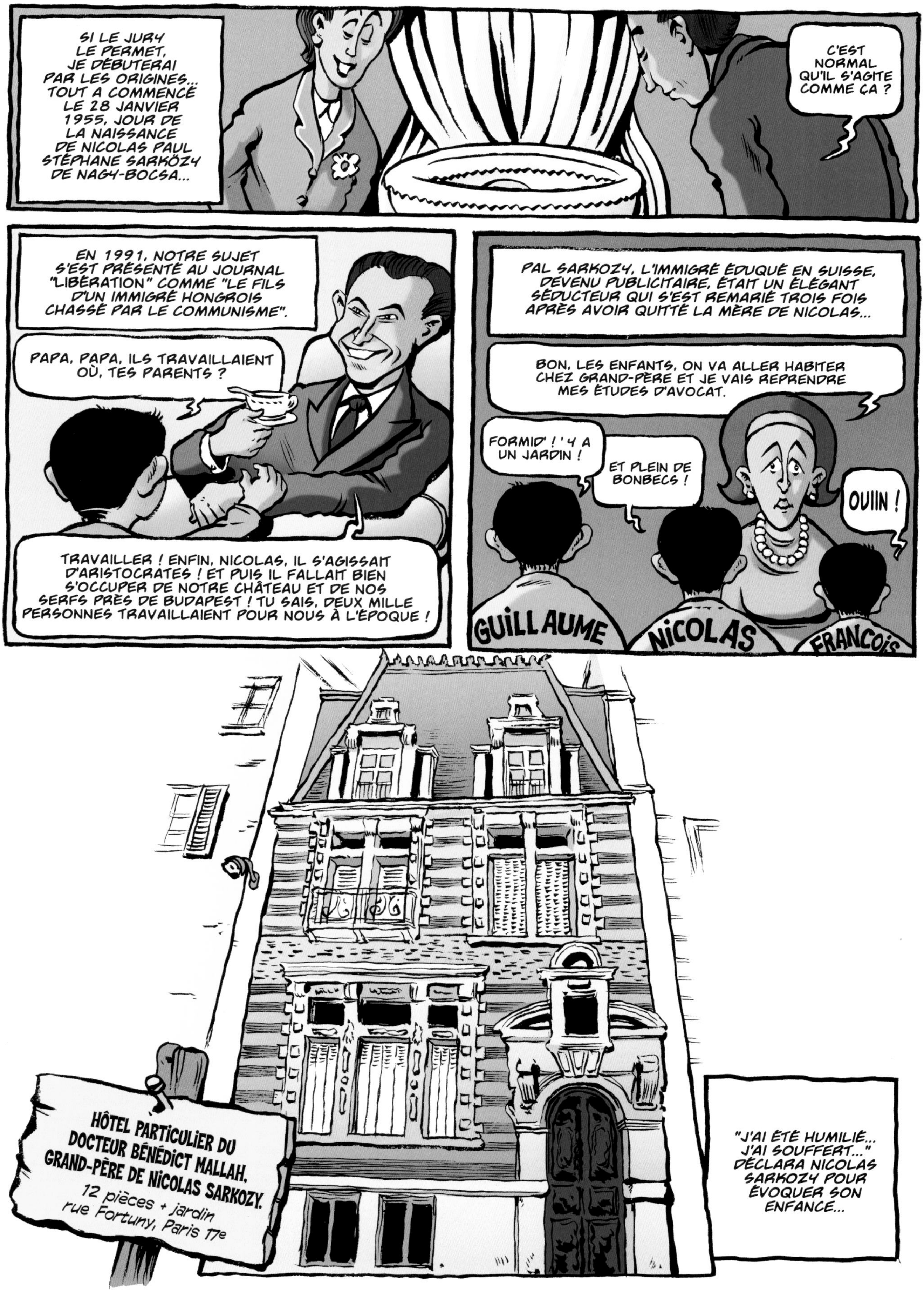
SI LE JURY LE PERMET, JE DÉBUTERAI PAR LES ORIGINES... TOUT A COMMENCÉ LE 28 JANVIER 1955, JOUR DE LA NAISSANCE DE NICOLAS PAUL STÉPHANE SARKÖZY DE NAGY-BOCSA...
C'EST NORMAL QU'IL S'AGITE COMME ÇA ?
EN 1991, NOTRE SUJET S'EST PRÉSENTÉ AU JOURNAL "LIBÉRATION" COMME "LE FILS D'UN IMMIGRÉ HONGROIS CHASSÉ PAR LE COMMUNISME".
PAPA, PAPA, ILS TRAVAILLAIENT OÙ, TES PARENTS ?
TRAVAILLER ! ENFIN, NICOLAS, IL S'AGISSAIT D'ARISTOCRATES ! ET PUIS IL FALLAIT BIEN S'OCCUPER DE NOTRE CHÂTEAU ET DE NOS SERFS PRÈS DE BUDAPEST ! TU SAIS, DEUX MILLE PERSONNES TRAVAILLAIENT POUR NOUS À L'ÉPOQUE !
PAL SARKOZY, L'IMMIGRÉ ÉDUQUÉ EN SUISSE, DEVENU PUBLICITAIRE, ÉTAIT UN ÉLÉGANT SÉDUCTEUR QUI S'EST REMARIÉ TROIS FOIS APRÈS AVOIR QUITTÉ LA MÈRE DE NICOLAS...
BON, LES ENFANTS, ON VA ALLER HABITER CHEZ GRAND-PÈRE ET JE VAIS REPRENDRE MES ÉTUDES D'AVOCAT.
FORMID' ! 'Y A UN JARDIN !
ET PLEIN DE BONBECS !
OUIIN !
GUILLAUME
NICOLAS
FRANCOIS
HÔTEL PARTICULIER DU DOCTEUR BÉNÉDICT MALLAH, GRAND-PÈRE DE NICOLAS SARKOZY.
12 pièces + jardin
rue Fortuny, Paris 17e
"J'AI ÉTÉ HUMILIÉ... J'AI SOUFFERT..." DÉCLARA NICOLAS SARKOZY POUR ÉVOQUER SON ENFANCE...

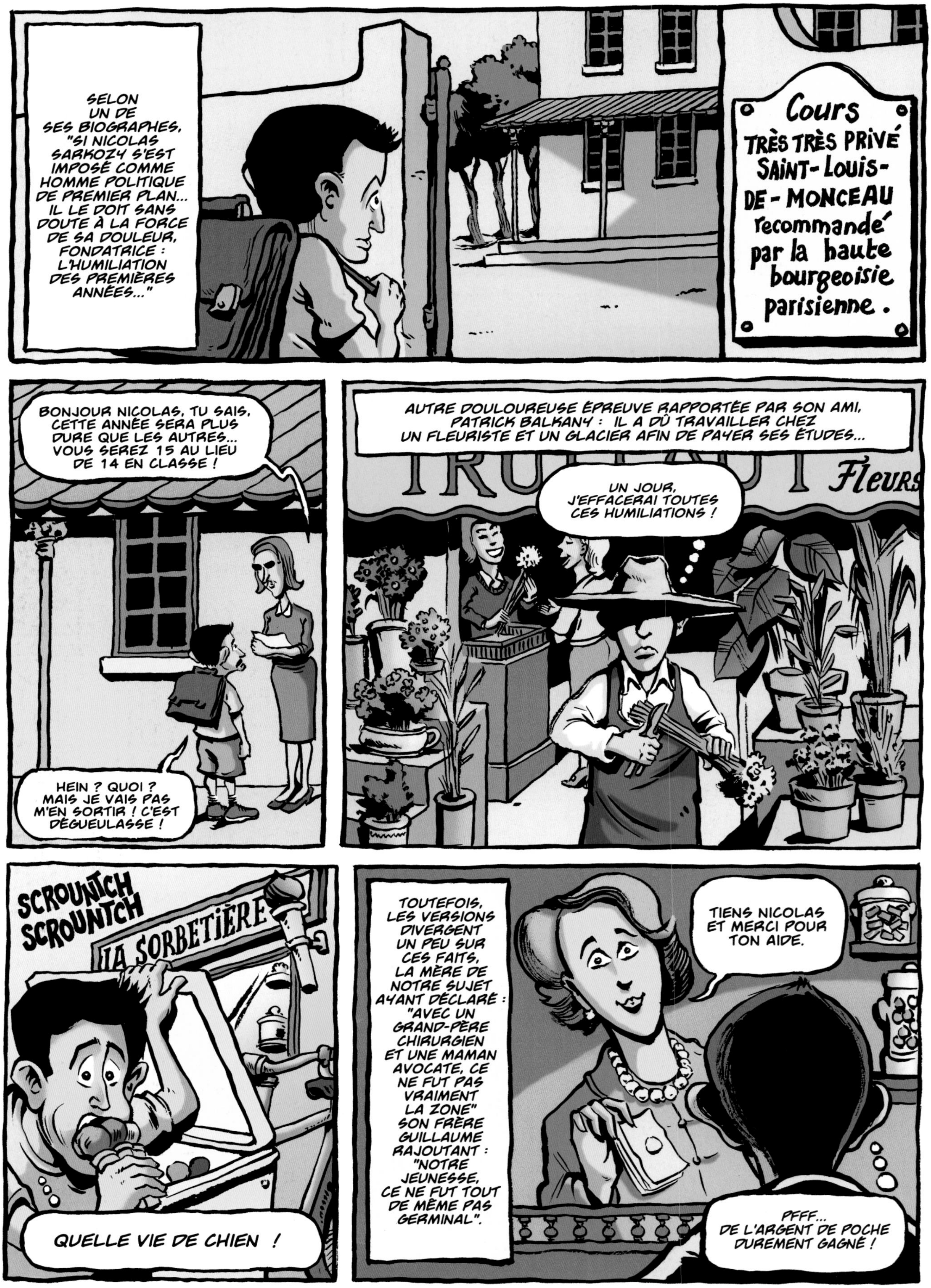
SELON UN DE SES BIOGRAPHES, "SI NICOLAS SARKOZY S'EST IMPOSÉ COMME HOMME POLITIQUE DE PREMIER PLAN... IL LE DOIT SANS DOUTE À LA FORCE DE SA DOULEUR, FONDATRICE : L'HUMILIATION DES PREMIÈRES ANNÉES..."
Cours TRÈS TRÈS PRIVÉ SAINT-Louis-DE-MONCEAU recommandé par la haute bourgeoisie parisienne.
BONJOUR NICOLAS, TU SAIS, CETTE ANNÉE SERA PLUS DURE QUE LES AUTRES... VOUS SEREZ 15 AU LIEU DE 14 EN CLASSE !
HEIN ? QUOI ? MAIS JE VAIS PAS M'EN SORTIR ! C'EST DÉGUEULASSE !
AUTRE DOULOUREUSE ÉPREUVE RAPPORTÉE PAR SON AMI, PATRICK BALKANY : IL A DÛ TRAVAILLER CHEZ UN FLEURISTE ET UN GLACIER AFIN DE PAYER SES ÉTUDES...
Fleurs
UN JOUR, J'EFFACERAI TOUTES CES HUMILIATIONS !
SCROUNTCH SCROUNTCH
LA SORBETIÈRE
QUELLE VIE DE CHIEN !
TOUTEFOIS, LES VERSIONS DIVERGENT UN PEU SUR CES FAITS, LA MÈRE DE NOTRE SUJET AYANT DÉCLARÉ : "AVEC UN GRAND-PÈRE CHIRURGIEN ET UNE MAMAN AVOCATE, CE NE FUT PAS VRAIMENT LA ZONE" SON FRÈRE GUILLAUME RAJOUTANT : "NOTRE JEUNESSE, CE NE FUT TOUT DE MÊME PAS GERMINAL".
TIENS NICOLAS ET MERCI POUR TON AIDE.
PFFF... DE L'ARGENT DE POCHE DUREMENT GAGNÉ !

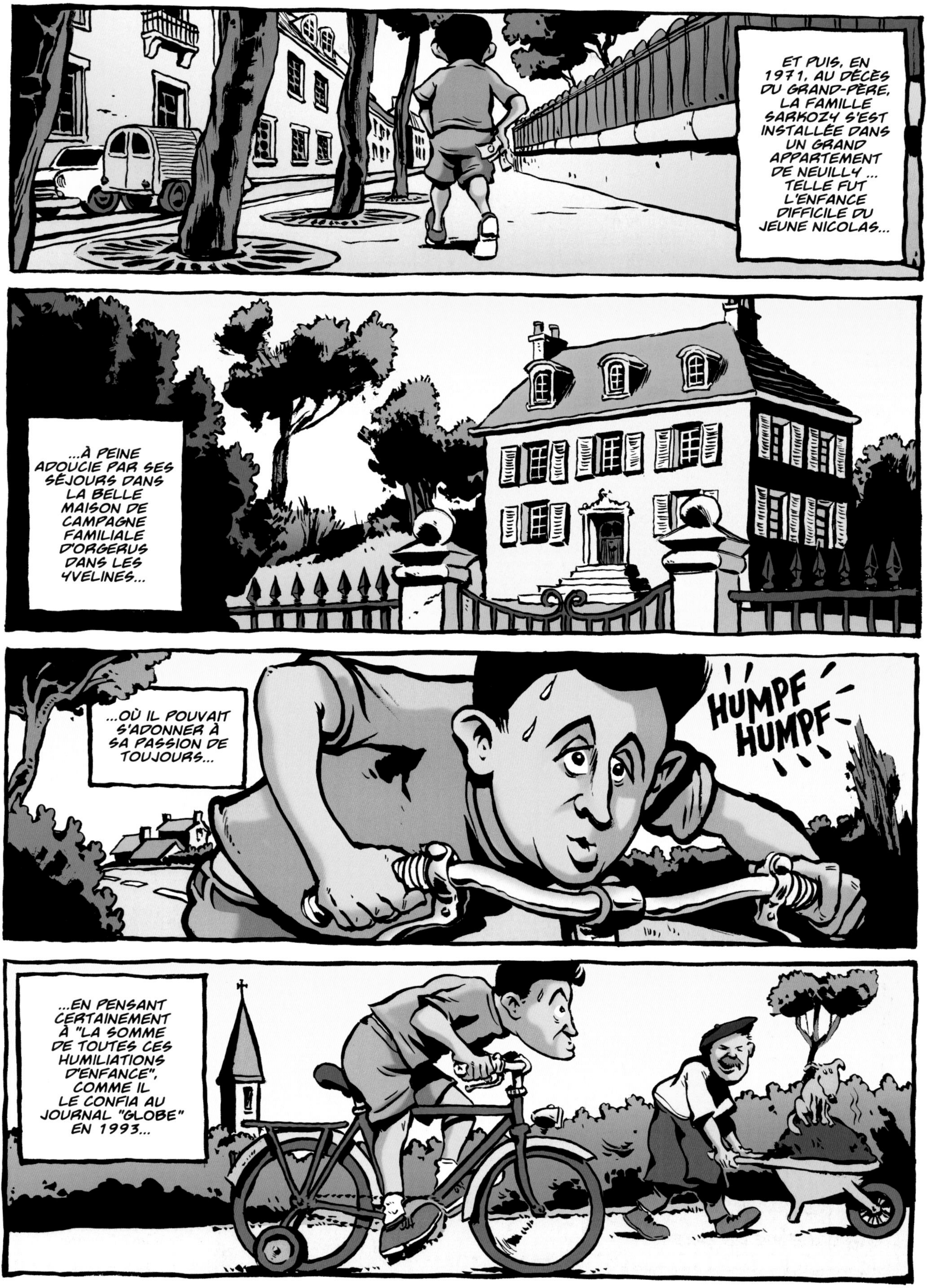
ET PUIS, EN 1971, AU DÉCÈS DU GRAND-PÈRE, LA FAMILLE SARKOZY S'EST INSTALLÉE DANS UN GRAND APPARTEMENT DE NEUILLY ... TELLE FUT L'ENFANCE DIFFICILE DU JEUNE NICOLAS...
...À PEINE ADOUCIE PAR SES SÉJOURS DANS LA BELLE MAISON DE CAMPAGNE FAMILIALE D'ORGERUS DANS LES YVELINES...
...OÙ IL POUVAIT S'ADONNER À SA PASSION DE TOUJOURS...
HUMPF HUMPF
...EN PENSANT CERTAINEMENT À "LA SOMME DE TOUTES CES HUMILIATIONS D'ENFANCE", COMME IL LE CONFIA AU JOURNAL "GLOBE" EN 1993...

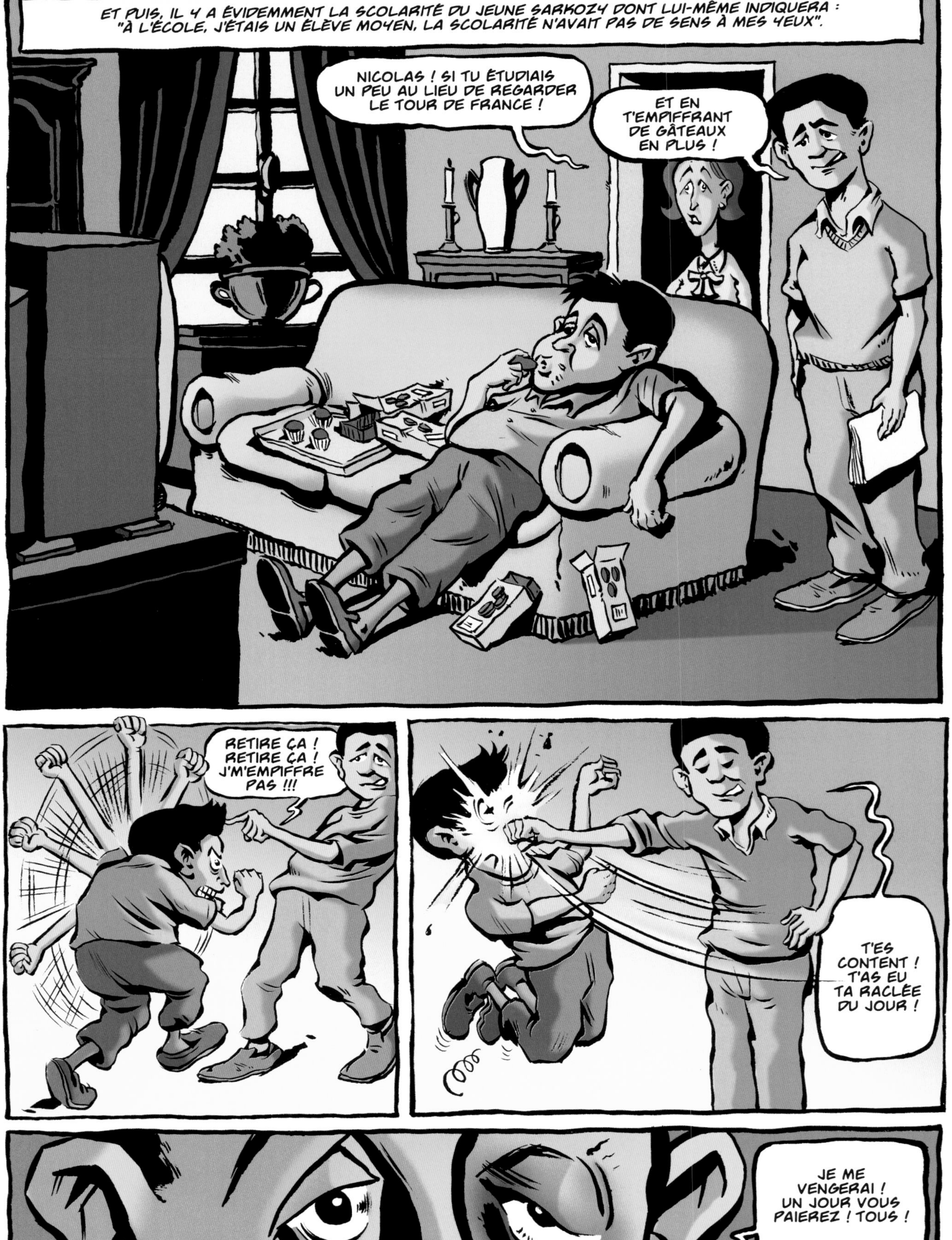
ET PUIS, IL Y A ÉVIDEMMENT LA SCOLARITÉ DU JEUNE SARKOZY DONT LUI-MÊME INDIQUERA : "À L'ÉCOLE, J'ÉTAIS UN ÉLÈVE MOYEN, LA SCOLARITÉ N'AVAIT PAS DE SENS À MES YEUX".
NICOLAS ! SI TU ÉTUDIAIS UN PEU AU LIEU DE REGARDER LE TOUR DE FRANCE !
ET EN T'EMPIFFRANT DE GÂTEAUX EN PLUS !
RETIRE ÇA ! RETIRE ÇA ! J'M'EMPIFFRE PAS !!!
T'ES CONTENT ! T'AS EU TA RACLÉE DU JOUR !
JE ME VENGERAI ! UN JOUR VOUS PAIEREZ ! TOUS !

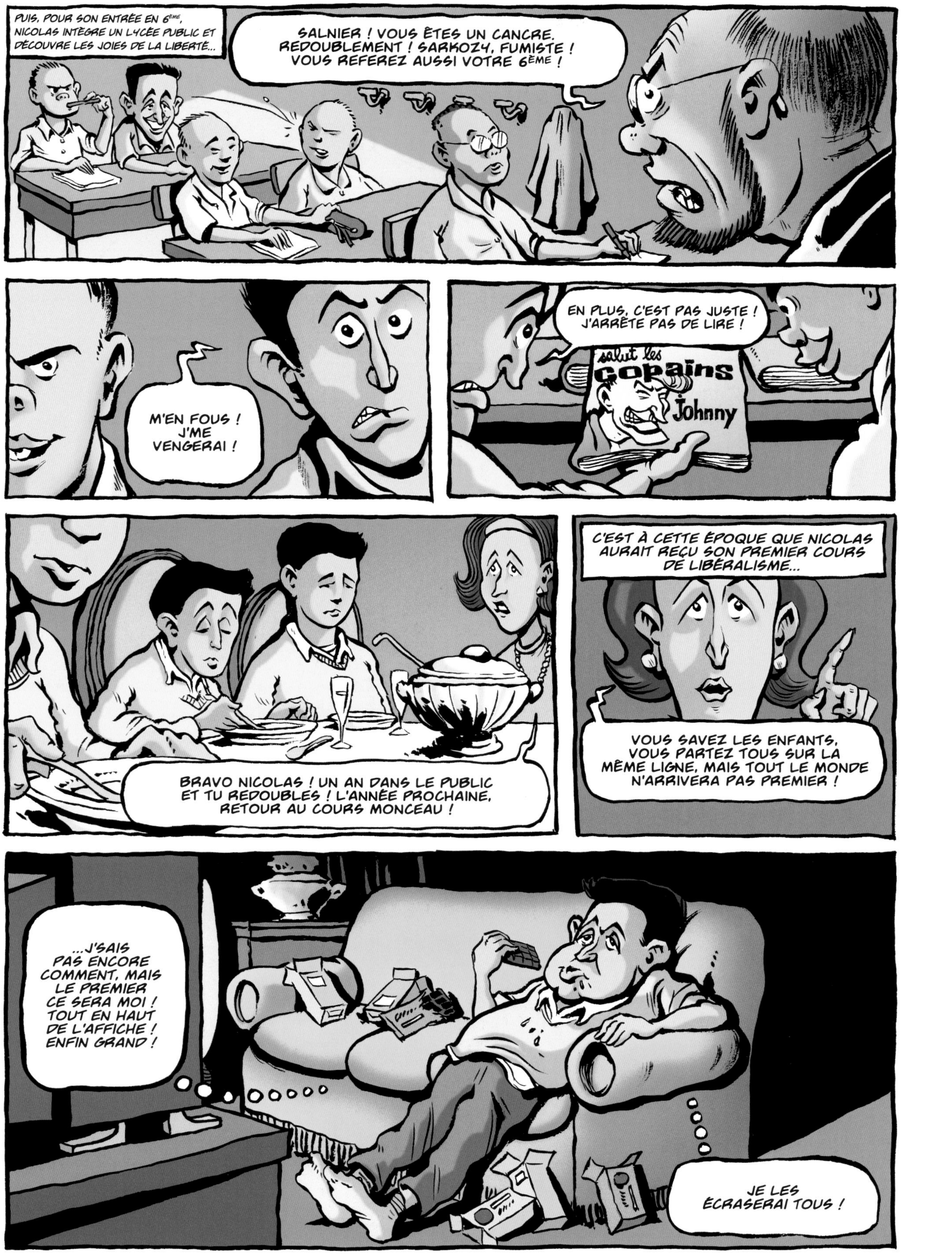
PUIS, POUR SON ENTRÉE EN 6ÈME, NICOLAS INTÈGRE UN LYCÉE PUBLIC ET DÉCOUVRE LES JOIES DE LA LIBERTÉ...
SALNIER ! VOUS ÊTES UN CANCRE. REDOUBLEMENT ! SARKOZY, FUMISTE ! VOUS REFEREZ AUSSI VOTRE 6ÈME !
M'EN FOUS ! J'ME VENGERAI !
EN PLUS, C'EST PAS JUSTE ! J'ARRÊTE PAS DE LIRE !
salut les copains
Johnny
BRAVO NICOLAS ! UN AN DANS LE PUBLIC ET TU REDOUBLES ! L'ANNÉE PROCHAINE, RETOUR AU COURS MONCEAU !
C'EST À CETTE ÉPOQUE QUE NICOLAS AURAIT REÇU SON PREMIER COURS DE LIBÉRALISME...
VOUS SAVEZ LES ENFANTS, VOUS PARTEZ TOUS SUR LA MÊME LIGNE, MAIS TOUT LE MONDE N'ARRIVERA PAS PREMIER !
...J'SAIS PAS ENCORE COMMENT, MAIS LE PREMIER CE SERA MOI ! TOUT EN HAUT DE L'AFFICHE ! ENFIN GRAND !
JE LES ÉCRASERAI TOUS !

ET LE PARCOURS SCOLAIRE DE NOTRE SUJET SE POURSUIVIT...

BACCALAURÉAT 1973

NOM	Bac	Mention
SARKOZY Nicolas	B	Aucune

J'AI PAS EU L'ENA, NORMALE SUP OU POLYTECHNIQUE, J'AI MÊME PAS EU SCIENCES-PO ET J'AI MIS 8 ANS POUR DEVENIR AVOCAT, MAIS JE LES ÉCRASERAI TOUS !

1981 Certificat d'Aptitude à la Profession d'Avocat

TRÈS INTÉRESSANT, MONSIEUR KESSEL, MAIS QU'EN EST-IL DES DÉBUTS DE MONSIEUR SARKOZY DANS LE MONDE POLITIQUE ?

CE FUT EN EFFET UN MODÈLE DE PRÉCOCITÉ...

COMMENT CETTE DESTINÉE S'EST-ELLE FORGÉE ?

J'Y VIENS, MONSIEUR LE PRÉSIDENT ...

18

RÉVÉLATION

SELON LA LÉGENDE, LA VOCATION POLITIQUE DE NOTRE SUJET REMONTERAIT À SON PLUS JEUNE ÂGE ALORS QUE SON GRAND-PÈRE L'ACCOMPAGNAIT AUX DÉFILÉS DU 14 JUILLET DU TEMPS DU GÉNÉRAL DE GAULLE...

TU AS VU LE GÉNÉRAL, NICOLAS ? ÇA, C'EST UN GRAND HOMME !

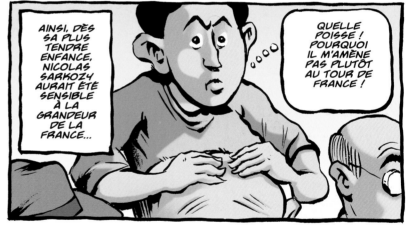

AINSI, DÈS SA PLUS TENDRE ENFANCE, NICOLAS SARKOZY AURAIT ÉTÉ SENSIBLE À LA GRANDEUR DE LA FRANCE...

QUELLE POISSE ! POURQUOI IL M'AMÈNE PAS PLUTÔT AU TOUR DE FRANCE !

IL SEMBLE TOUTEFOIS QUE NOTRE SUJET SE SOIT UN PEU CHERCHÉ...

J'AURAIS VOULU ÊTRE UN ARTIIISTE...

MERDE NICOLAS ! TU PEUX PAS FERMER LA PORTE QUAND T'ABOIES !

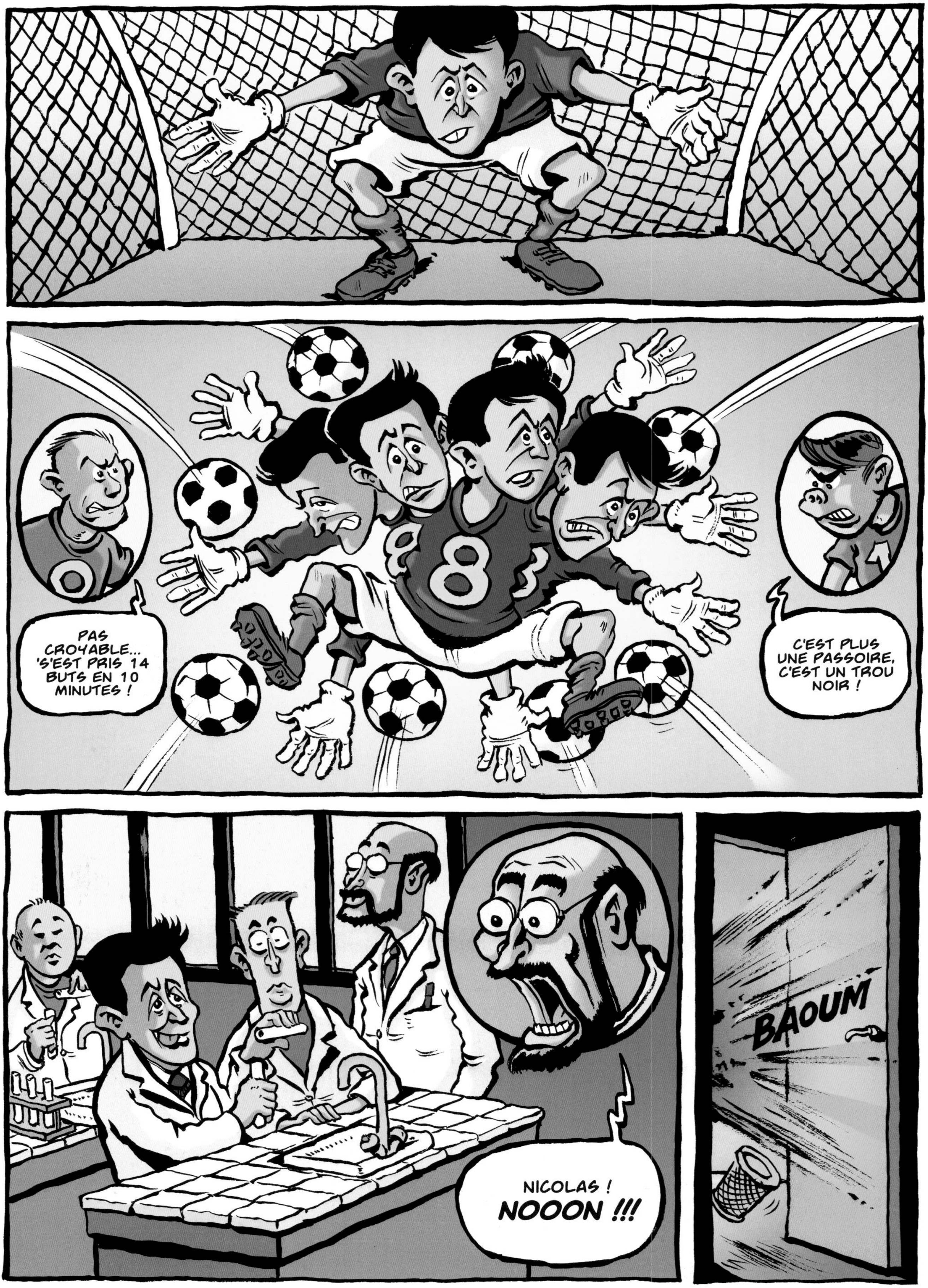
PAS CROYABLE... 'S'EST PRIS 14 BUTS EN 10 MINUTES !
C'EST PLUS UNE PASSOIRE, C'EST UN TROU NOIR !
NICOLAS ! NOOON !!!
BAOUM

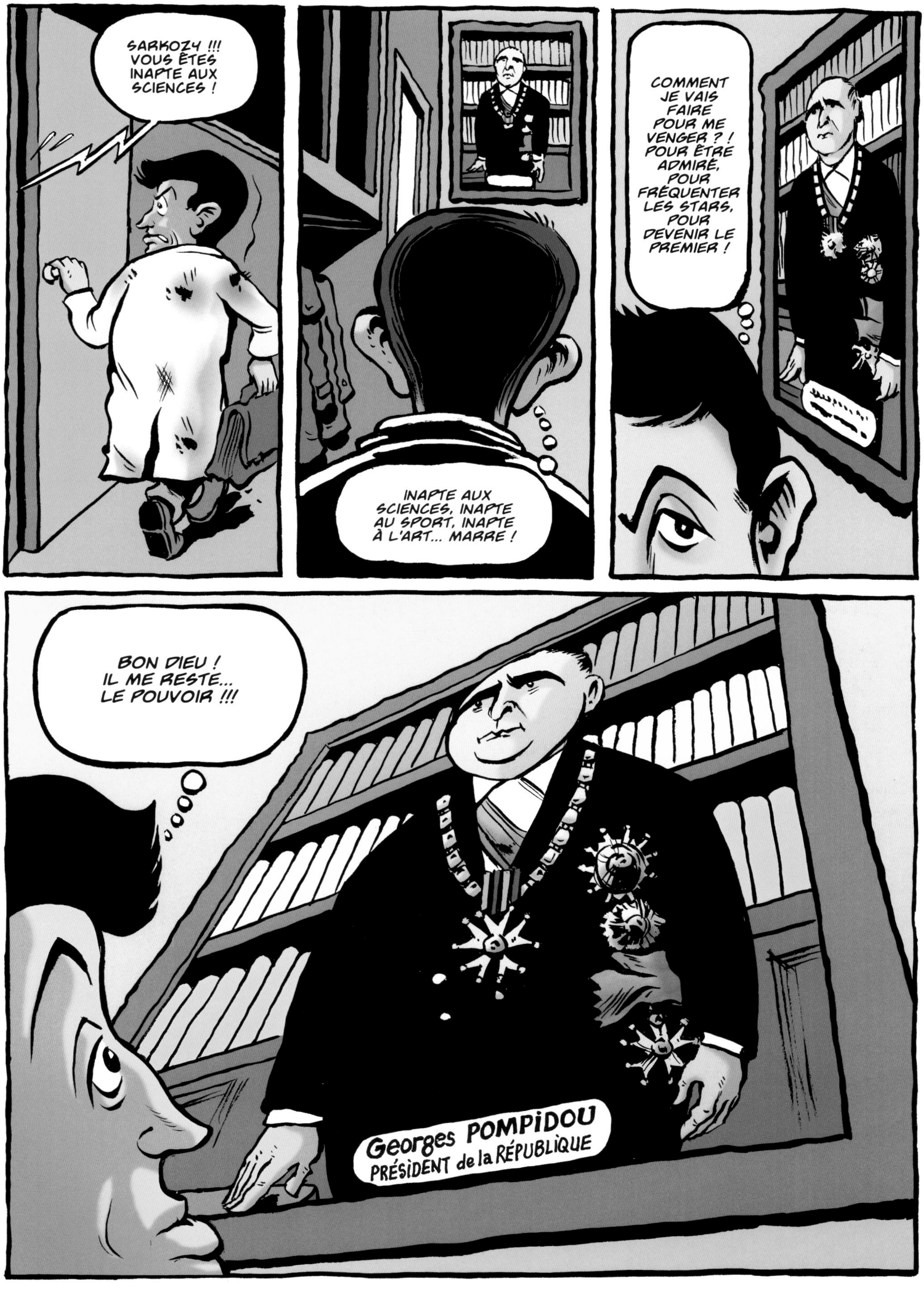
SARKOZY !!! VOUS ÊTES INAPTE AUX SCIENCES !
INAPTE AUX SCIENCES, INAPTE AU SPORT, INAPTE À L'ART... MARRE !
COMMENT JE VAIS FAIRE POUR ME VENGER ? ! POUR ÊTRE ADMIRÉ, POUR FRÉQUENTER LES STARS, POUR DEVENIR LE PREMIER !
BON DIEU ! IL ME RESTE... LE POUVOIR !!!
Georges POMPIDOU
PRÉSIDENT de la RÉPUBLIQUE

CHIRAC M'A DONNÉ LA FOI... EN MOI

À COMPTER DE CETTE "RÉVÉLATION", NOTRE SUJET NE FUT PLUS LE MÊME... IL MINCIT, S'INTÉRESSA À SES ÉTUDES, ABANDONNA SES RÊVES DE GLOIRE ARTISTIQUE ET SPORTIVE...

JE LES ÉCRASERAI TOUS ! JE LES ÉCRASERAI TOUS ! JE ...

ET C'EST AINSI QU'À 19 ANS IL ADHÉRA À L'UDR, L'ANCÊTRE DU RPR. NOUS ÉTIONS EN 1974 ET LE PARTI GAULLISTE ÉTAIT ALORS AU POUVOIR, DOMINANT LARGEMENT LE JEU POLITIQUE...

PERMANENCE UDR DE NEUILLY POUR LA NOUVELLE SOCIÉTÉ

JE VAIS TOUS LES NIQUER !

'Y A QUELQU'UN ?

BONJOUR, PHILIPPE GRANGE, TRÉSORIER DE LA SECTION. QUE PUIS-JE POUR TOI ?

JE VOUDRAIS ADHÉRER ! JE SUIS GAULLISTE DEPUIS TOUJOURS ! JE VOUDRAIS MILITER ! JE FERAI TOUT CE QUE VOUS VOUDREZ !

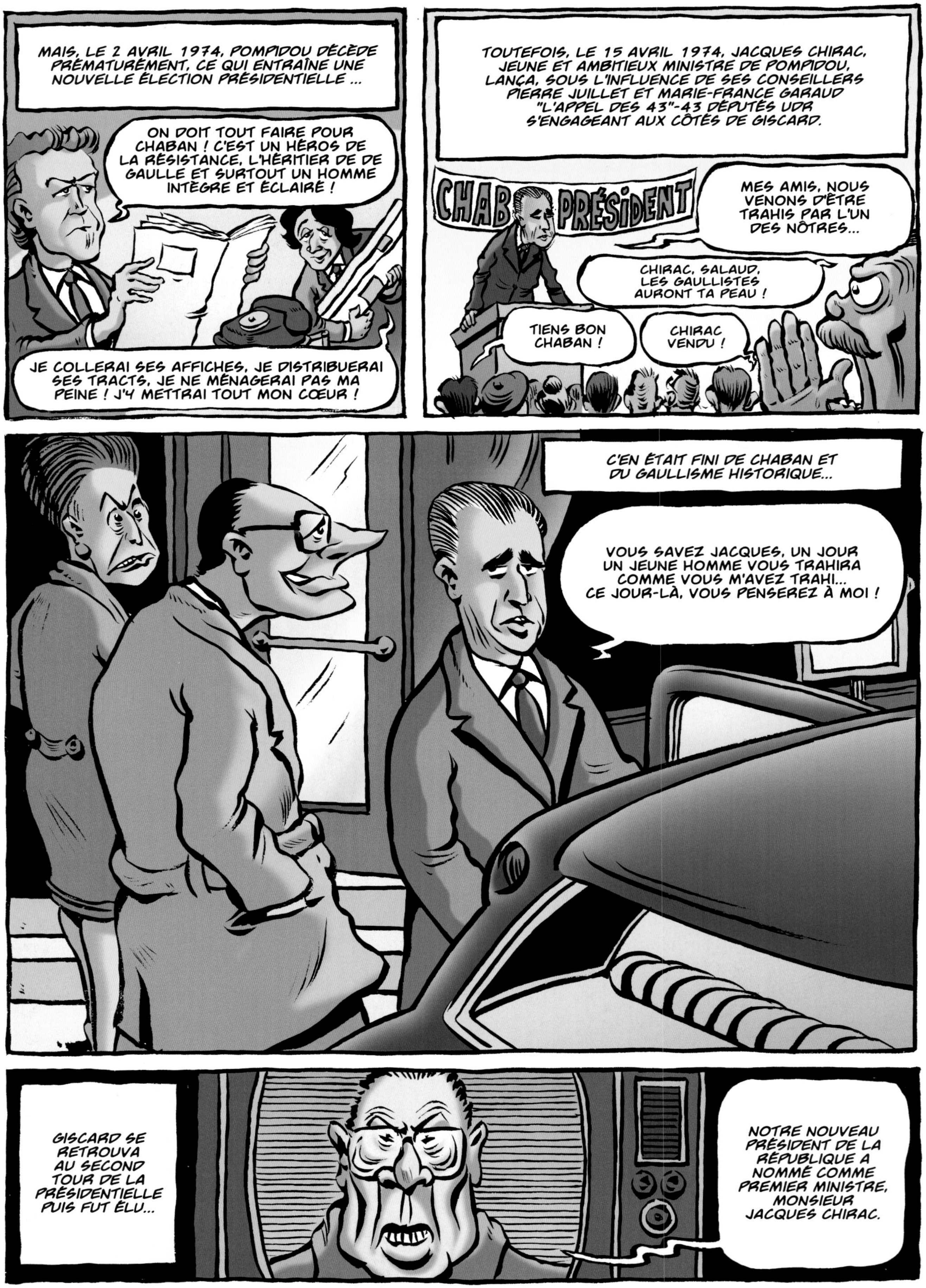
MAIS, LE 2 AVRIL 1974, POMPIDOU DÉCÈDE PRÉMATURÉMENT, CE QUI ENTRAÎNE UNE NOUVELLE ÉLECTION PRÉSIDENTIELLE ...
ON DOIT TOUT FAIRE POUR CHABAN ! C'EST UN HÉROS DE LA RÉSISTANCE, L'HÉRITIER DE DE GAULLE ET SURTOUT UN HOMME INTÈGRE ET ÉCLAIRÉ !
JE COLLERAI SES AFFICHES, JE DISTRIBUERAI SES TRACTS, JE NE MÉNAGERAI PAS MA PEINE ! J'Y METTRAI TOUT MON CŒUR !
TOUTEFOIS, LE 15 AVRIL 1974, JACQUES CHIRAC, JEUNE ET AMBITIEUX MINISTRE DE POMPIDOU, LANÇA, SOUS L'INFLUENCE DE SES CONSEILLERS PIERRE JUILLET ET MARIE-FRANCE GARAUD "L'APPEL DES 43"-43 DÉPUTÉS UDR S'ENGAGEANT AUX CÔTÉS DE GISCARD.
CHAB PRÉSIDENT
MES AMIS, NOUS VENONS D'ÊTRE TRAHIS PAR L'UN DES NÔTRES...
CHIRAC, SALAUD, LES GAULLISTES AURONT TA PEAU !
TIENS BON CHABAN !
CHIRAC VENDU !
C'EN ÉTAIT FINI DE CHABAN ET DU GAULLISME HISTORIQUE...
VOUS SAVEZ JACQUES, UN JOUR UN JEUNE HOMME VOUS TRAHIRA COMME VOUS M'AVEZ TRAHI... CE JOUR-LÀ, VOUS PENSEREZ À MOI !
GISCARD SE RETROUVA AU SECOND TOUR DE LA PRÉSIDENTIELLE PUIS FUT ÉLU...
NOTRE NOUVEAU PRÉSIDENT DE LA RÉPUBLIQUE A NOMMÉ COMME PREMIER MINISTRE, MONSIEUR JACQUES CHIRAC.

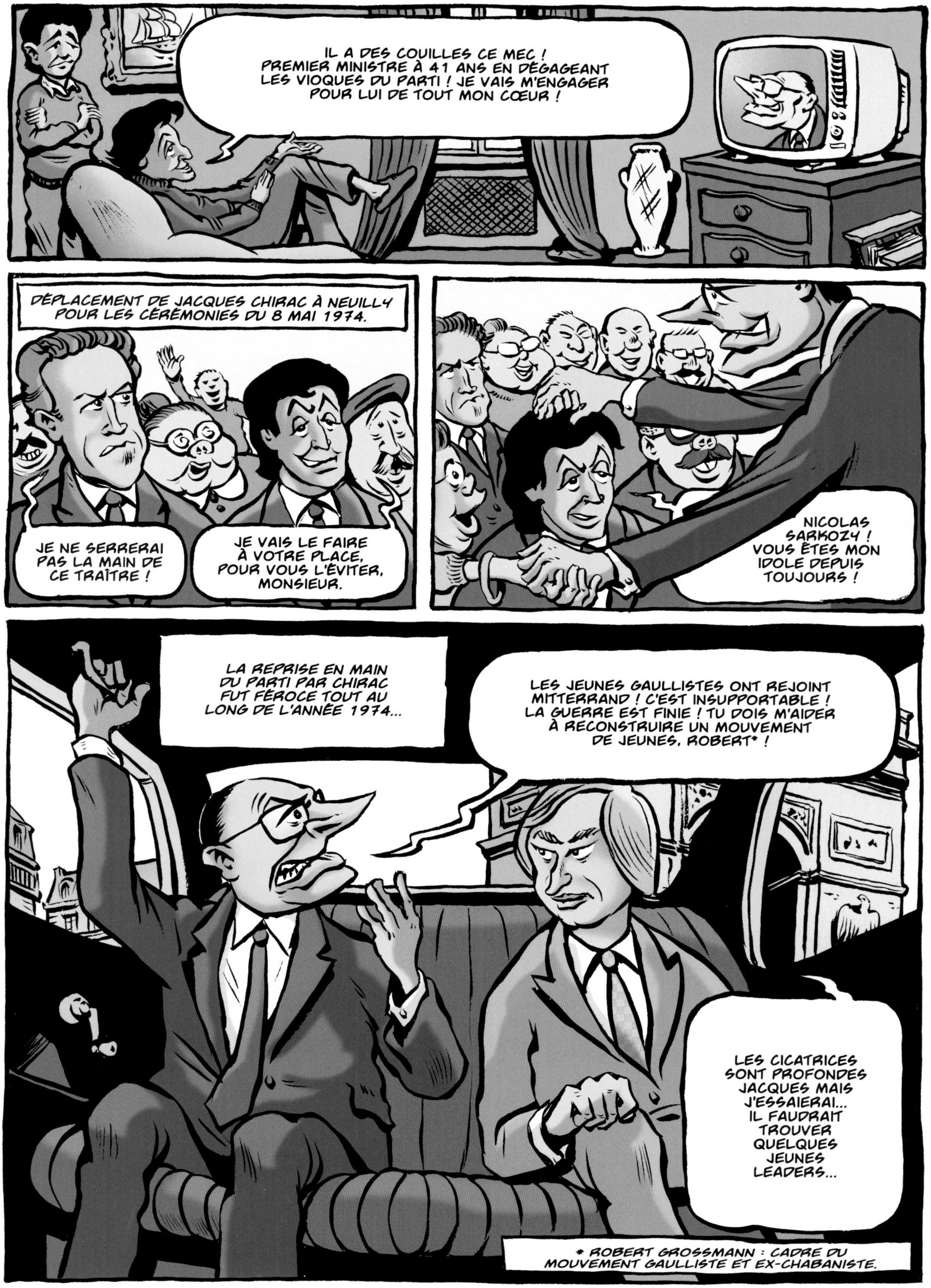
IL A DES COUILLES CE MEC ! PREMIER MINISTRE À 41 ANS EN DÉGAGEANT LES VIOQUES DU PARTI ! JE VAIS M'ENGAGER POUR LUI DE TOUT MON CŒUR !
DÉPLACEMENT DE JACQUES CHIRAC À NEUILLY POUR LES CÉRÉMONIES DU 8 MAI 1974.
JE NE SERRERAI PAS LA MAIN DE CE TRAÎTRE !
JE VAIS LE FAIRE À VOTRE PLACE, POUR VOUS L'ÉVITER, MONSIEUR.
NICOLAS SARKOZY ! VOUS ÊTES MON IDOLE DEPUIS TOUJOURS !
LA REPRISE EN MAIN DU PARTI PAR CHIRAC FUT FÉROCE TOUT AU LONG DE L'ANNÉE 1974...
LES JEUNES GAULLISTES ONT REJOINT MITTERRAND ! C'EST INSUPPORTABLE ! LA GUERRE EST FINIE ! TU DOIS M'AIDER À RECONSTRUIRE UN MOUVEMENT DE JEUNES, ROBERT* !
LES CICATRICES SONT PROFONDES JACQUES MAIS J'ESSAIERAI... IL FAUDRAIT TROUVER QUELQUES JEUNES LEADERS...
* ROBERT GROSSMANN : CADRE DU MOUVEMENT GAULLISTE ET EX-CHABANISTE.

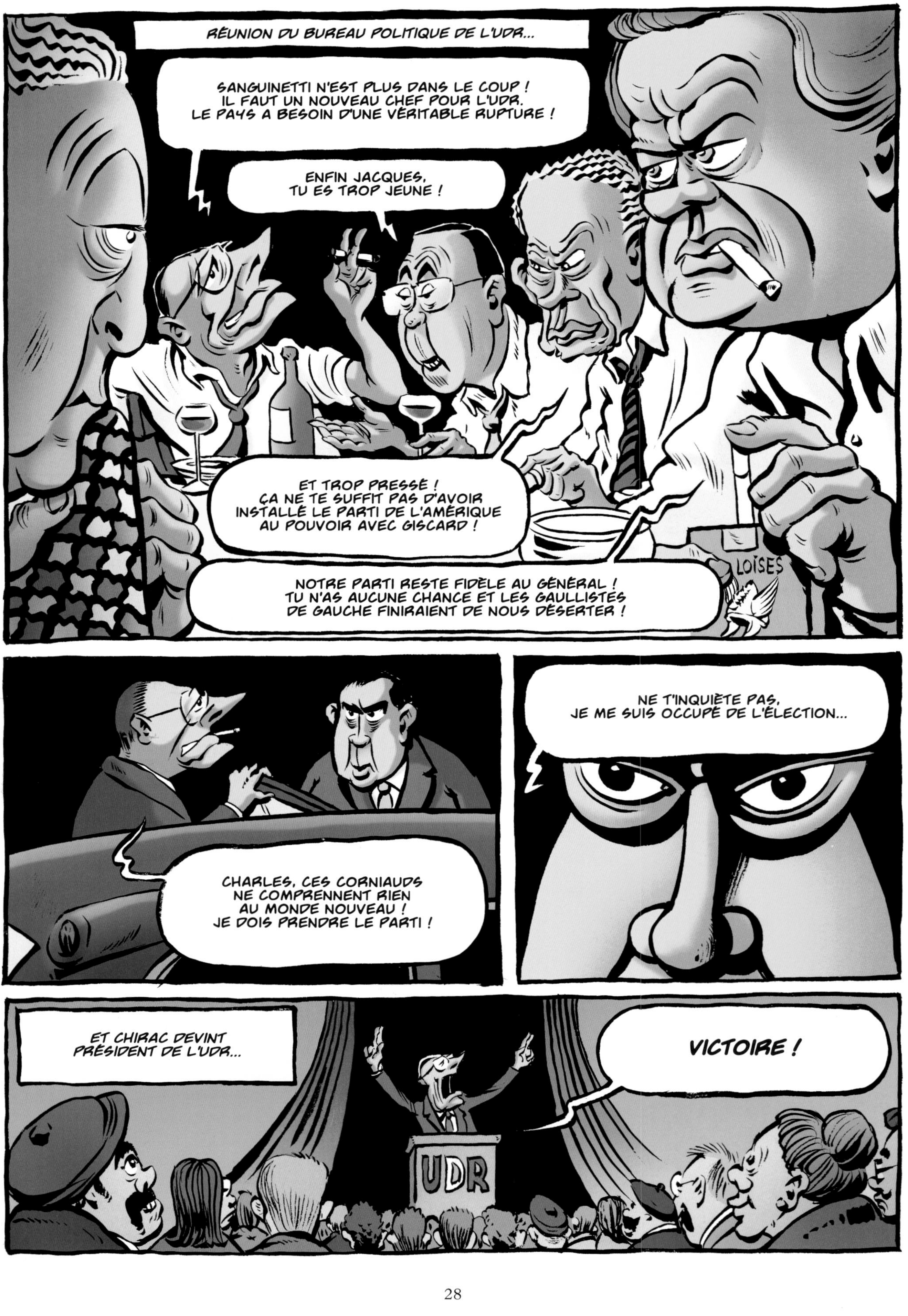
RÉUNION DU BUREAU POLITIQUE DE L'UDR...
SANGUINETTI N'EST PLUS DANS LE COUP ! IL FAUT UN NOUVEAU CHEF POUR L'UDR. LE PAYS A BESOIN D'UNE VÉRITABLE RUPTURE !
ENFIN JACQUES, TU ES TROP JEUNE !
ET TROP PRESSÉ ! ÇA NE TE SUFFIT PAS D'AVOIR INSTALLÉ LE PARTI DE L'AMÉRIQUE AU POUVOIR AVEC GISCARD !
NOTRE PARTI RESTE FIDÈLE AU GÉNÉRAL ! TU N'AS AUCUNE CHANCE ET LES GAULLISTES DE GAUCHE FINIRAIENT DE NOUS DÉSERTER !
CHARLES, CES CORNIAUDS NE COMPRENNENT RIEN AU MONDE NOUVEAU ! JE DOIS PRENDRE LE PARTI !
NE T'INQUIÈTE PAS, JE ME SUIS OCCUPÉ DE L'ÉLECTION...
ET CHIRAC DEVINT PRÉSIDENT DE L'UDR...
VICTOIRE !
UDR

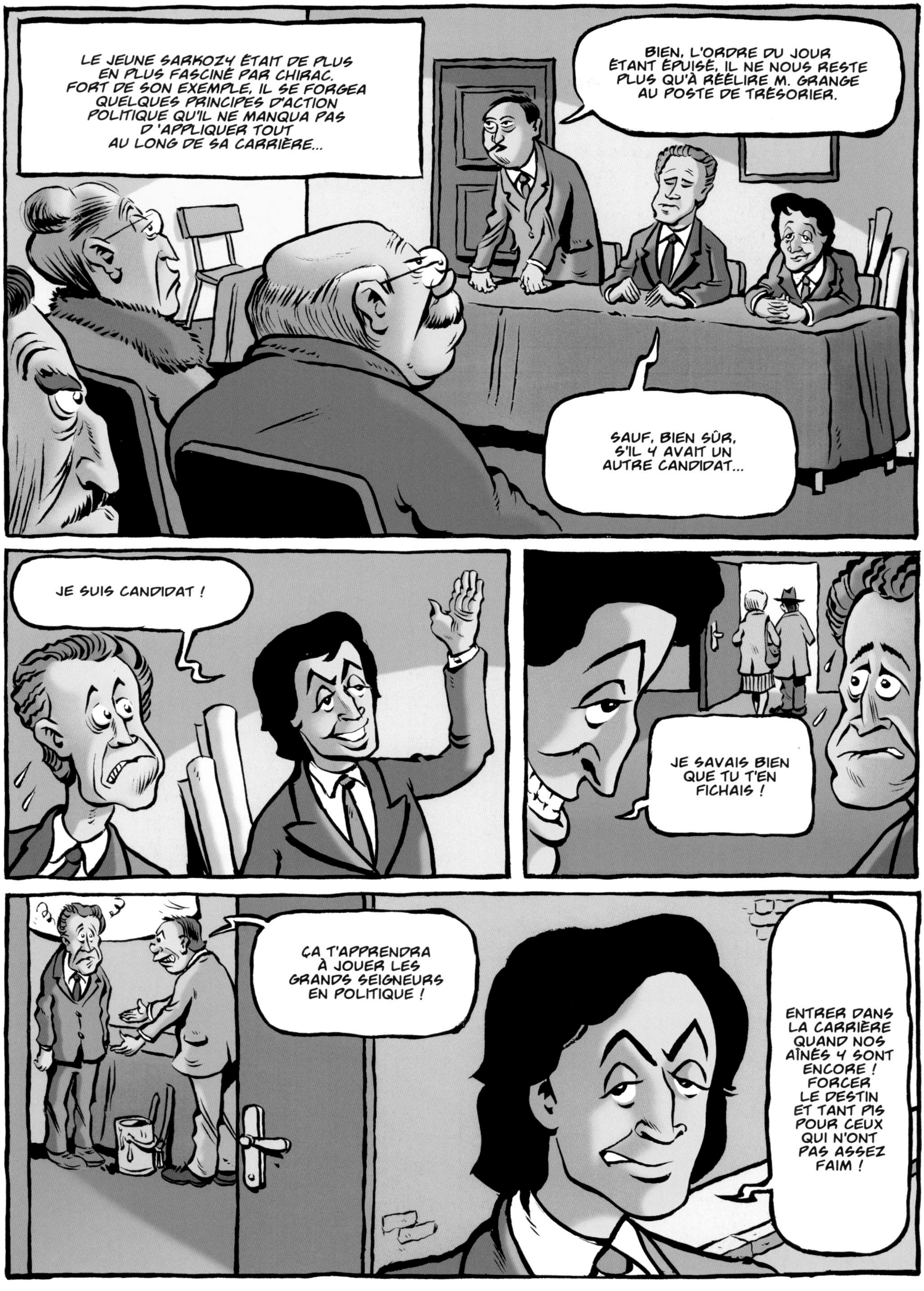
LE JEUNE SARKOZY ÉTAIT DE PLUS EN PLUS FASCINÉ PAR CHIRAC. FORT DE SON EXEMPLE, IL SE FORGEA QUELQUES PRINCIPES D'ACTION POLITIQUE QU'IL NE MANQUA PAS D'APPLIQUER TOUT AU LONG DE SA CARRIÈRE...
BIEN, L'ORDRE DU JOUR ÉTANT ÉPUISÉ, IL NE NOUS RESTE PLUS QU'À RÉÉLIRE M. GRANGE AU POSTE DE TRÉSORIER.
SAUF, BIEN SÛR, S'IL Y AVAIT UN AUTRE CANDIDAT...
JE SUIS CANDIDAT !
JE SAVAIS BIEN QUE TU T'EN FICHAIS !
ÇA T'APPRENDRA À JOUER LES GRANDS SEIGNEURS EN POLITIQUE !
ENTRER DANS LA CARRIÈRE QUAND NOS AÎNÉS Y SONT ENCORE ! FORCER LE DESTIN ET TANT PIS POUR CEUX QUI N'ONT PAS ASSEZ FAIM !

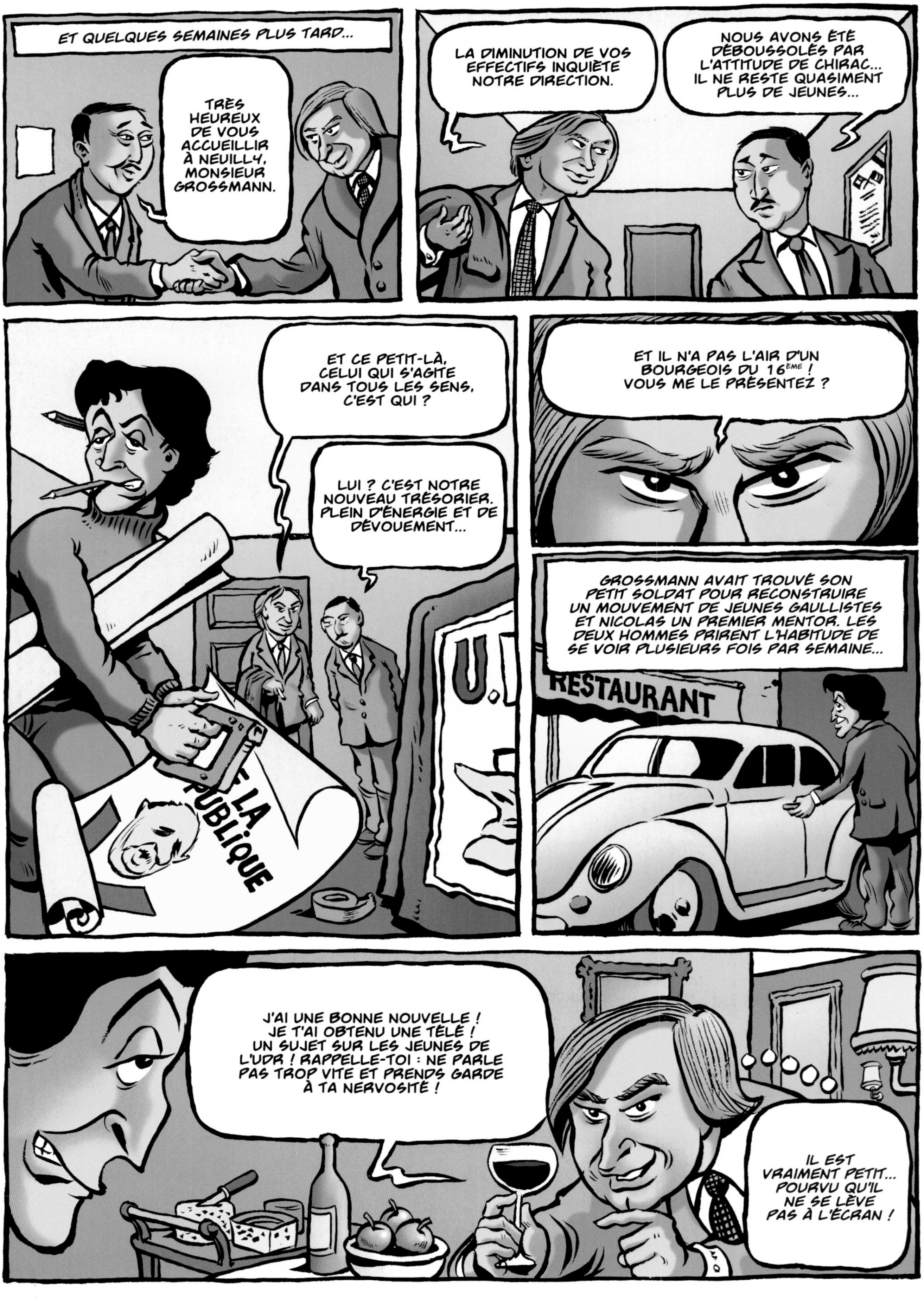
ET QUELQUES SEMAINES PLUS TARD...
TRÈS HEUREUX DE VOUS ACCUEILLIR À NEUILLY, MONSIEUR GROSSMANN.
LA DIMINUTION DE VOS EFFECTIFS INQUIÈTE NOTRE DIRECTION.
NOUS AVONS ÉTÉ DÉBOUSSOLÉS PAR L'ATTITUDE DE CHIRAC... IL NE RESTE QUASIMENT PLUS DE JEUNES...
ET CE PETIT-LÀ, CELUI QUI S'AGITE DANS TOUS LES SENS, C'EST QUI ?
LUI ? C'EST NOTRE NOUVEAU TRÉSORIER. PLEIN D'ÉNERGIE ET DE DÉVOUEMENT...
ET IL N'A PAS L'AIR D'UN BOURGEOIS DU 16ÈME ! VOUS ME LE PRÉSENTEZ ?
GROSSMANN AVAIT TROUVÉ SON PETIT SOLDAT POUR RECONSTRUIRE UN MOUVEMENT DE JEUNES GAULLISTES ET NICOLAS UN PREMIER MENTOR. LES DEUX HOMMES PRIRENT L'HABITUDE DE SE VOIR PLUSIEURS FOIS PAR SEMAINE...
RESTAURANT
J'AI UNE BONNE NOUVELLE ! JE T'AI OBTENU UNE TÉLÉ ! UN SUJET SUR LES JEUNES DE L'UDR ! RAPPELLE-TOI : NE PARLE PAS TROP VITE ET PRENDS GARDE À TA NERVOSITÉ !
IL EST VRAIMENT PETIT... POURVU QU'IL NE SE LÈVE PAS À L'ÉCRAN !

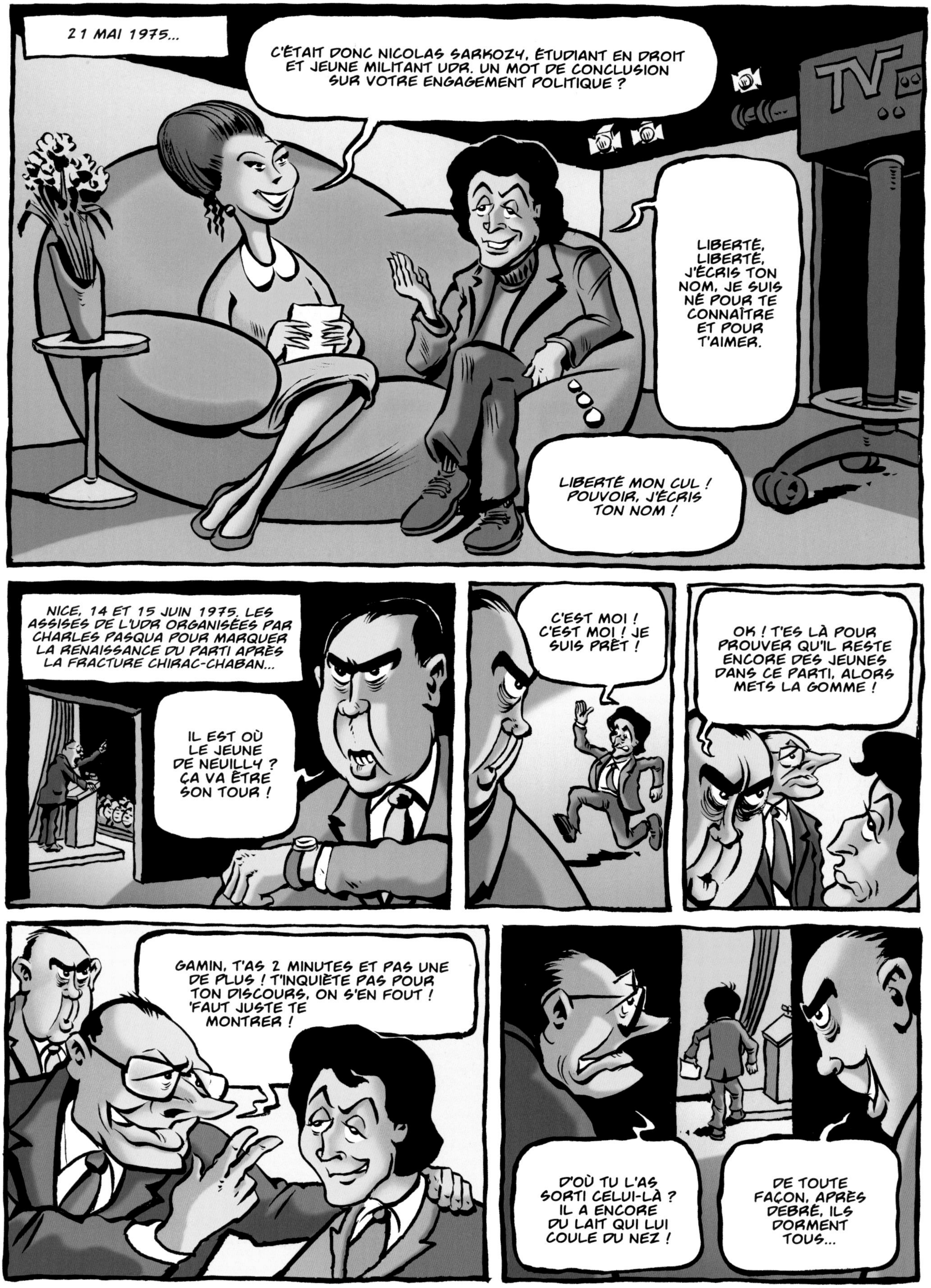
21 MAI 1975...
C'ÉTAIT DONC NICOLAS SARKOZY, ÉTUDIANT EN DROIT ET JEUNE MILITANT UDR. UN MOT DE CONCLUSION SUR VOTRE ENGAGEMENT POLITIQUE ?
TV
LIBERTÉ, LIBERTÉ, J'ÉCRIS TON NOM, JE SUIS NÉ POUR TE CONNAÎTRE ET POUR T'AIMER.
LIBERTÉ MON CUL ! POUVOIR, J'ÉCRIS TON NOM !
NICE, 14 ET 15 JUIN 1975. LES ASSISES DE L'UDR ORGANISÉES PAR CHARLES PASQUA POUR MARQUER LA RENAISSANCE DU PARTI APRÈS LA FRACTURE CHIRAC-CHABAN...
IL EST OÙ LE JEUNE DE NEUILLY ? ÇA VA ÊTRE SON TOUR !
C'EST MOI ! C'EST MOI ! JE SUIS PRÊT !
OK ! T'ES LÀ POUR PROUVER QU'IL RESTE ENCORE DES JEUNES DANS CE PARTI, ALORS METS LA GOMME !
GAMIN, T'AS 2 MINUTES ET PAS UNE DE PLUS ! T'INQUIÈTE PAS POUR TON DISCOURS, ON S'EN FOUT ! 'FAUT JUSTE TE MONTRER !
D'OÙ TU L'AS SORTI CELUI-LÀ ? IL A ENCORE DU LAIT QUI LUI COULE DU NEZ !
DE TOUTE FAÇON, APRÈS DEBRÉ, ILS DORMENT TOUS...

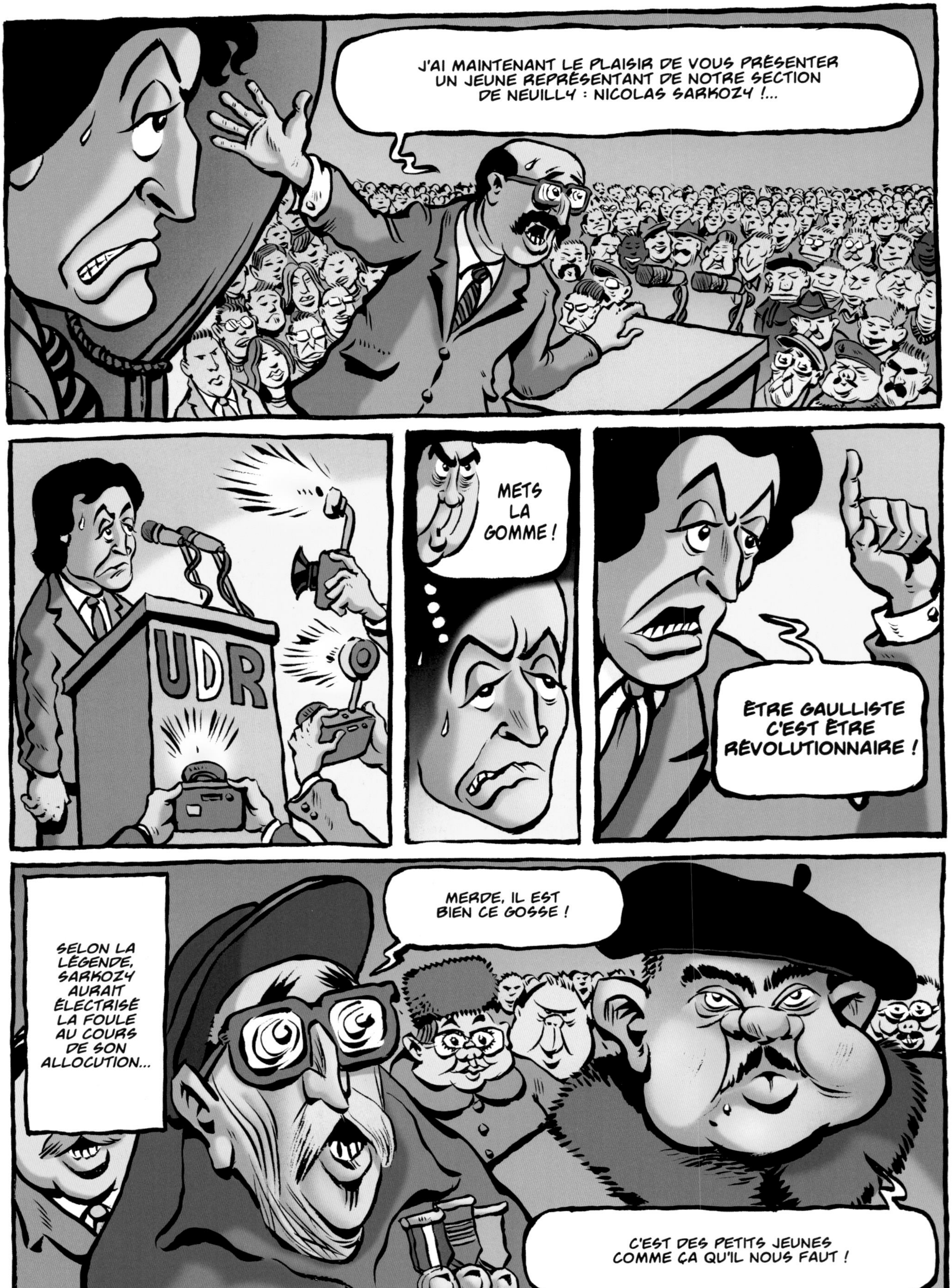
J'AI MAINTENANT LE PLAISIR DE VOUS PRÉSENTER UN JEUNE REPRÉSENTANT DE NOTRE SECTION DE NEUILLY : NICOLAS SARKOZY !...
UDR
METS LA GOMME !
ÊTRE GAULLISTE C'EST ÊTRE RÉVOLUTIONNAIRE !
SELON LA LÉGENDE, SARKOZY AURAIT ÉLECTRISÉ LA FOULE AU COURS DE SON ALLOCUTION...
MERDE, IL EST BIEN CE GOSSE !
C'EST DES PETITS JEUNES COMME ÇA QU'IL NOUS FAUT !

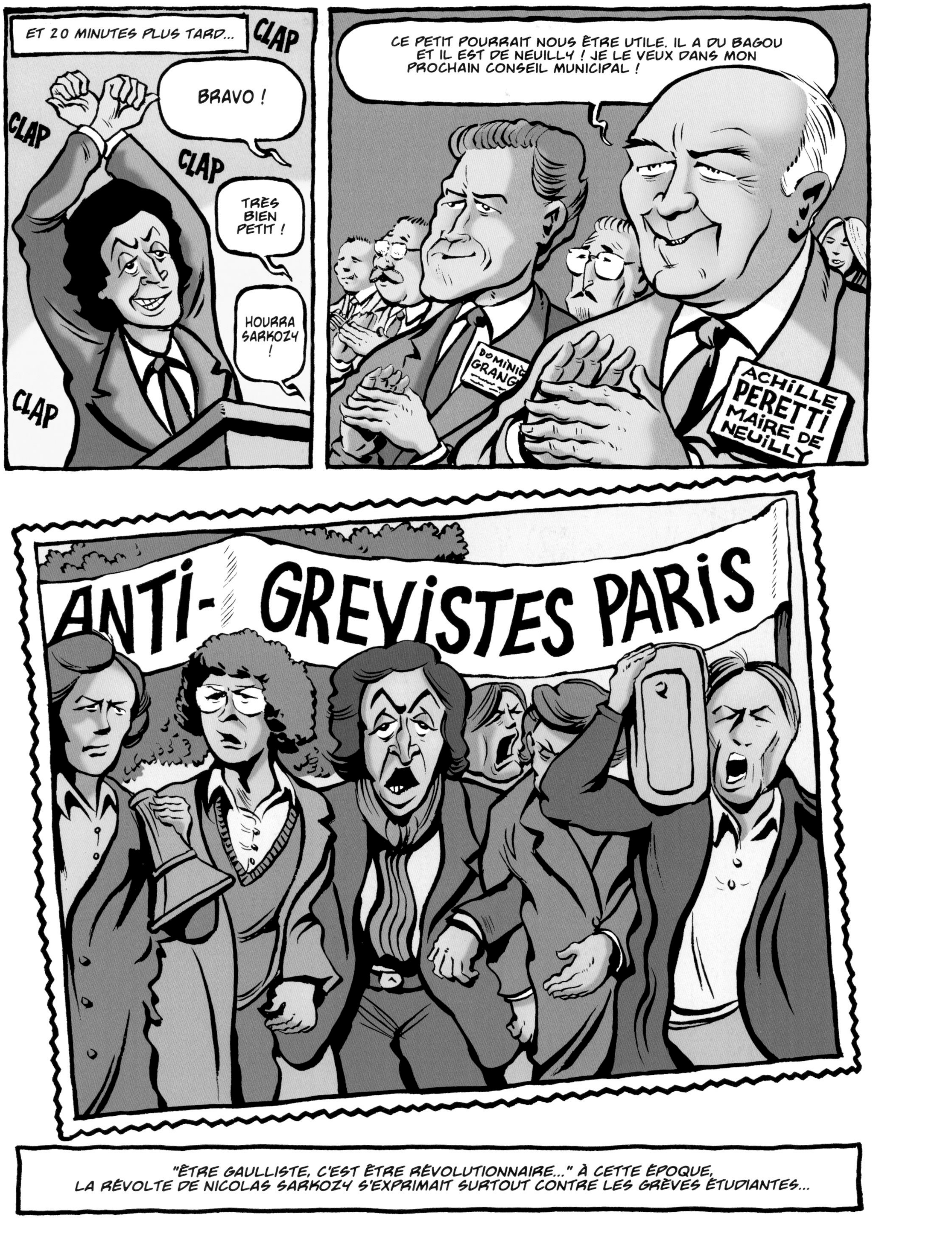
ET 20 MINUTES PLUS TARD...
CLAP
BRAVO !
CLAP
CLAP
TRÈS BIEN PETIT !
HOURRA SARKOZY !
CLAP
CE PETIT POURRAIT NOUS ÊTRE UTILE. IL A DU BAGOU ET IL EST DE NEUILLY ! JE LE VEUX DANS MON PROCHAIN CONSEIL MUNICIPAL !
ACHILLE PERETTI MAIRE DE NEUILLY
ANTI- GREVISTES PARIS
"ÊTRE GAULLISTE, C'EST ÊTRE RÉVOLUTIONNAIRE..." À CETTE ÉPOQUE, LA RÉVOLTE DE NICOLAS SARKOZY S'EXPRIMAIT SURTOUT CONTRE LES GRÈVES ÉTUDIANTES...

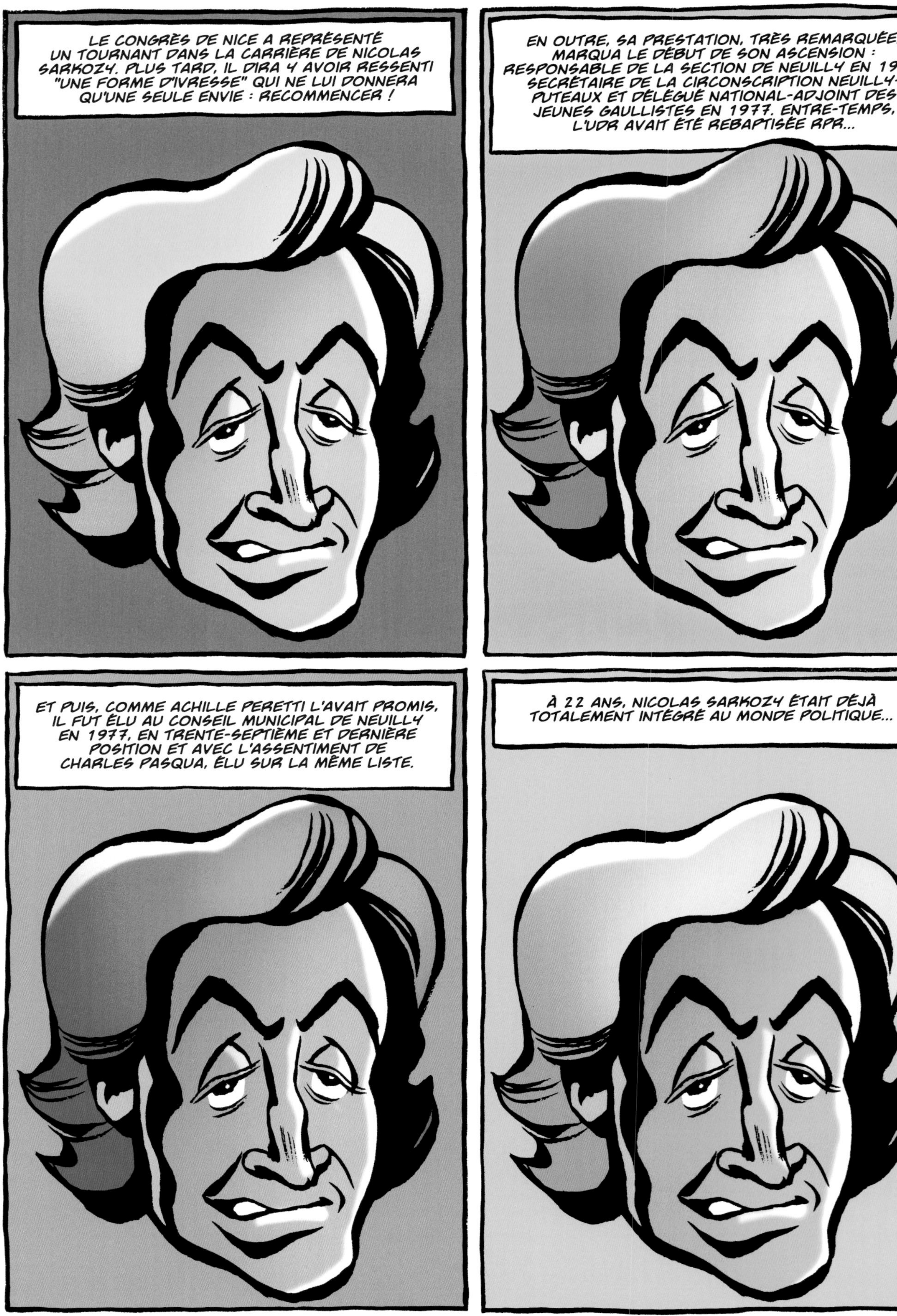
LE CONGRÈS DE NICE A REPRÉSENTÉ UN TOURNANT DANS LA CARRIÈRE DE NICOLAS SARKOZY. PLUS TARD, IL DIRA Y AVOIR RESSENTI "UNE FORME D'IVRESSE" QUI NE LUI DONNERA QU'UNE SEULE ENVIE : RECOMMENCER !
EN OUTRE, SA PRESTATION, TRÈS REMARQUÉE, MARQUA LE DÉBUT DE SON ASCENSION : RESPONSABLE DE LA SECTION DE NEUILLY EN 1976, SECRÉTAIRE DE LA CIRCONSCRIPTION NEUILLY-PUTEAUX ET DÉLÉGUÉ NATIONAL-ADJOINT DES JEUNES GAULLISTES EN 1977. ENTRE-TEMPS, L'UDR AVAIT ÉTÉ REBAPTISÉE RPR...
ET PUIS, COMME ACHILLE PERETTI L'AVAIT PROMIS, IL FUT ÉLU AU CONSEIL MUNICIPAL DE NEUILLY EN 1977, EN TRENTE-SEPTIÈME ET DERNIÈRE POSITION ET AVEC L'ASSENTIMENT DE CHARLES PASQUA, ÉLU SUR LA MÊME LISTE.
À 22 ANS, NICOLAS SARKOZY ÉTAIT DÉJÀ TOTALEMENT INTÉGRÉ AU MONDE POLITIQUE...

1977-1983 :
IL ÉTAIT UNE FOIS
DANS LES HAUTS-DE-SEINE

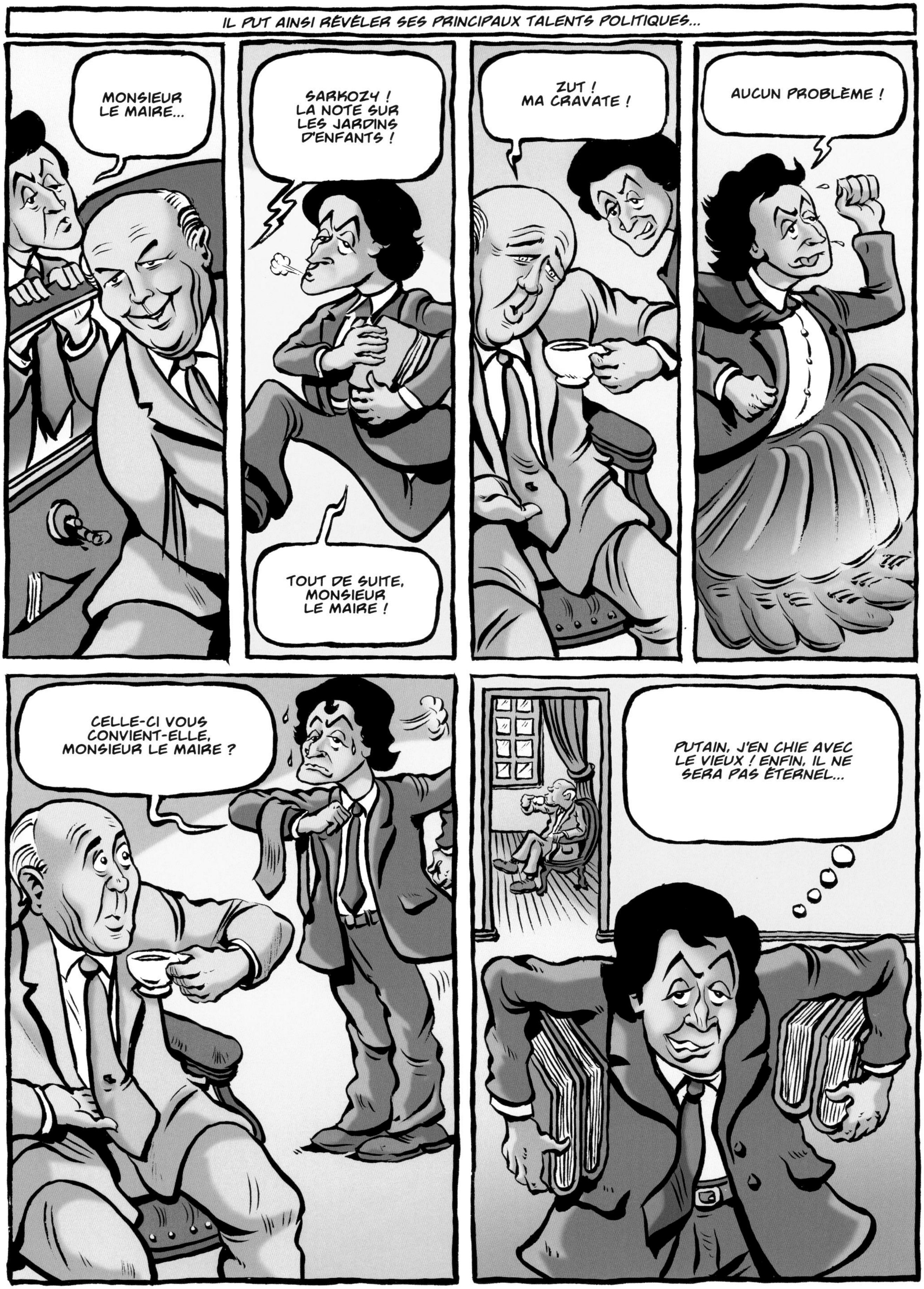
IL PUT AINSI RÉVÉLER SES PRINCIPAUX TALENTS POLITIQUES...
MONSIEUR LE MAIRE...
SARKOZY ! LA NOTE SUR LES JARDINS D'ENFANTS !
TOUT DE SUITE, MONSIEUR LE MAIRE !
ZUT ! MA CRAVATE !
AUCUN PROBLÈME !
CELLE-CI VOUS CONVIENT-ELLE, MONSIEUR LE MAIRE ?
PUTAIN, J'EN CHIE AVEC LE VIEUX ! ENFIN, IL NE SERA PAS ÉTERNEL...

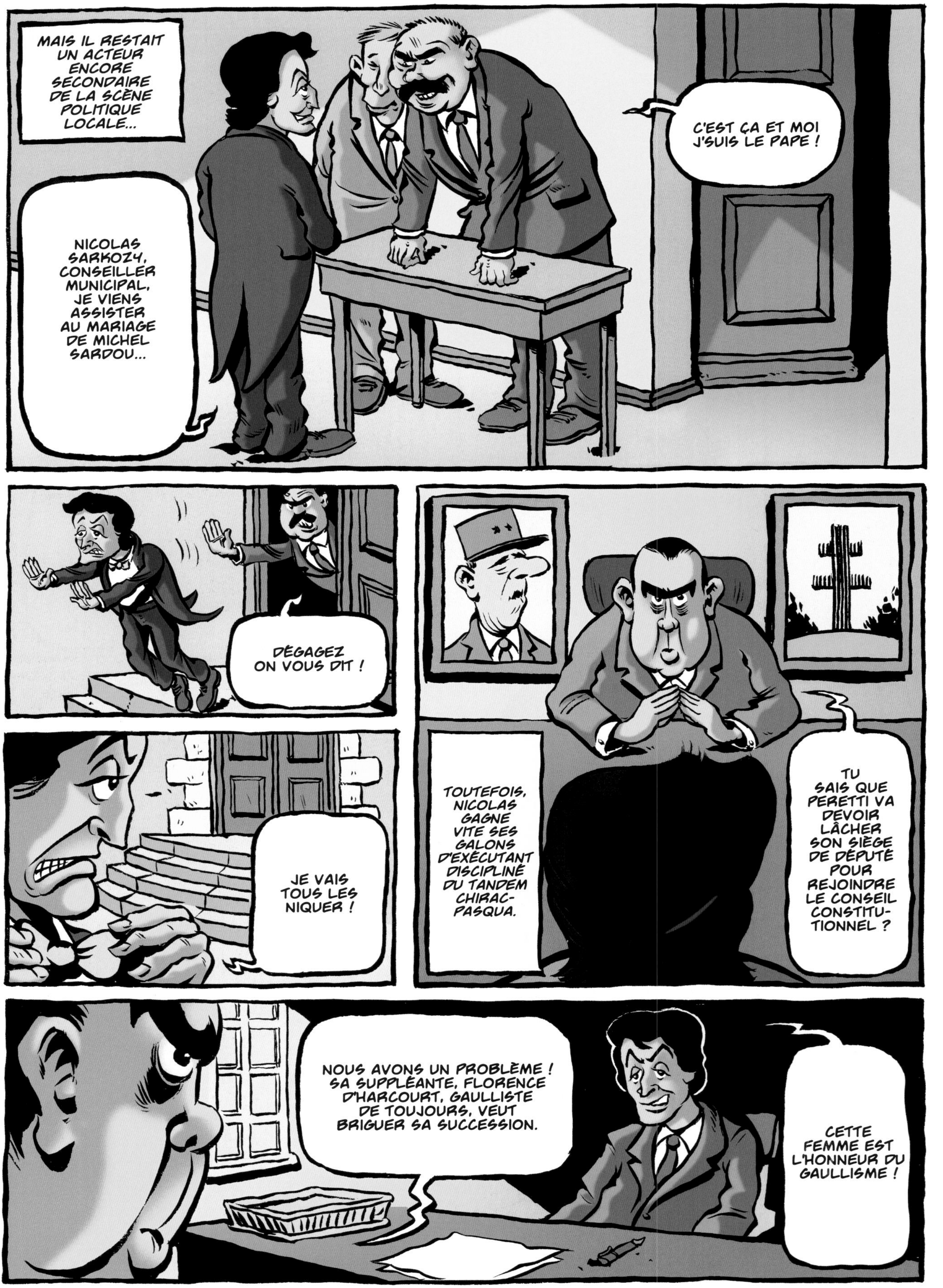
MAIS IL RESTAIT UN ACTEUR ENCORE SECONDAIRE DE LA SCÈNE POLITIQUE LOCALE...
NICOLAS SARKOZY, CONSEILLER MUNICIPAL, JE VIENS ASSISTER AU MARIAGE DE MICHEL SARDOU...
C'EST ÇA ET MOI J'SUIS LE PAPE !
DÉGAGEZ ON VOUS DIT !
JE VAIS TOUS LES NIQUER !
TOUTEFOIS, NICOLAS GAGNE VITE SES GALONS D'EXÉCUTANT DISCIPLINÉ DU TANDEM CHIRAC-PASQUA.
TU SAIS QUE PERETTI VA DEVOIR LÂCHER SON SIÈGE DE DÉPUTÉ POUR REJOINDRE LE CONSEIL CONSTITUTIONNEL ?
NOUS AVONS UN PROBLÈME ! SA SUPPLÉANTE, FLORENCE D'HARCOURT, GAULLISTE DE TOUJOURS, VEUT BRIGUER SA SUCCESSION.
CETTE FEMME EST L'HONNEUR DU GAULLISME !

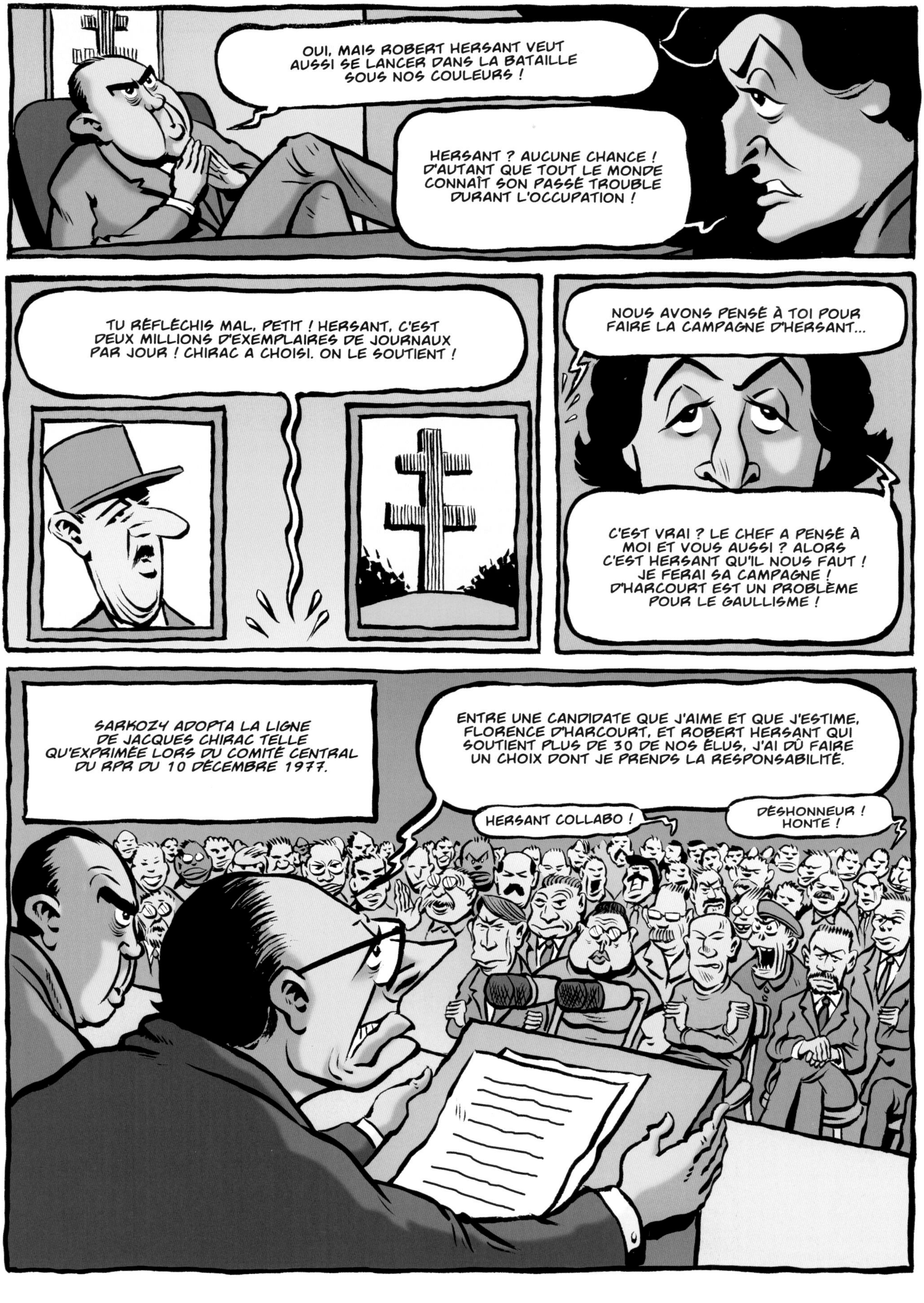
OUI, MAIS ROBERT HERSANT VEUT AUSSI SE LANCER DANS LA BATAILLE SOUS NOS COULEURS !
HERSANT ? AUCUNE CHANCE ! D'AUTANT QUE TOUT LE MONDE CONNAÎT SON PASSÉ TROUBLE DURANT L'OCCUPATION !
TU RÉFLÉCHIS MAL, PETIT ! HERSANT, C'EST DEUX MILLIONS D'EXEMPLAIRES DE JOURNAUX PAR JOUR ! CHIRAC A CHOISI. ON LE SOUTIENT !
NOUS AVONS PENSÉ À TOI POUR FAIRE LA CAMPAGNE D'HERSANT...
C'EST VRAI ? LE CHEF A PENSÉ À MOI ET VOUS AUSSI ? ALORS C'EST HERSANT QU'IL NOUS FAUT ! JE FERAI SA CAMPAGNE ! D'HARCOURT EST UN PROBLÈME POUR LE GAULLISME !
SARKOZY ADOPTA LA LIGNE DE JACQUES CHIRAC TELLE QU'EXPRIMÉE LORS DU COMITÉ CENTRAL DU RPR DU 10 DÉCEMBRE 1977.
ENTRE UNE CANDIDATE QUE J'AIME ET QUE J'ESTIME, FLORENCE D'HARCOURT, ET ROBERT HERSANT QUI SOUTIENT PLUS DE 30 DE NOS ÉLUS, J'AI DÛ FAIRE UN CHOIX DONT JE PRENDS LA RESPONSABILITÉ.
HERSANT COLLABO !
DÉSHONNEUR ! HONTE !

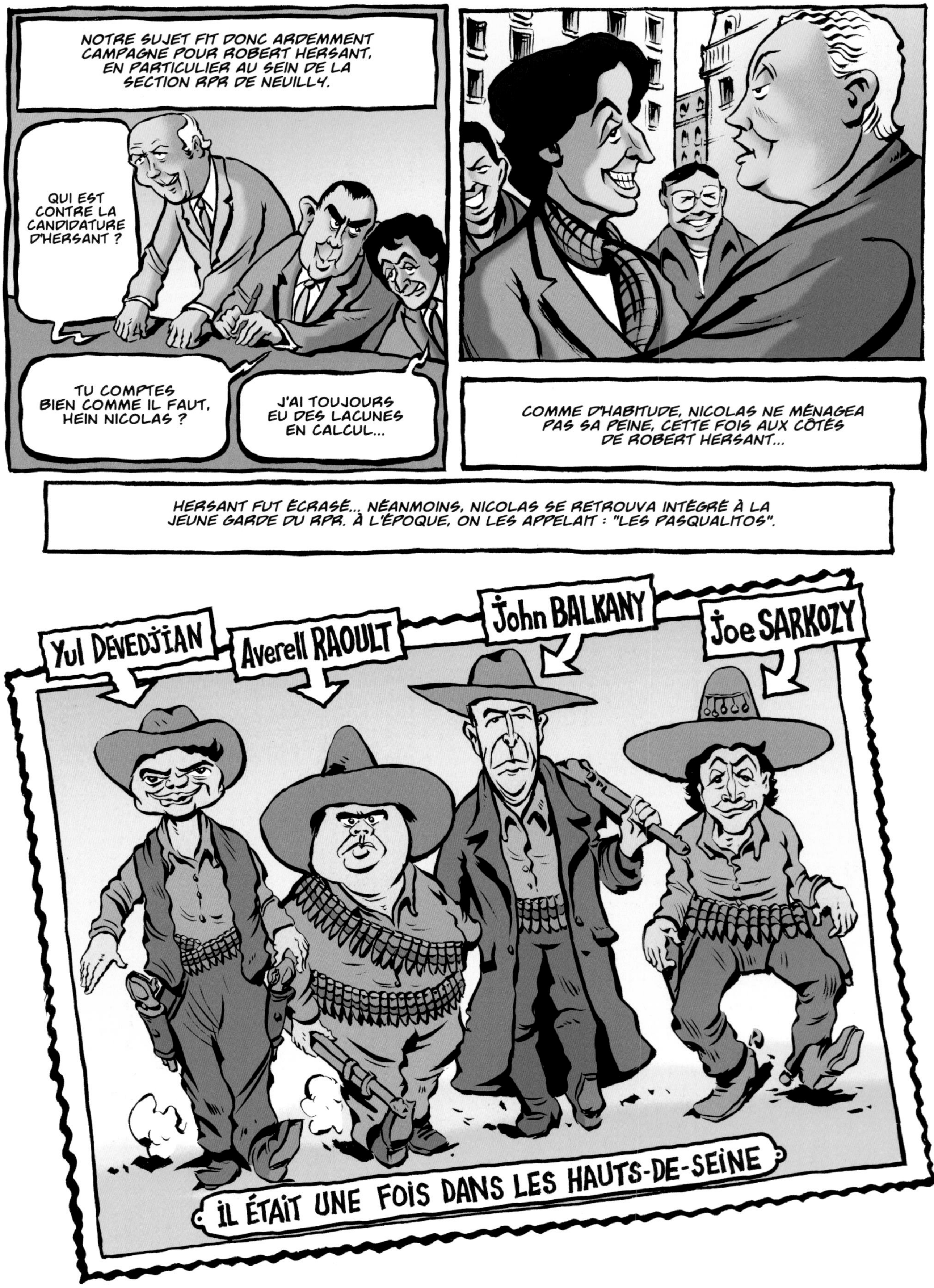
NOTRE SUJET FIT DONC ARDEMMENT CAMPAGNE POUR ROBERT HERSANT, EN PARTICULIER AU SEIN DE LA SECTION RPR DE NEUILLY.
QUI EST CONTRE LA CANDIDATURE D'HERSANT ?
TU COMPTES BIEN COMME IL FAUT, HEIN NICOLAS ?
J'AI TOUJOURS EU DES LACUNES EN CALCUL...
COMME D'HABITUDE, NICOLAS NE MÉNAGEA PAS SA PEINE, CETTE FOIS AUX CÔTÉS DE ROBERT HERSANT...
HERSANT FUT ÉCRASÉ... NÉANMOINS, NICOLAS SE RETROUVA INTÉGRÉ À LA JEUNE GARDE DU RPR. À L'ÉPOQUE, ON LES APPELAIT : "LES PASQUALITOS".
Yul DEVEDJIAN
Averell RAOULT
John BALKANY
Joe SARKOZY
IL ÉTAIT UNE FOIS DANS LES HAUTS-DE-SEINE

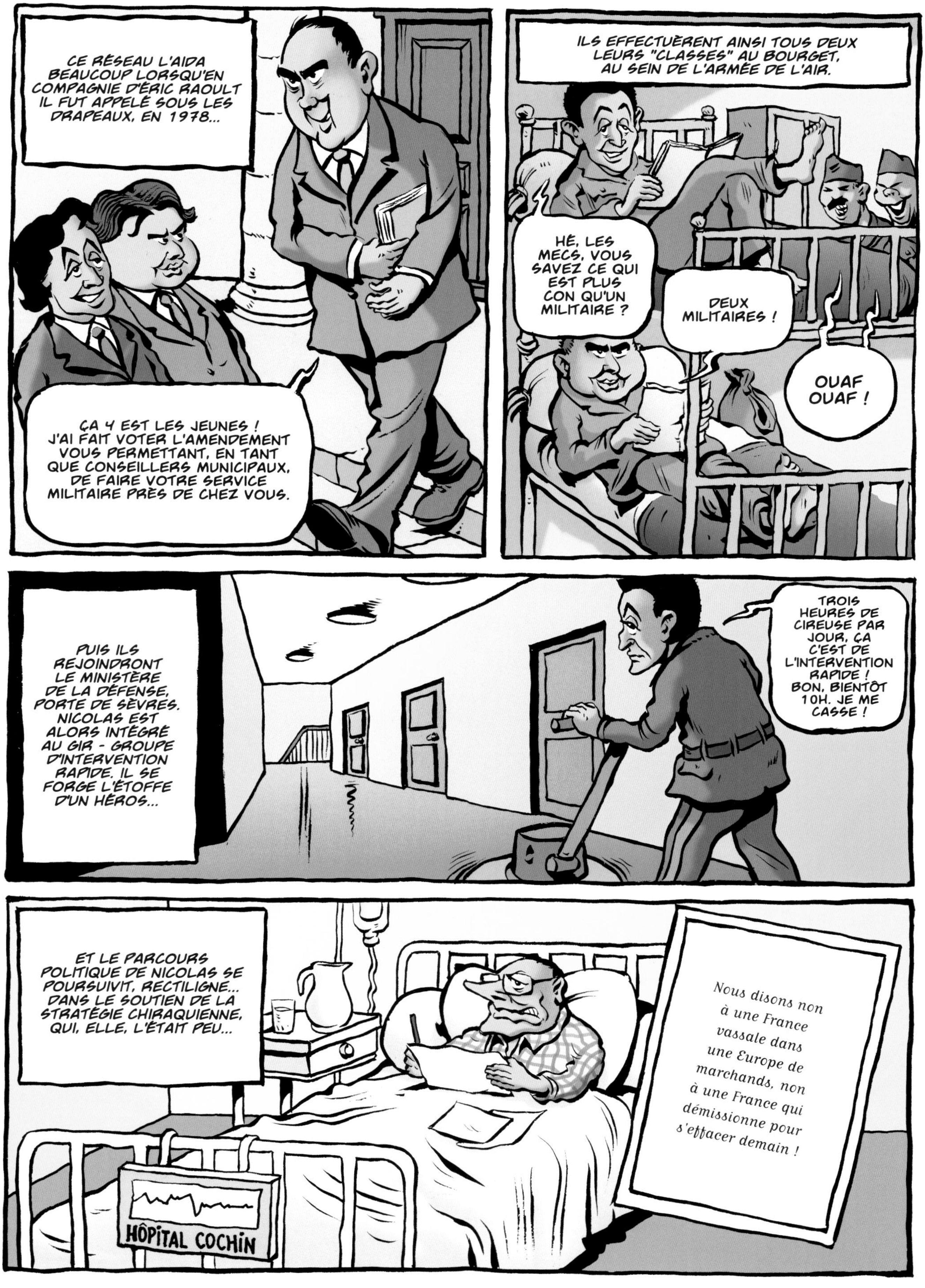
CE RÉSEAU L'AIDA BEAUCOUP LORSQU'EN COMPAGNIE D'ÉRIC RAOULT IL FUT APPELÉ SOUS LES DRAPEAUX, EN 1978...
ÇA Y EST LES JEUNES ! J'AI FAIT VOTER L'AMENDEMENT VOUS PERMETTANT, EN TANT QUE CONSEILLERS MUNICIPAUX, DE FAIRE VOTRE SERVICE MILITAIRE PRÈS DE CHEZ VOUS.
ILS EFFECTUÈRENT AINSI TOUS DEUX LEURS "CLASSES" AU BOURGET, AU SEIN DE L'ARMÉE DE L'AIR.
HÉ, LES MECS, VOUS SAVEZ CE QUI EST PLUS CON QU'UN MILITAIRE ?
DEUX MILITAIRES !
OUAF OUAF !
PUIS ILS REJOINDRONT LE MINISTÈRE DE LA DÉFENSE, PORTE DE SÈVRES. NICOLAS EST ALORS INTÉGRÉ AU GIR - GROUPE D'INTERVENTION RAPIDE. IL SE FORGE L'ÉTOFFE D'UN HÉROS...
TROIS HEURES DE CIREUSE PAR JOUR, ÇA C'EST DE L'INTERVENTION RAPIDE ! BON, BIENTÔT 10H. JE ME CASSE !
ET LE PARCOURS POLITIQUE DE NICOLAS SE POURSUIVIT, RECTILIGNE... DANS LE SOUTIEN DE LA STRATÉGIE CHIRAQUIENNE, QUI, ELLE, L'ÉTAIT PEU...
Nous disons non à une France vassale dans une Europe de marchands, non à une France qui démissionne pour s'effacer demain !
HÔPITAL COCHIN

NICOLAS, T'AS ENTENDU LE DISCOURS DE CHIRAC ? JE COMPRENDS P'US RIEN, LÀ...
MAIS SI, C'EST POURTANT SIMPLE ÉRIC ! CHIRAC A NIQUÉ CHABAN EN S'ALLIANT AVEC GISCARD SUR DES POSITIONS MODERNISTES, EUROPÉENNES ET ATLANTISTES...
...ET MAINTENANT IL VA NIQUER GISCARD EN REDEVENANT GAULLISTE ! GRANDIOSE !
OUAH... TOI, T'ES VRAIMENT DOUÉ !
L'ANNÉE SUIVANTE, LORS DES ÉLECTIONS EUROPÉENNES DE 1979, SARKOZY SOUTIENT ÉNERGIQUEMENT CHIRAC ALORS MÊME QUE CELUI-CI ADOPTE DES POSITIONS INVERSES DE CELLES DÉFENDUES EN 1974...
LA PATRIE EST EN DANGER ! VOTEZ POUR LA LISTE DIFE* !
* DÉFENSE DES INTÉRÊTS DE LA FRANCE EN EUROPE.
LE RÉSULTAT SE RÉVÈLE TRÈS MÉDIOCRE - 16% - MAIS NOTRE SUJET PROUVE À NOUVEAU SA TOTALE DISPONIBILITÉ. PARALLÈLEMENT, SON ENGAGEMENT MUNICIPAL NE FAIBLIT PAS...
BOULANGERIE
OUVERT
MAIS COMMENT FAITES-VOUS POUR CASER DANS LA MÊME JOURNÉE VOTRE SERVICE MILITAIRE, VOTRE DROIT, LES NOTES DE TRAVAIL, L'ORGANISATION DE MES SERVICES ET DE MON AGENDA ET LA VISITE DE 4 ÉCOLES ???

ET C'EST DONC TOUT NATURELLEMENT QUE, FIN 1980, JACQUES CHIRAC LE NOMME PRÉSIDENT DU COMITÉ DE SOUTIEN DES JEUNES À SA CANDIDATURE...

IL ME FAUT UN TYPE DÉGOURDI POUR MOBILISER LES JEUNES ! CHARLES ME DIT LE PLUS GRAND BIEN DE TOI !

JE VOUS SERAI ÉTERNELLEMENT REDEVABLE ET FIDÈLE !

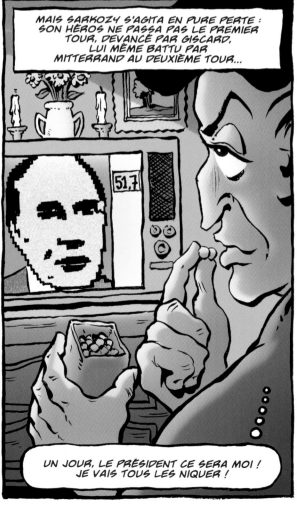

MAIS SARKOZY S'AGITA EN PURE PERTE : SON HÉROS NE PASSA PAS LE PREMIER TOUR, DEVANCÉ PAR GISCARD, LUI MÊME BATTU PAR MITTERRAND AU DEUXIÈME TOUR...

UN JOUR, LE PRÉSIDENT CE SERA MOI ! JE VAIS TOUS LES NIQUER !

C'EST DEUX ANS PLUS TARD, EN 1983, QUE NICOLAS SARKOZY RÉUSSIT UN VÉRITABLE COUP DE POKER POLITIQUE. IL JOUAIT GROS CAR UN ÉCHEC AURAIT PU RUINER SA CARRIÈRE...

VOUS FAITES ALLUSION À LA PRISE DE NEUILLY ?

1983 :
NEUILLY VAUT BIEN
UNE TRAHISON

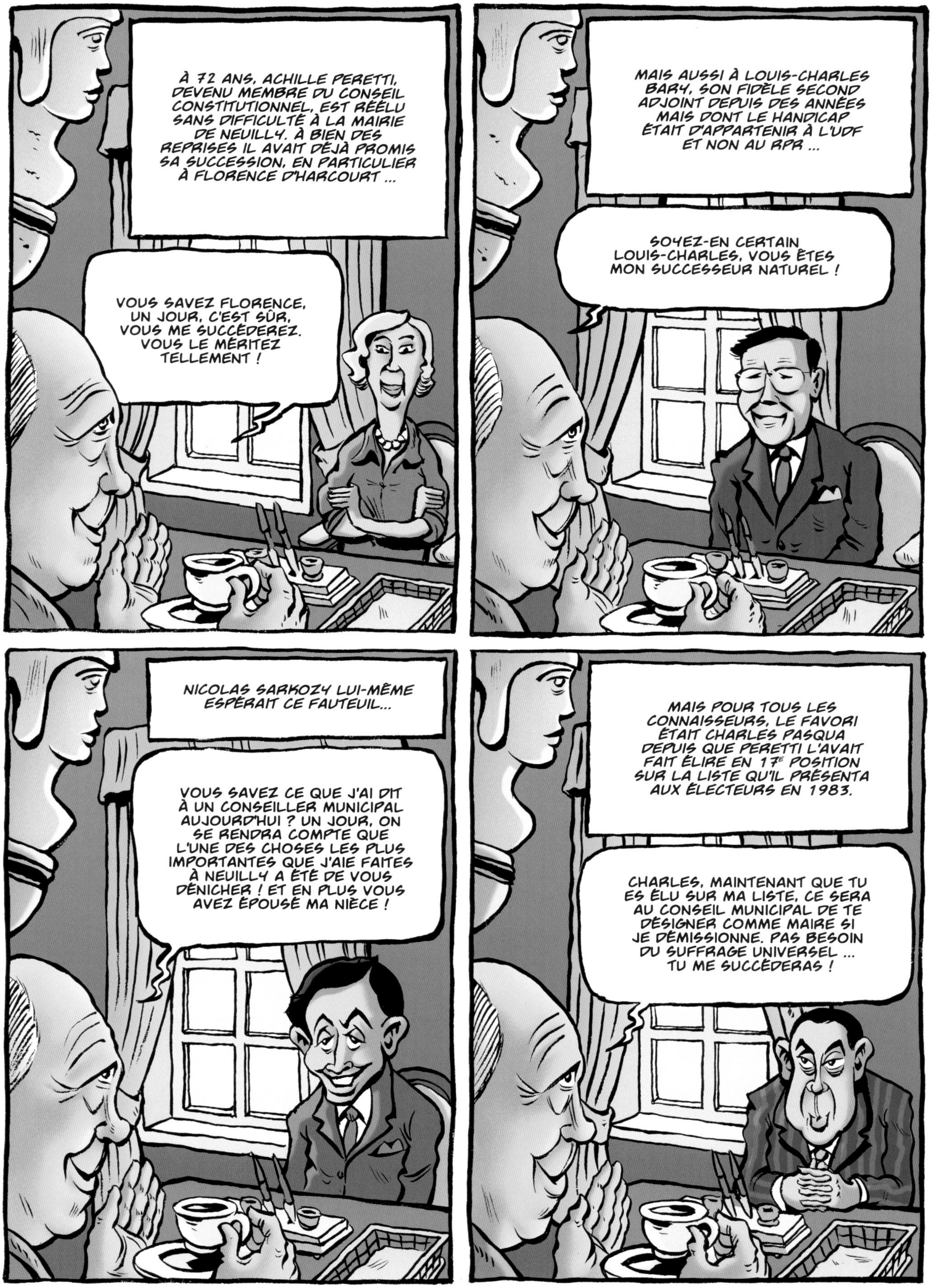
À 72 ANS, ACHILLE PERETTI, DEVENU MEMBRE DU CONSEIL CONSTITUTIONNEL, EST RÉÉLU SANS DIFFICULTÉ À LA MAIRIE DE NEUILLY. À BIEN DES REPRISES IL AVAIT DÉJÀ PROMIS SA SUCCESSION, EN PARTICULIER À FLORENCE D'HARCOURT ...
VOUS SAVEZ FLORENCE, UN JOUR, C'EST SÛR, VOUS ME SUCCÉDEREZ. VOUS LE MÉRITEZ TELLEMENT !
MAIS AUSSI À LOUIS-CHARLES BARY, SON FIDÈLE SECOND ADJOINT DEPUIS DES ANNÉES MAIS DONT LE HANDICAP ÉTAIT D'APPARTENIR À L'UDF ET NON AU RPR ...
SOYEZ-EN CERTAIN LOUIS-CHARLES, VOUS ÊTES MON SUCCESSEUR NATUREL !
NICOLAS SARKOZY LUI-MÊME ESPÉRAIT CE FAUTEUIL...
VOUS SAVEZ CE QUE J'AI DIT À UN CONSEILLER MUNICIPAL AUJOURD'HUI ? UN JOUR, ON SE RENDRA COMPTE QUE L'UNE DES CHOSES LES PLUS IMPORTANTES QUE J'AIE FAITES À NEUILLY A ÉTÉ DE VOUS DÉNICHER ! ET EN PLUS VOUS AVEZ ÉPOUSÉ MA NIÈCE !
MAIS POUR TOUS LES CONNAISSEURS, LE FAVORI ÉTAIT CHARLES PASQUA DEPUIS QUE PERETTI L'AVAIT FAIT ÉLIRE EN 17E POSITION SUR LA LISTE QU'IL PRÉSENTA AUX ÉLECTEURS EN 1983.
CHARLES, MAINTENANT QUE TU ES ÉLU SUR MA LISTE, CE SERA AU CONSEIL MUNICIPAL DE TE DÉSIGNER COMME MAIRE SI JE DÉMISSIONNE. PAS BESOIN DU SUFFRAGE UNIVERSEL ... TU ME SUCCÉDERAS !

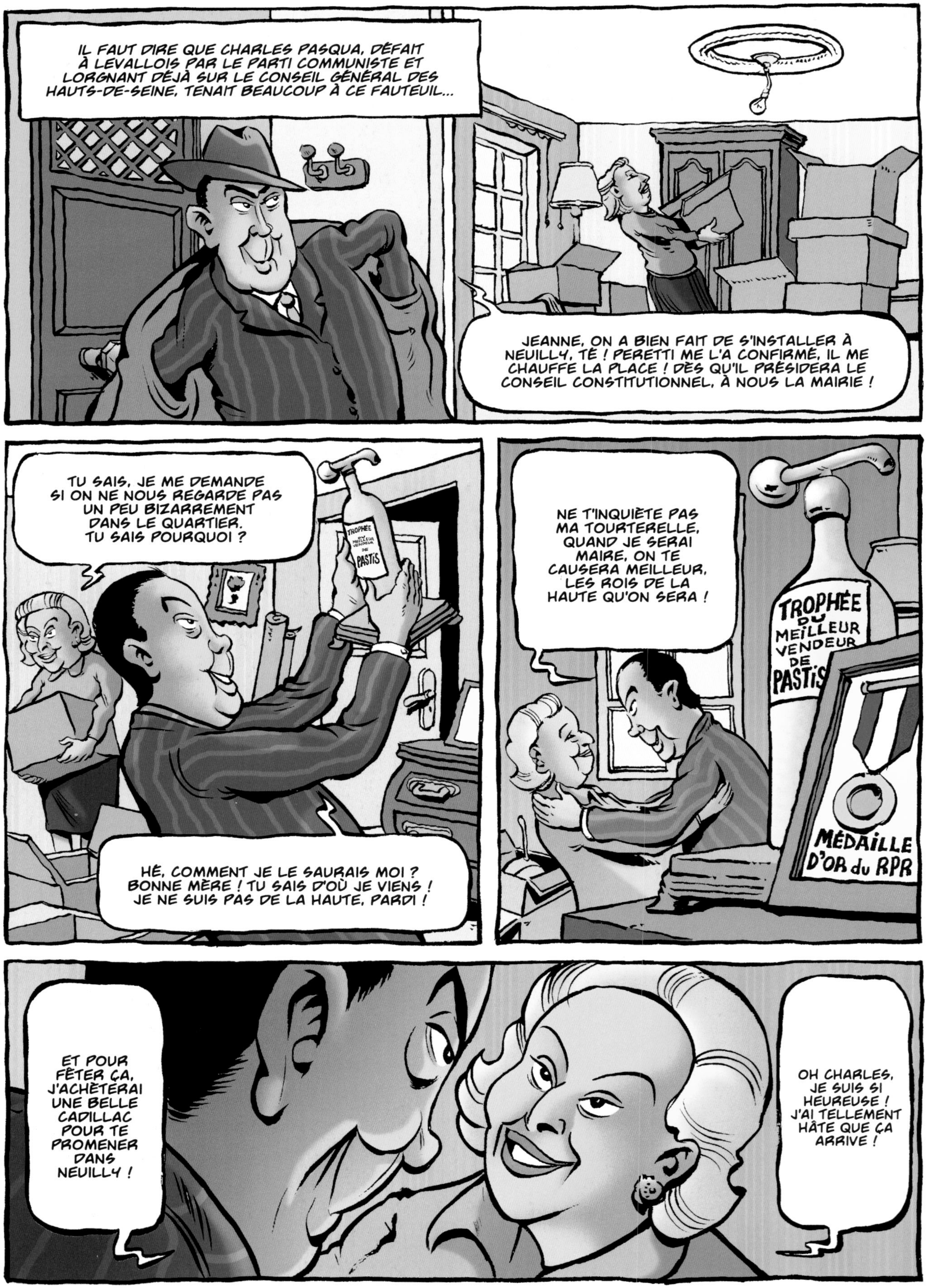
IL FAUT DIRE QUE CHARLES PASQUA, DÉFAIT À LEVALLOIS PAR LE PARTI COMMUNISTE ET LORGNANT DÉJÀ SUR LE CONSEIL GÉNÉRAL DES HAUTS-DE-SEINE, TENAIT BEAUCOUP À CE FAUTEUIL...
JEANNE, ON A BIEN FAIT DE S'INSTALLER À NEUILLY, TÉ ! PERETTI ME L'A CONFIRMÉ, IL ME CHAUFFE LA PLACE ! DÈS QU'IL PRÉSIDERA LE CONSEIL CONSTITUTIONNEL, À NOUS LA MAIRIE !
TU SAIS, JE ME DEMANDE SI ON NE NOUS REGARDE PAS UN PEU BIZARREMENT DANS LE QUARTIER. TU SAIS POURQUOI ?
TROPHÉE DU MEILLEUR VENDEUR DE PASTIS
HÉ, COMMENT JE LE SAURAIS MOI ? BONNE MÈRE ! TU SAIS D'OÙ JE VIENS ! JE NE SUIS PAS DE LA HAUTE, PARDI !
NE T'INQUIÈTE PAS MA TOURTERELLE, QUAND JE SERAI MAIRE, ON TE CAUSERA MEILLEUR, LES ROIS DE LA HAUTE QU'ON SERA !
TROPHÉE DU MEILLEUR VENDEUR DE PASTIS
MÉDAILLE D'OR du RPR
ET POUR FÊTER ÇA, J'ACHÈTERAI UNE BELLE CADILLAC POUR TE PROMENER DANS NEUILLY !
OH CHARLES, JE SUIS SI HEUREUSE ! J'AI TELLEMENT HÂTE QUE ÇA ARRIVE !

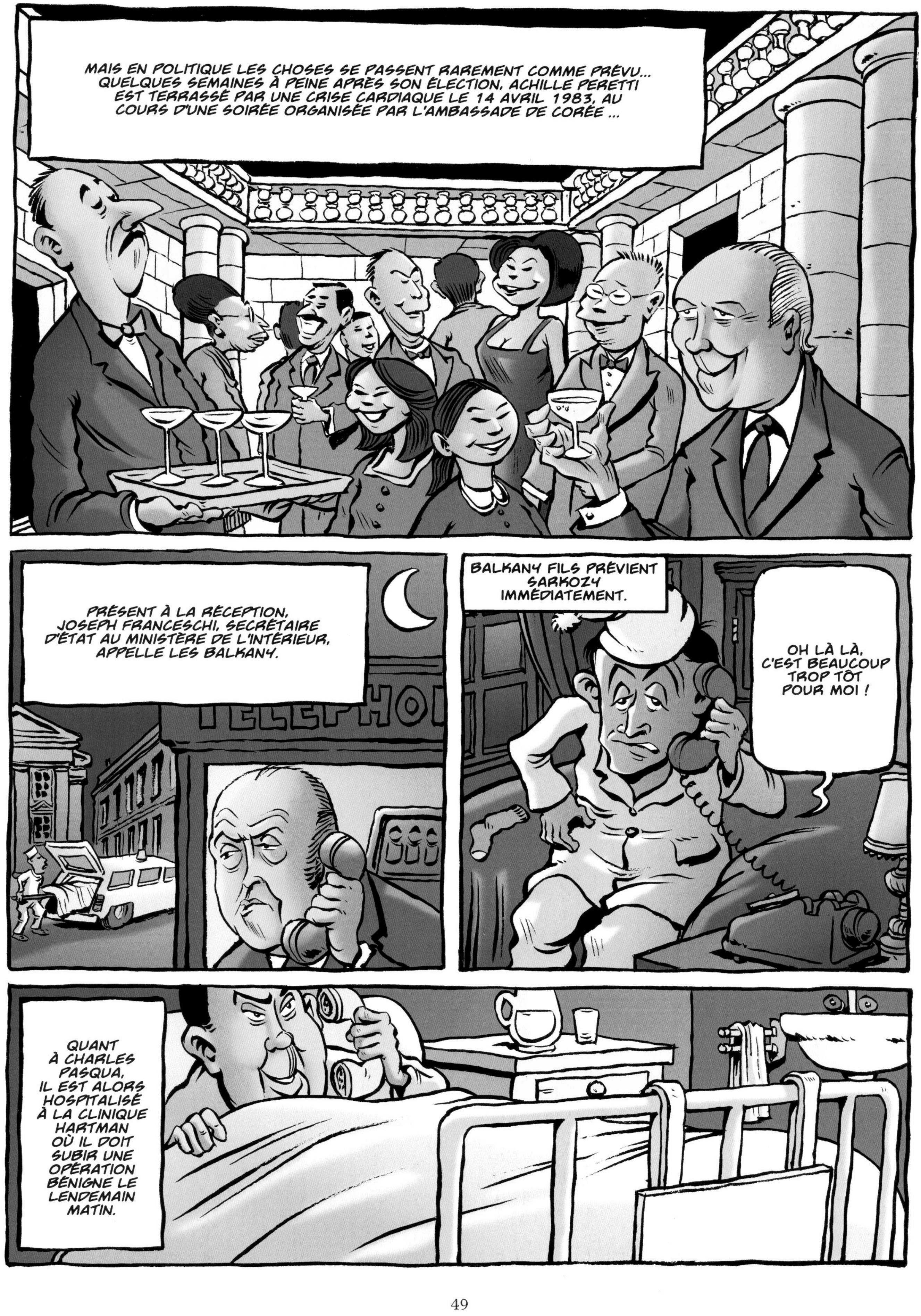
MAIS EN POLITIQUE LES CHOSES SE PASSENT RAREMENT COMME PRÉVU... QUELQUES SEMAINES À PEINE APRÈS SON ÉLECTION, ACHILLE PERETTI EST TERRASSÉ PAR UNE CRISE CARDIAQUE LE 14 AVRIL 1983, AU COURS D'UNE SOIRÉE ORGANISÉE PAR L'AMBASSADE DE CORÉE ...
PRÉSENT À LA RÉCEPTION, JOSEPH FRANCESCHI, SECRÉTAIRE D'ÉTAT AU MINISTÈRE DE L'INTÉRIEUR, APPELLE LES BALKANY.
TÉLÉPHO
BALKANY FILS PRÉVIENT SARKOZY IMMÉDIATEMENT.
OH LÀ LÀ, C'EST BEAUCOUP TROP TÔT POUR MOI !
QUANT À CHARLES PASQUA, IL EST ALORS HOSPITALISÉ À LA CLINIQUE HARTMAN OÙ IL DOIT SUBIR UNE OPÉRATION BÉNIGNE LE LENDEMAIN MATIN.

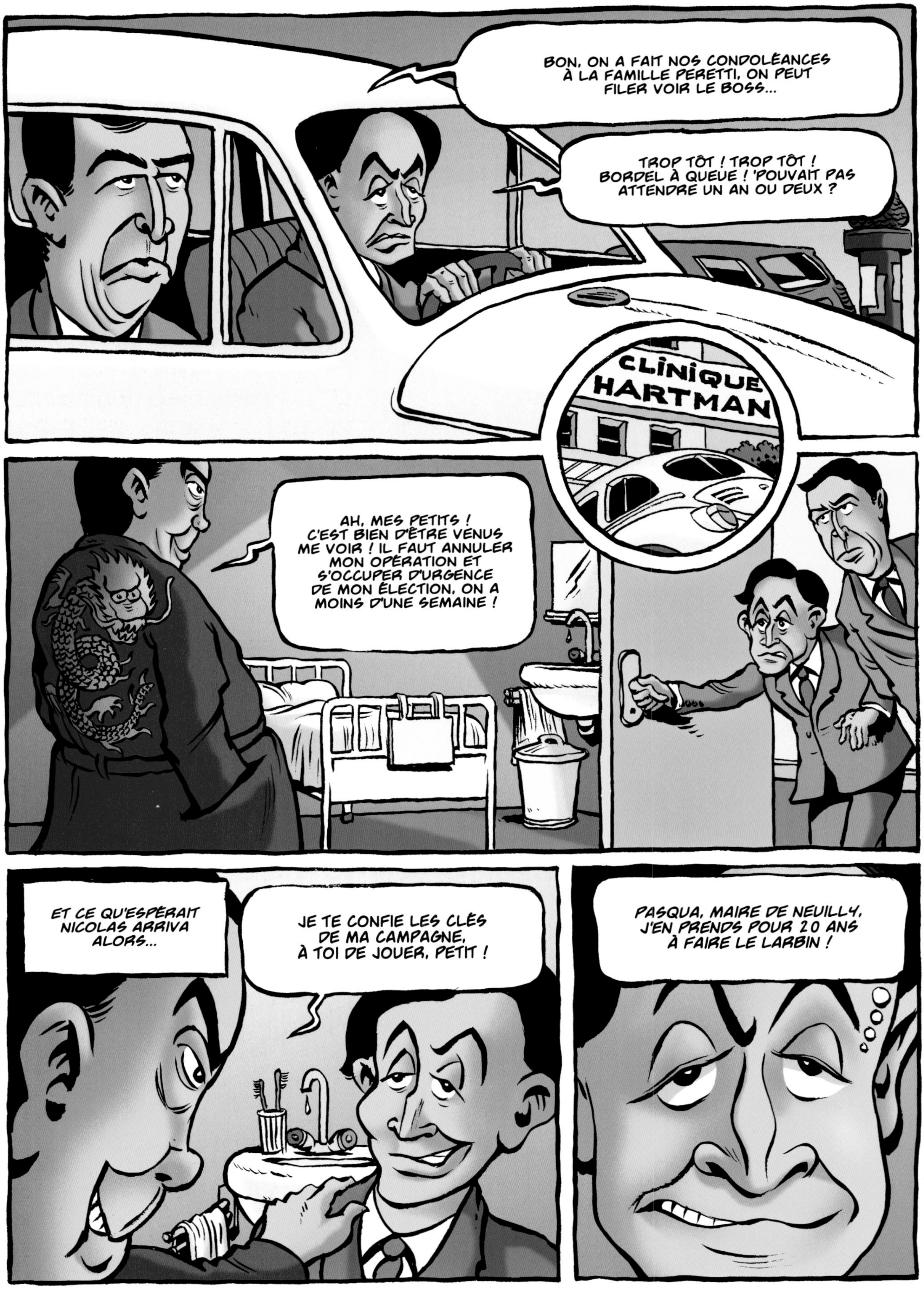
BON, ON A FAIT NOS CONDOLÉANCES À LA FAMILLE PERETTI, ON PEUT FILER VOIR LE BOSS...
TROP TÔT ! TROP TÔT ! BORDEL À QUEUE ! 'POUVAIT PAS ATTENDRE UN AN OU DEUX ?
CLINIQUE HARTMAN
AH, MES PETITS ! C'EST BIEN D'ÊTRE VENUS ME VOIR ! IL FAUT ANNULER MON OPÉRATION ET S'OCCUPER D'URGENCE DE MON ÉLECTION, ON A MOINS D'UNE SEMAINE !
ET CE QU'ESPÉRAIT NICOLAS ARRIVA ALORS...
JE TE CONFIE LES CLÉS DE MA CAMPAGNE, À TOI DE JOUER, PETIT !
PASQUA, MAIRE DE NEUILLY, J'EN PRENDS POUR 20 ANS À FAIRE LE LARBIN !

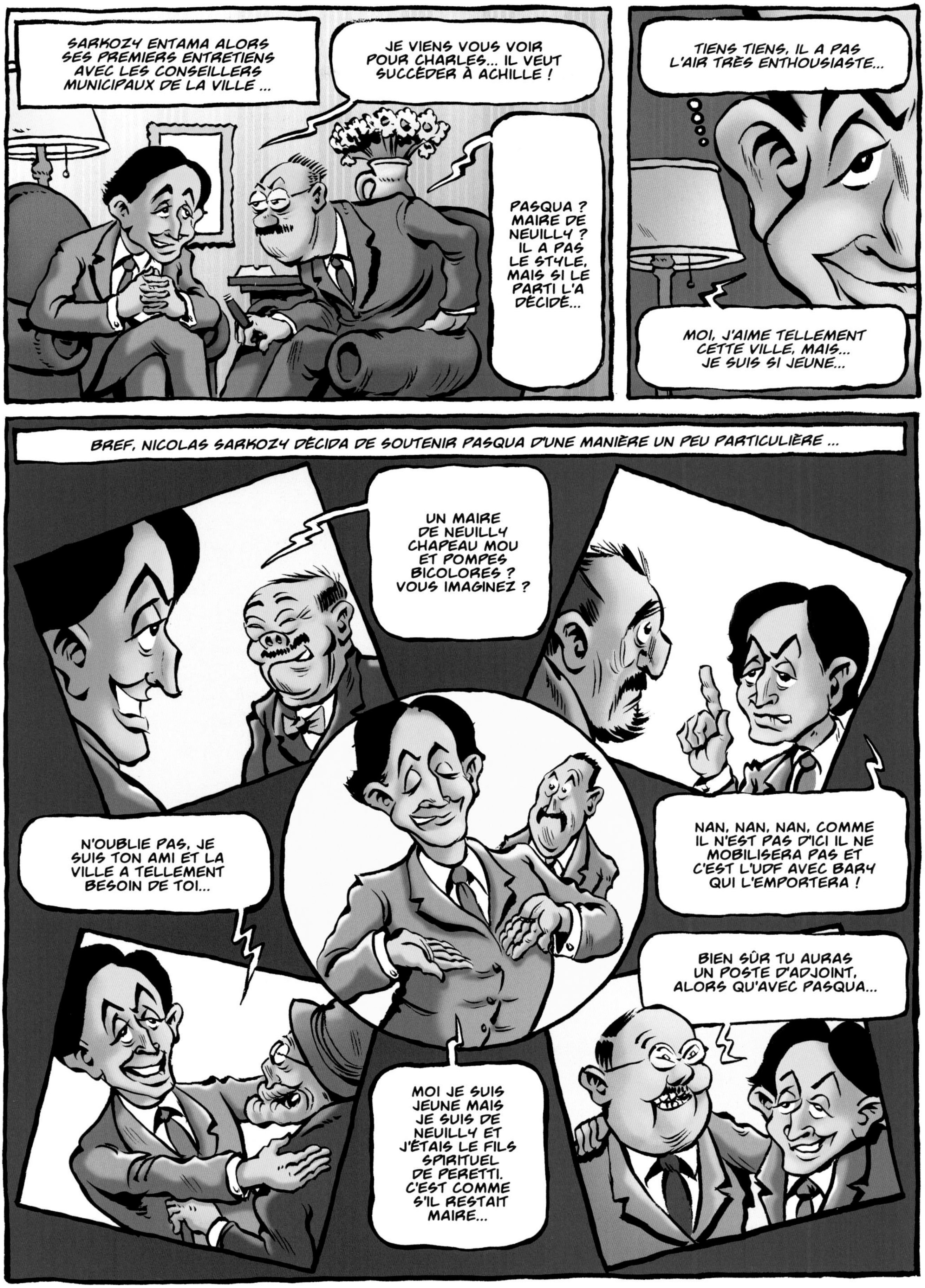
SARKOZY ENTAMA ALORS SES PREMIERS ENTRETIENS AVEC LES CONSEILLERS MUNICIPAUX DE LA VILLE ...
JE VIENS VOUS VOIR POUR CHARLES... IL VEUT SUCCÉDER À ACHILLE !
PASQUA ? MAIRE DE NEUILLY ? IL A PAS LE STYLE, MAIS SI LE PARTI L'A DÉCIDÉ...
TIENS TIENS, IL A PAS L'AIR TRÈS ENTHOUSIASTE...
MOI, J'AIME TELLEMENT CETTE VILLE, MAIS... JE SUIS SI JEUNE...
BREF, NICOLAS SARKOZY DÉCIDA DE SOUTENIR PASQUA D'UNE MANIÈRE UN PEU PARTICULIÈRE ...
UN MAIRE DE NEUILLY CHAPEAU MOU ET POMPES BICOLORES ? VOUS IMAGINEZ ?
NAN, NAN, NAN, COMME IL N'EST PAS D'ICI IL NE MOBILISERA PAS ET C'EST L'UDF AVEC BARY QUI L'EMPORTERA !
BIEN SÛR TU AURAS UN POSTE D'ADJOINT, ALORS QU'AVEC PASQUA...
MOI JE SUIS JEUNE MAIS JE SUIS DE NEUILLY ET J'ÉTAIS LE FILS SPIRITUEL DE PERETTI. C'EST COMME S'IL RESTAIT MAIRE...
N'OUBLIE PAS, JE SUIS TON AMI ET LA VILLE A TELLEMENT BESOIN DE TOI...

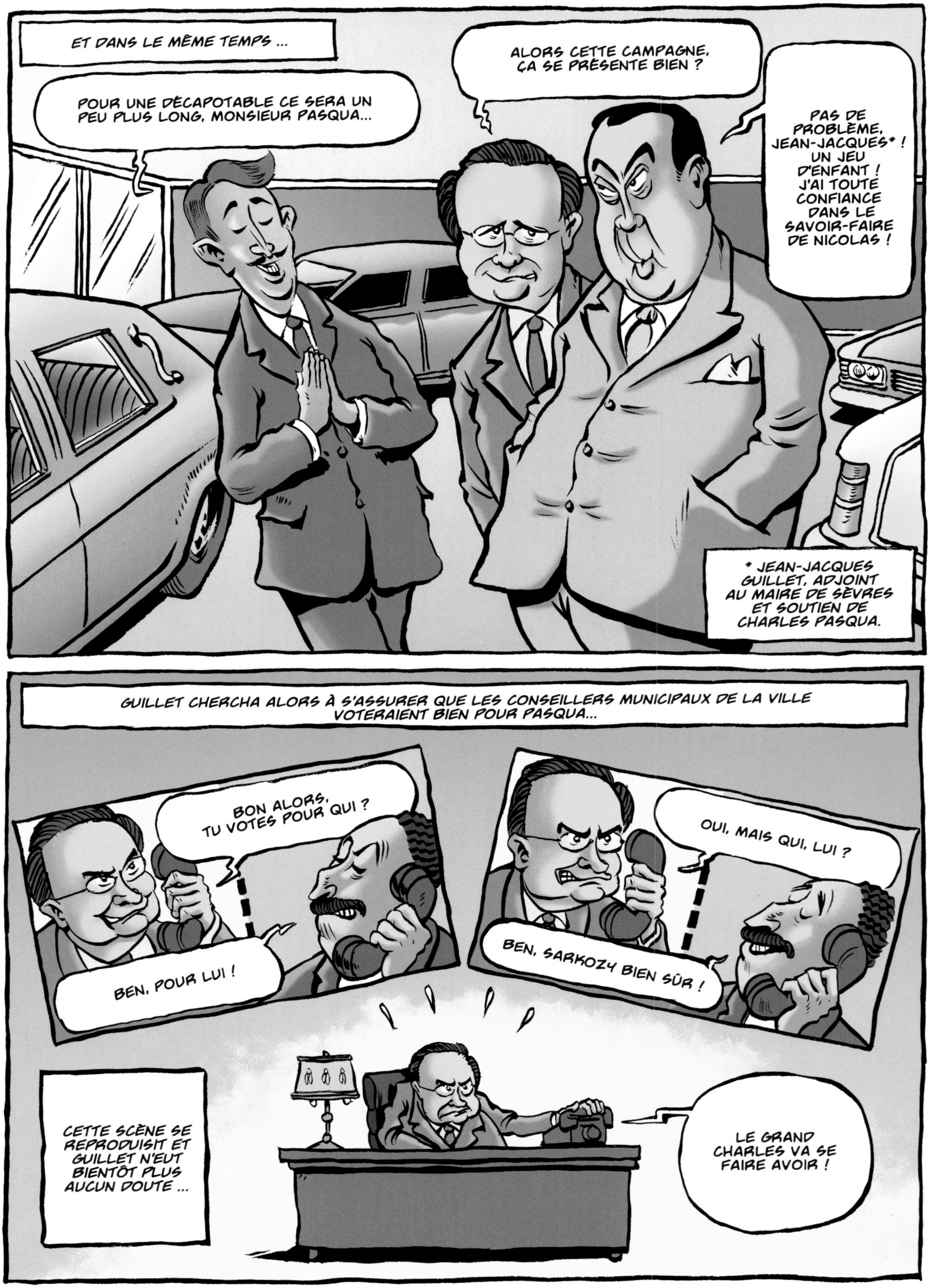
ET DANS LE MÊME TEMPS ...
POUR UNE DÉCAPOTABLE CE SERA UN PEU PLUS LONG, MONSIEUR PASQUA...
ALORS CETTE CAMPAGNE, ÇA SE PRÉSENTE BIEN ?
PAS DE PROBLÈME, JEAN-JACQUES* ! UN JEU D'ENFANT ! J'AI TOUTE CONFIANCE DANS LE SAVOIR-FAIRE DE NICOLAS !
* JEAN-JACQUES GUILLET, ADJOINT AU MAIRE DE SÈVRES ET SOUTIEN DE CHARLES PASQUA.
GUILLET CHERCHA ALORS À S'ASSURER QUE LES CONSEILLERS MUNICIPAUX DE LA VILLE VOTERAIENT BIEN POUR PASQUA...
BON ALORS, TU VOTES POUR QUI ?
BEN, POUR LUI !
OUI, MAIS QUI, LUI ?
BEN, SARKOZY BIEN SÛR !
CETTE SCÈNE SE REPRODUISIT ET GUILLET N'EUT BIENTÔT PLUS AUCUN DOUTE ...
LE GRAND CHARLES VA SE FAIRE AVOIR !

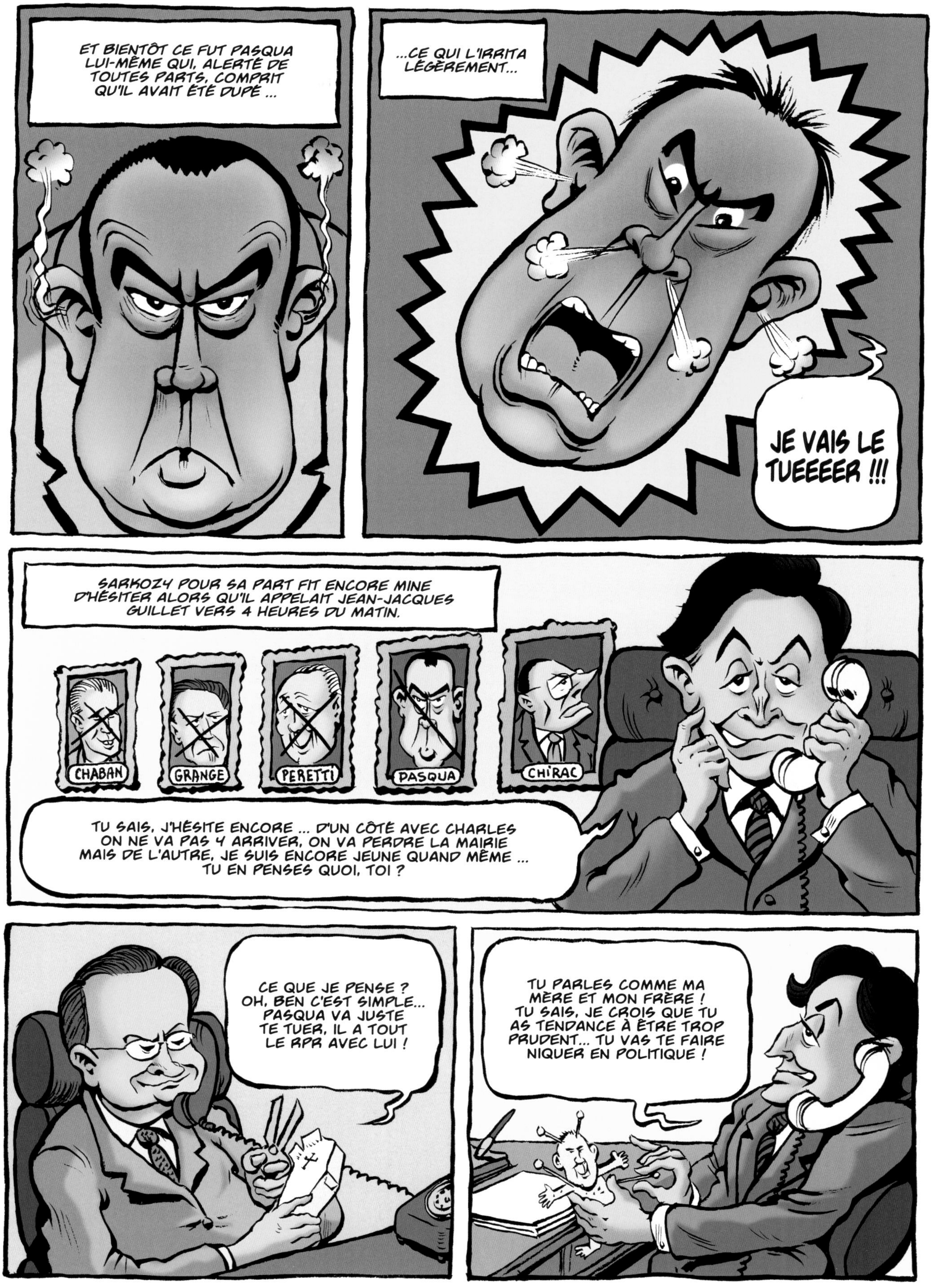

ET BIENTÔT CE FUT PASQUA LUI-MÊME QUI, ALERTÉ DE TOUTES PARTS, COMPRIT QU'IL AVAIT ÉTÉ DUPÉ ...
...CE QUI L'IRRITA LÉGÈREMENT...
JE VAIS LE TUEEEER !!!
SARKOZY POUR SA PART FIT ENCORE MINE D'HÉSITER ALORS QU'IL APPELAIT JEAN-JACQUES GUILLET VERS 4 HEURES DU MATIN.
CHABAN
GRANGE
PERETTI
PASQUA
CHIRAC
TU SAIS, J'HÉSITE ENCORE ... D'UN CÔTÉ AVEC CHARLES ON NE VA PAS Y ARRIVER, ON VA PERDRE LA MAIRIE MAIS DE L'AUTRE, JE SUIS ENCORE JEUNE QUAND MÊME ... TU EN PENSES QUOI, TOI ?
CE QUE JE PENSE ? OH, BEN C'EST SIMPLE... PASQUA VA JUSTE TE TUER, IL A TOUT LE RPR AVEC LUI !
TU PARLES COMME MA MÈRE ET MON FRÈRE ! TU SAIS, JE CROIS QUE TU AS TENDANCE À ÊTRE TROP PRUDENT... TU VAS TE FAIRE NIQUER EN POLITIQUE !

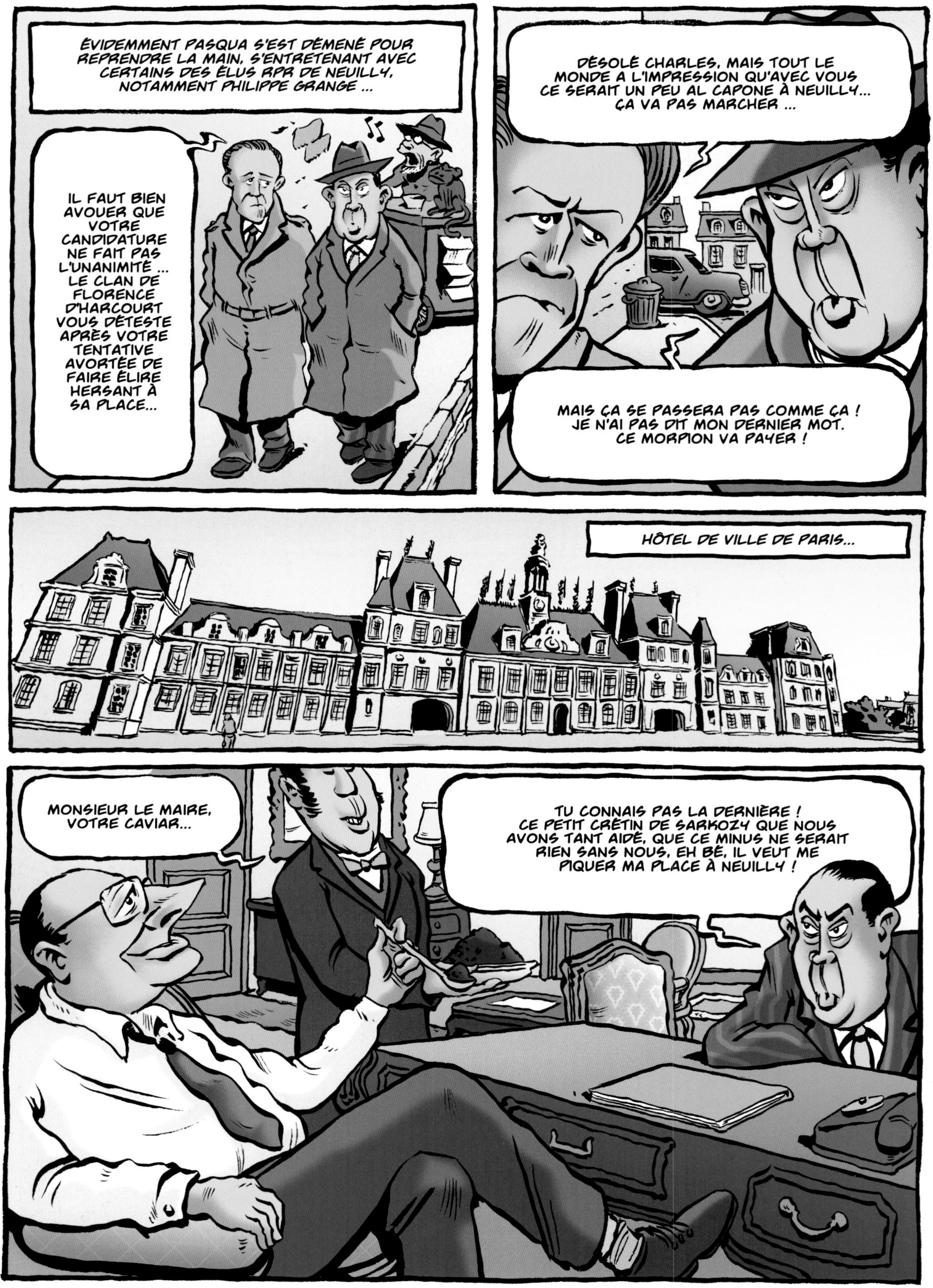
ÉVIDEMMENT PASQUA S'EST DÉMENÉ POUR REPRENDRE LA MAIN, S'ENTRETENANT AVEC CERTAINS DES ÉLUS RPR DE NEUILLY, NOTAMMENT PHILIPPE GRANGE ...
IL FAUT BIEN AVOUER QUE VOTRE CANDIDATURE NE FAIT PAS L'UNANIMITÉ ... LE CLAN DE FLORENCE D'HARCOURT VOUS DÉTESTE APRÈS VOTRE TENTATIVE AVORTÉE DE FAIRE ÉLIRE HERSANT À SA PLACE...
DÉSOLÉ CHARLES, MAIS TOUT LE MONDE A L'IMPRESSION QU'AVEC VOUS CE SERAIT UN PEU AL CAPONE À NEUILLY... ÇA VA PAS MARCHER ...
MAIS ÇA SE PASSERA PAS COMME ÇA ! JE N'AI PAS DIT MON DERNIER MOT. CE MORPION VA PAYER !
HÔTEL DE VILLE DE PARIS...
MONSIEUR LE MAIRE, VOTRE CAVIAR...
TU CONNAIS PAS LA DERNIÈRE ! CE PETIT CRÉTIN DE SARKOZY QUE NOUS AVONS TANT AIDÉ, QUE CE MINUS NE SERAIT RIEN SANS NOUS, EH BÉ, IL VEUT ME PIQUER MA PLACE À NEUILLY !

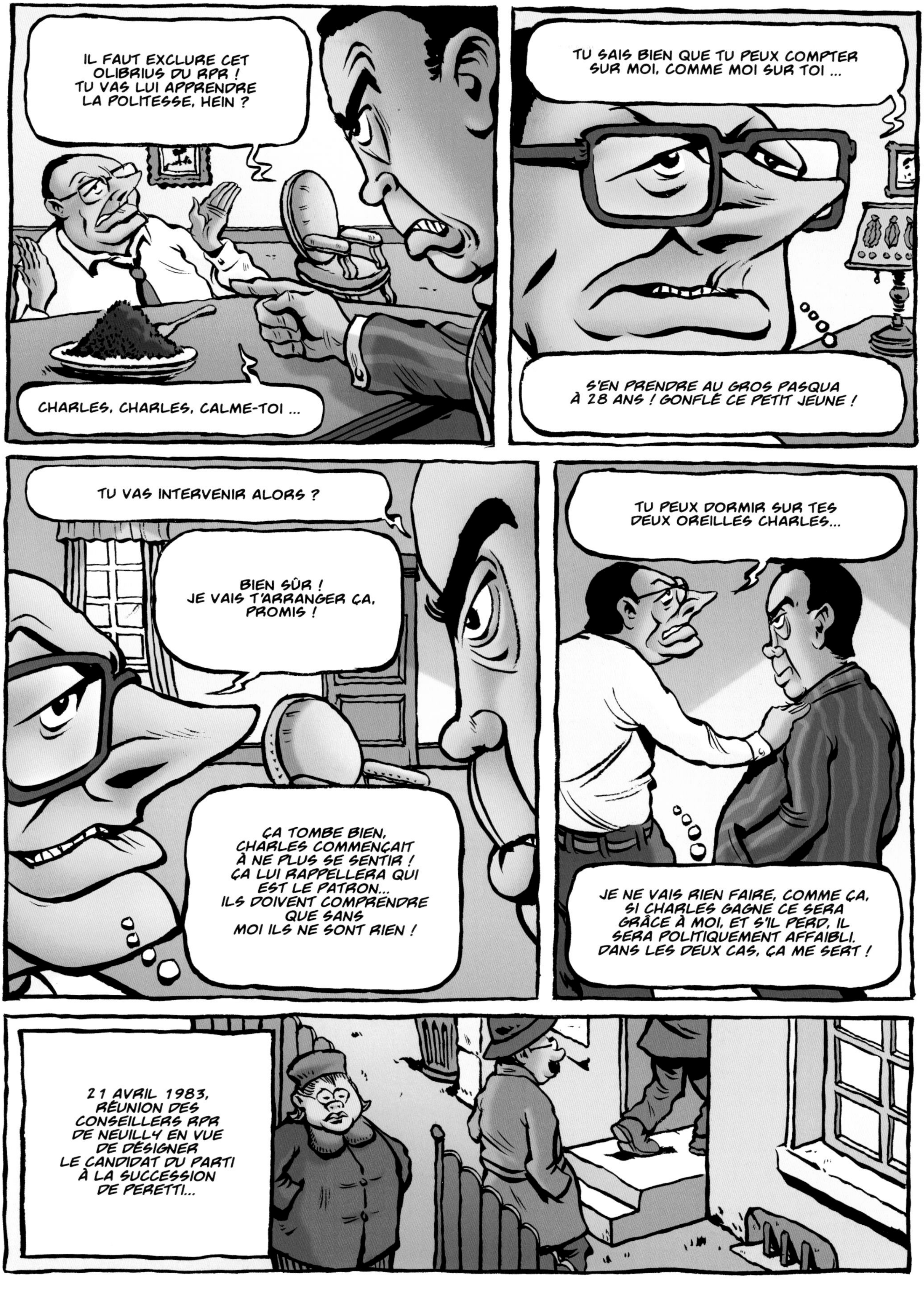
IL FAUT EXCLURE CET OLIBRIUS DU RPR ! TU VAS LUI APPRENDRE LA POLITESSE, HEIN ?
CHARLES, CHARLES, CALME-TOI ...
TU SAIS BIEN QUE TU PEUX COMPTER SUR MOI, COMME MOI SUR TOI ...
S'EN PRENDRE AU GROS PASQUA À 28 ANS ! GONFLÉ CE PETIT JEUNE !
TU VAS INTERVENIR ALORS ?
BIEN SÛR ! JE VAIS T'ARRANGER ÇA, PROMIS !
ÇA TOMBE BIEN, CHARLES COMMENÇAIT À NE PLUS SE SENTIR ! ÇA LUI RAPPELLERA QUI EST LE PATRON... ILS DOIVENT COMPRENDRE QUE SANS MOI ILS NE SONT RIEN !
TU PEUX DORMIR SUR TES DEUX OREILLES CHARLES...
JE NE VAIS RIEN FAIRE, COMME ÇA, SI CHARLES GAGNE CE SERA GRÂCE À MOI, ET S'IL PERD, IL SERA POLITIQUEMENT AFFAIBLI. DANS LES DEUX CAS, ÇA ME SERT !
21 AVRIL 1983, RÉUNION DES CONSEILLERS RPR DE NEUILLY EN VUE DE DÉSIGNER LE CANDIDAT DU PARTI À LA SUCCESSION DE PERETTI...

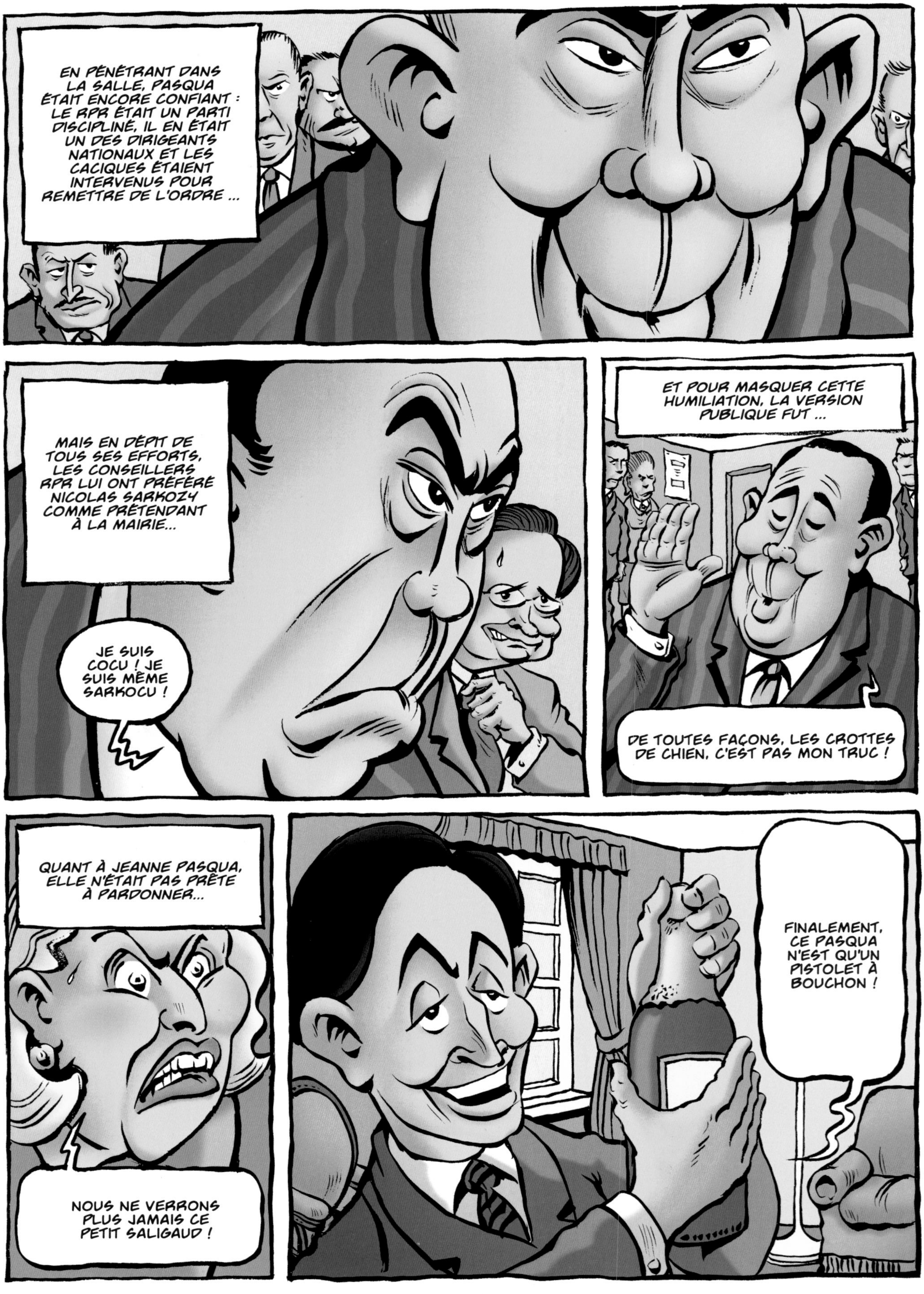
EN PÉNÉTRANT DANS LA SALLE, PASQUA ÉTAIT ENCORE CONFIANT : LE RPR ÉTAIT UN PARTI DISCIPLINÉ, IL EN ÉTAIT UN DES DIRIGEANTS NATIONAUX ET LES CACIQUES ÉTAIENT INTERVENUS POUR REMETTRE DE L'ORDRE ...
MAIS EN DÉPIT DE TOUS SES EFFORTS, LES CONSEILLERS RPR LUI ONT PRÉFÉRÉ NICOLAS SARKOZY COMME PRÉTENDANT À LA MAIRIE...
JE SUIS COCU ! JE SUIS MÊME SARKOCU !
ET POUR MASQUER CETTE HUMILIATION, LA VERSION PUBLIQUE FUT ...
DE TOUTES FAÇONS, LES CROTTES DE CHIEN, C'EST PAS MON TRUC !
QUANT À JEANNE PASQUA, ELLE N'ÉTAIT PAS PRÊTE À PARDONNER...
NOUS NE VERRONS PLUS JAMAIS CE PETIT SALIGAUD !
FINALEMENT, CE PASQUA N'EST QU'UN PISTOLET À BOUCHON !

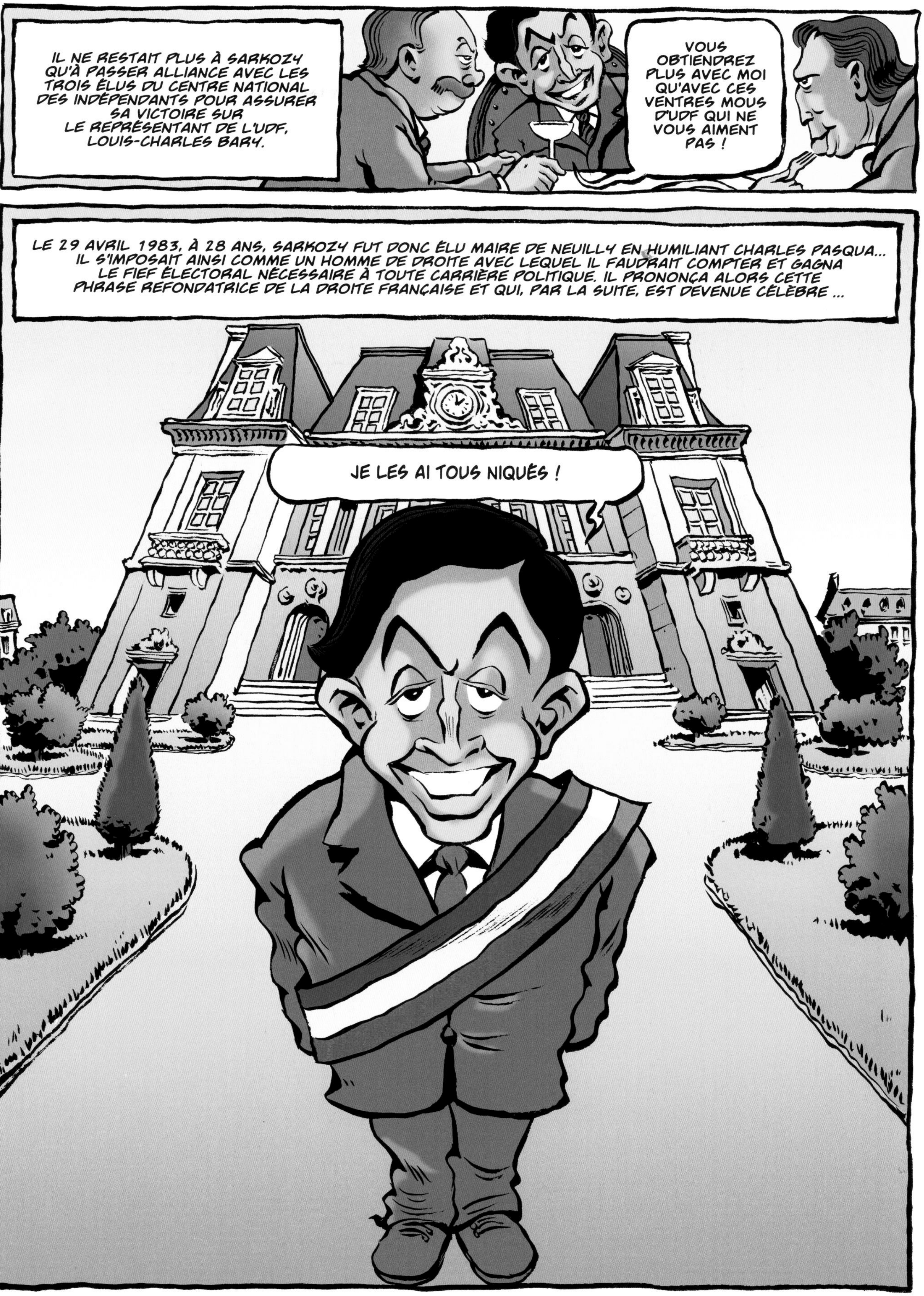
IL NE RESTAIT PLUS À SARKOZY QU'À PASSER ALLIANCE AVEC LES TROIS ÉLUS DU CENTRE NATIONAL DES INDÉPENDANTS POUR ASSURER SA VICTOIRE SUR LE REPRÉSENTANT DE L'UDF, LOUIS-CHARLES BARY.
VOUS OBTIENDREZ PLUS AVEC MOI QU'AVEC CES VENTRES MOUS D'UDF QUI NE VOUS AIMENT PAS !
LE 29 AVRIL 1983, À 28 ANS, SARKOZY FUT DONC ÉLU MAIRE DE NEUILLY EN HUMILIANT CHARLES PASQUA... IL S'IMPOSAIT AINSI COMME UN HOMME DE DROITE AVEC LEQUEL IL FAUDRAIT COMPTER ET GAGNA LE FIEF ÉLECTORAL NÉCESSAIRE À TOUTE CARRIÈRE POLITIQUE. IL PRONONÇA ALORS CETTE PHRASE REFONDATRICE DE LA DROITE FRANÇAISE ET QUI, PAR LA SUITE, EST DEVENUE CÉLÈBRE ...
JE LES AI TOUS NIQUÉS !

1983-1993 :
L'AMI DE LA FAMILLE

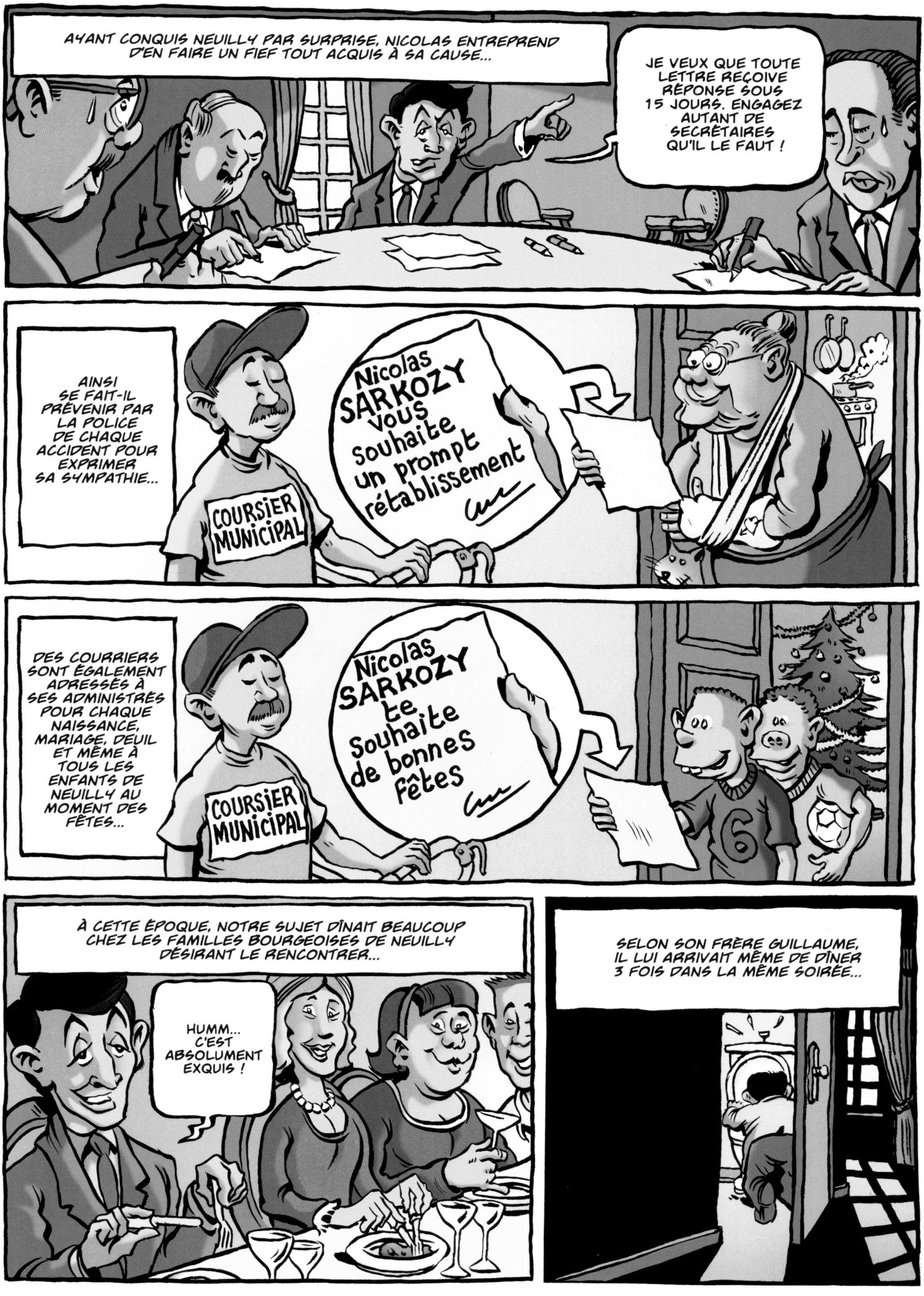
AYANT CONQUIS NEUILLY PAR SURPRISE, NICOLAS ENTREPREND D'EN FAIRE UN FIEF TOUT ACQUIS À SA CAUSE...
JE VEUX QUE TOUTE LETTRE REÇOIVE RÉPONSE SOUS 15 JOURS. ENGAGEZ AUTANT DE SECRÉTAIRES QU'IL LE FAUT !
AINSI SE FAIT-IL PRÉVENIR PAR LA POLICE DE CHAQUE ACCIDENT POUR EXPRIMER SA SYMPATHIE...
COURSIER MUNICIPAL
Nicolas SARKOZY vous souhaite un prompt rétablissement
DES COURRIERS SONT ÉGALEMENT ADRESSÉS À SES ADMINISTRÉS POUR CHAQUE NAISSANCE, MARIAGE, DEUIL ET MÊME À TOUS LES ENFANTS DE NEUILLY AU MOMENT DES FÊTES...
COURSIER MUNICIPAL
Nicolas SARKOZY te souhaite de bonnes fêtes
À CETTE ÉPOQUE, NOTRE SUJET DÎNAIT BEAUCOUP CHEZ LES FAMILLES BOURGEOISES DE NEUILLY DÉSIRANT LE RENCONTRER...
HUMM... C'EST ABSOLUMENT EXQUIS !
SELON SON FRÈRE GUILLAUME, IL LUI ARRIVAIT MÊME DE DÎNER 3 FOIS DANS LA MÊME SOIRÉE...

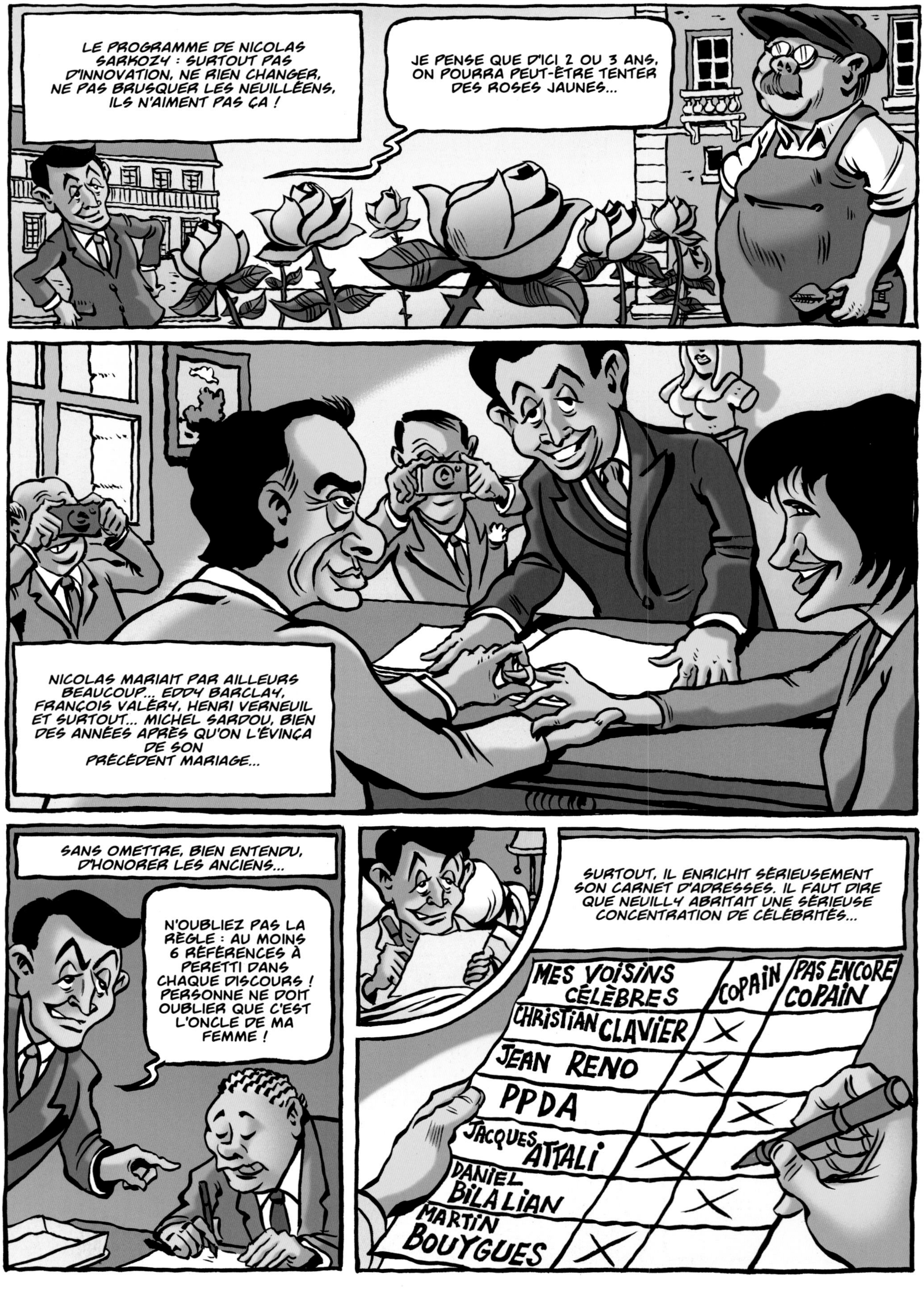

LE PROGRAMME DE NICOLAS SARKOZY : SURTOUT PAS D'INNOVATION, NE RIEN CHANGER, NE PAS BRUSQUER LES NEUILLÉENS, ILS N'AIMENT PAS ÇA !
JE PENSE QUE D'ICI 2 OU 3 ANS, ON POURRA PEUT-ÊTRE TENTER DES ROSES JAUNES...
NICOLAS MARIAIT PAR AILLEURS BEAUCOUP... EDDY BARCLAY, FRANÇOIS VALÉRY, HENRI VERNEUIL ET SURTOUT... MICHEL SARDOU, BIEN DES ANNÉES APRÈS QU'ON L'ÉVINÇA DE SON PRÉCÉDENT MARIAGE...
SANS OMETTRE, BIEN ENTENDU, D'HONORER LES ANCIENS...
N'OUBLIEZ PAS LA RÈGLE : AU MOINS 6 RÉFÉRENCES À PERETTI DANS CHAQUE DISCOURS ! PERSONNE NE DOIT OUBLIER QUE C'EST L'ONCLE DE MA FEMME !
SURTOUT, IL ENRICHIT SÉRIEUSEMENT SON CARNET D'ADRESSES. IL FAUT DIRE QUE NEUILLY ABRITAIT UNE SÉRIEUSE CONCENTRATION DE CÉLÉBRITÉS...
MES VOISINS CÉLÈBRES
COPAIN
PAS ENCORE COPAIN
CHRISTIAN CLAVIER
JEAN RENO
PPDA
JACQUES ATTALI
DANIEL BILALIAN
MARTIN BOUYGUES

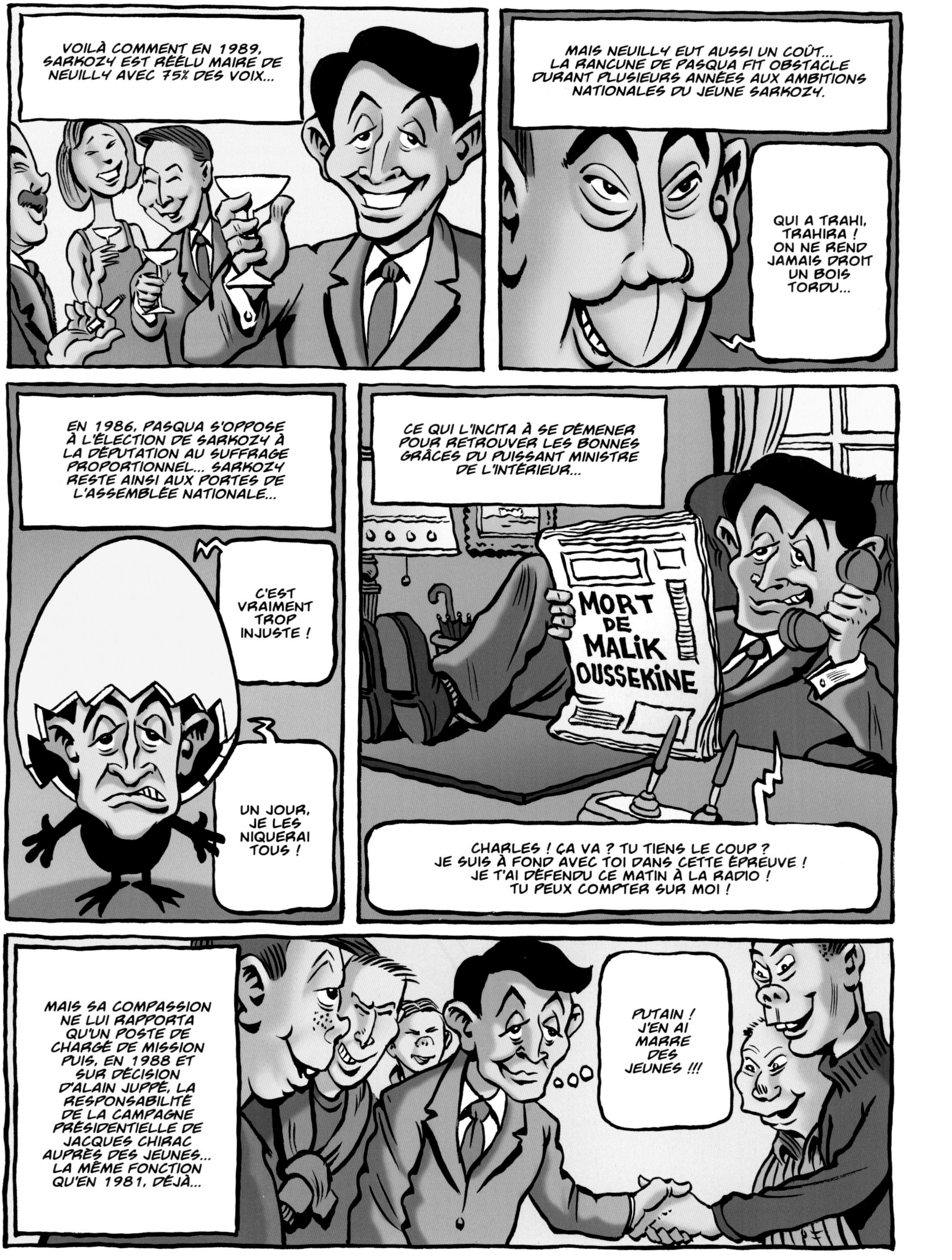
VOILÀ COMMENT EN 1989, SARKOZY EST RÉÉLU MAIRE DE NEUILLY AVEC 75% DES VOIX...
MAIS NEUILLY EUT AUSSI UN COÛT... LA RANCUNE DE PASQUA FIT OBSTACLE DURANT PLUSIEURS ANNÉES AUX AMBITIONS NATIONALES DU JEUNE SARKOZY.
QUI A TRAHI, TRAHIRA ! ON NE REND JAMAIS DROIT UN BOIS TORDU...
EN 1986, PASQUA S'OPPOSE À L'ÉLECTION DE SARKOZY À LA DÉPUTATION AU SUFFRAGE PROPORTIONNEL... SARKOZY RESTE AINSI AUX PORTES DE L'ASSEMBLÉE NATIONALE...
C'EST VRAIMENT TROP INJUSTE !
UN JOUR, JE LES NIQUERAI TOUS !
CE QUI L'INCITA À SE DÉMENER POUR RETROUVER LES BONNES GRÂCES DU PUISSANT MINISTRE DE L'INTÉRIEUR...
MORT DE MALIK OUSSEKINE
CHARLES ! ÇA VA ? TU TIENS LE COUP ? JE SUIS À FOND AVEC TOI DANS CETTE ÉPREUVE ! JE T'AI DÉFENDU CE MATIN À LA RADIO ! TU PEUX COMPTER SUR MOI !
MAIS SA COMPASSION NE LUI RAPPORTA QU'UN POSTE DE CHARGÉ DE MISSION PUIS, EN 1988 ET SUR DÉCISION D'ALAIN JUPPÉ, LA RESPONSABILITÉ DE LA CAMPAGNE PRÉSIDENTIELLE DE JACQUES CHIRAC AUPRÈS DES JEUNES... LA MÊME FONCTION QU'EN 1981, DÉJÀ...
PUTAIN ! J'EN AI MARRE DES JEUNES !!!

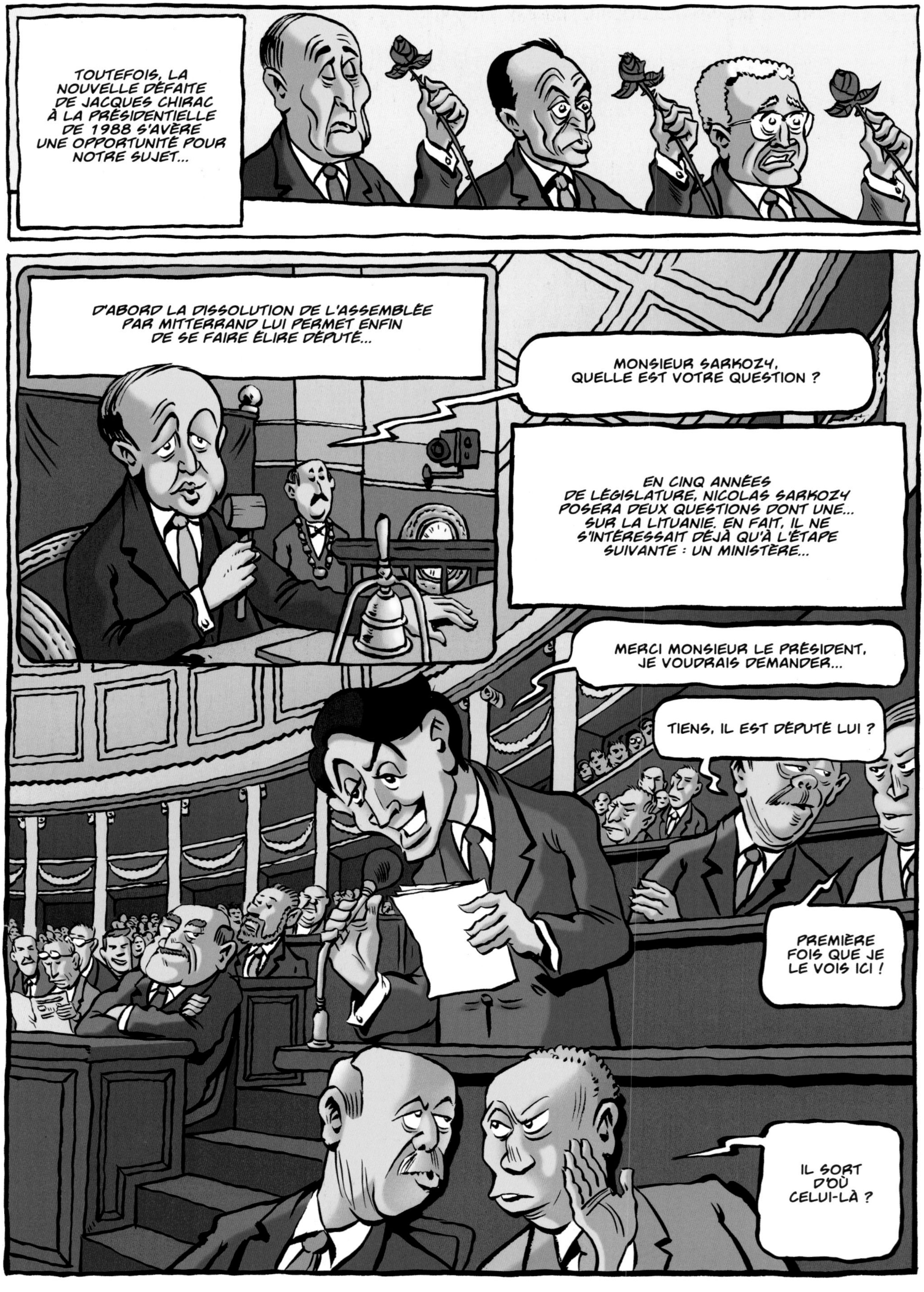
TOUTEFOIS, LA NOUVELLE DÉFAITE DE JACQUES CHIRAC À LA PRÉSIDENTIELLE DE 1988 S'AVÈRE UNE OPPORTUNITÉ POUR NOTRE SUJET...
D'ABORD LA DISSOLUTION DE L'ASSEMBLÉE PAR MITTERRAND LUI PERMET ENFIN DE SE FAIRE ÉLIRE DÉPUTÉ...
MONSIEUR SARKOZY, QUELLE EST VOTRE QUESTION ?
EN CINQ ANNÉES DE LÉGISLATURE, NICOLAS SARKOZY POSERA DEUX QUESTIONS DONT UNE... SUR LA LITUANIE. EN FAIT, IL NE S'INTÉRESSAIT DÉJÀ QU'À L'ÉTAPE SUIVANTE : UN MINISTÈRE...
MERCI MONSIEUR LE PRÉSIDENT, JE VOUDRAIS DEMANDER...
TIENS, IL EST DÉPUTÉ LUI ?
PREMIÈRE FOIS QUE JE LE VOIS ICI !
IL SORT D'OÙ CELUI-LÀ ?

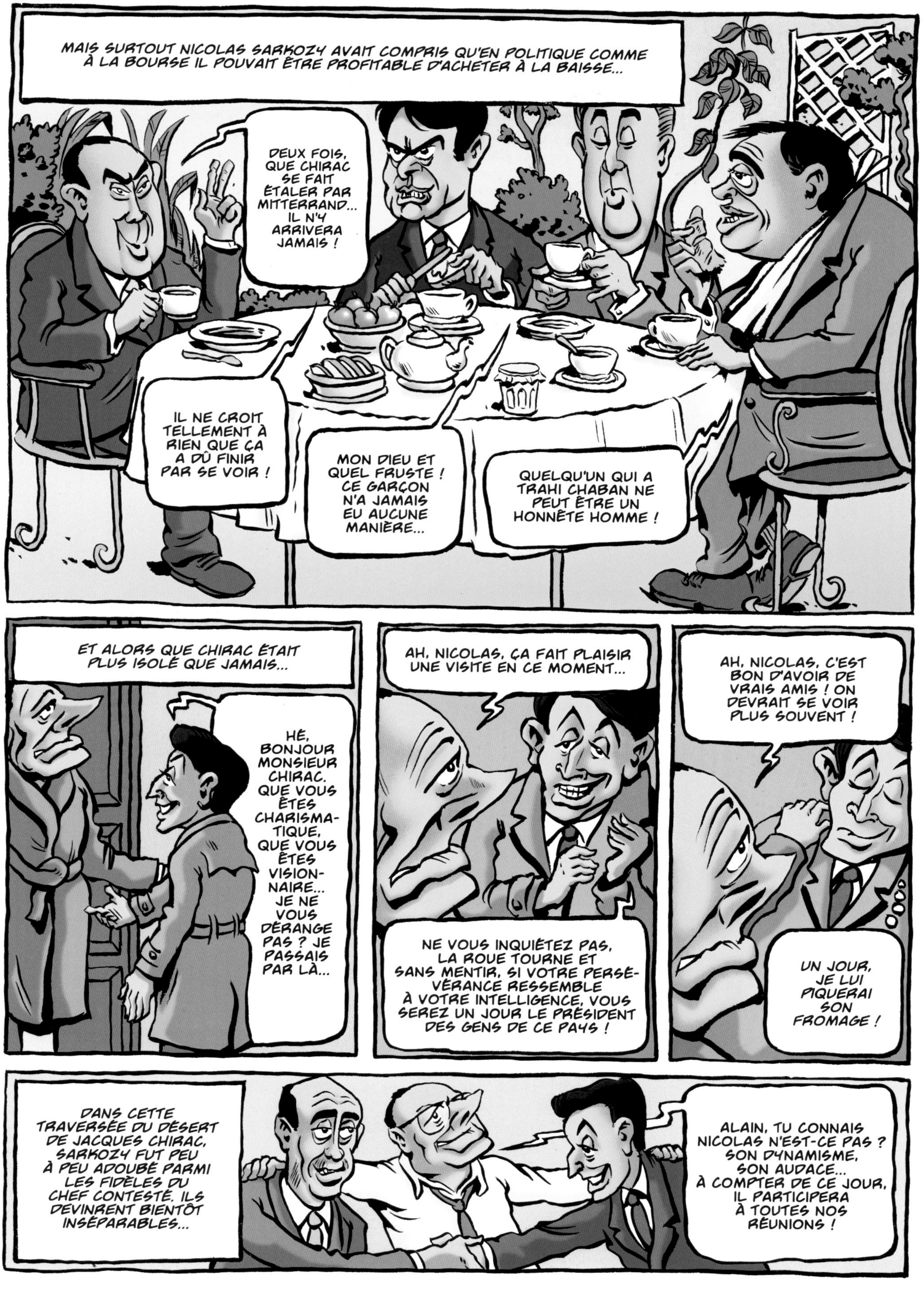
MAIS SURTOUT NICOLAS SARKOZY AVAIT COMPRIS QU'EN POLITIQUE COMME À LA BOURSE IL POUVAIT ÊTRE PROFITABLE D'ACHETER À LA BAISSE...
DEUX FOIS, QUE CHIRAC SE FAIT ÉTALER PAR MITTERRAND... IL N'Y ARRIVERA JAMAIS !
IL NE CROIT TELLEMENT À RIEN QUE ÇA A DÛ FINIR PAR SE VOIR !
MON DIEU ET QUEL FRUSTE ! CE GARÇON N'A JAMAIS EU AUCUNE MANIÈRE...
QUELQU'UN QUI A TRAHI CHABAN NE PEUT ÊTRE UN HONNÊTE HOMME !
ET ALORS QUE CHIRAC ÉTAIT PLUS ISOLÉ QUE JAMAIS...
HÉ, BONJOUR MONSIEUR CHIRAC. QUE VOUS ÊTES CHARISMATIQUE, QUE VOUS ÊTES VISIONNAIRE... JE NE VOUS DÉRANGE PAS ? JE PASSAIS PAR LÀ...
AH, NICOLAS, ÇA FAIT PLAISIR UNE VISITE EN CE MOMENT...
NE VOUS INQUIÉTEZ PAS, LA ROUE TOURNE ET SANS MENTIR, SI VOTRE PERSÉVÉRANCE RESSEMBLE À VOTRE INTELLIGENCE, VOUS SEREZ UN JOUR LE PRÉSIDENT DES GENS DE CE PAYS !
AH, NICOLAS, C'EST BON D'AVOIR DE VRAIS AMIS ! ON DEVRAIT SE VOIR PLUS SOUVENT !
UN JOUR, JE LUI PIQUERAI SON FROMAGE !
DANS CETTE TRAVERSÉE DU DÉSERT DE JACQUES CHIRAC, SARKOZY FUT PEU À PEU ADOUBÉ PARMI LES FIDÈLES DU CHEF CONTESTÉ. ILS DEVINRENT BIENTÔT INSÉPARABLES...
ALAIN, TU CONNAIS NICOLAS N'EST-CE PAS ? SON DYNAMISME, SON AUDACE... À COMPTER DE CE JOUR, IL PARTICIPERA À TOUTES NOS RÉUNIONS !

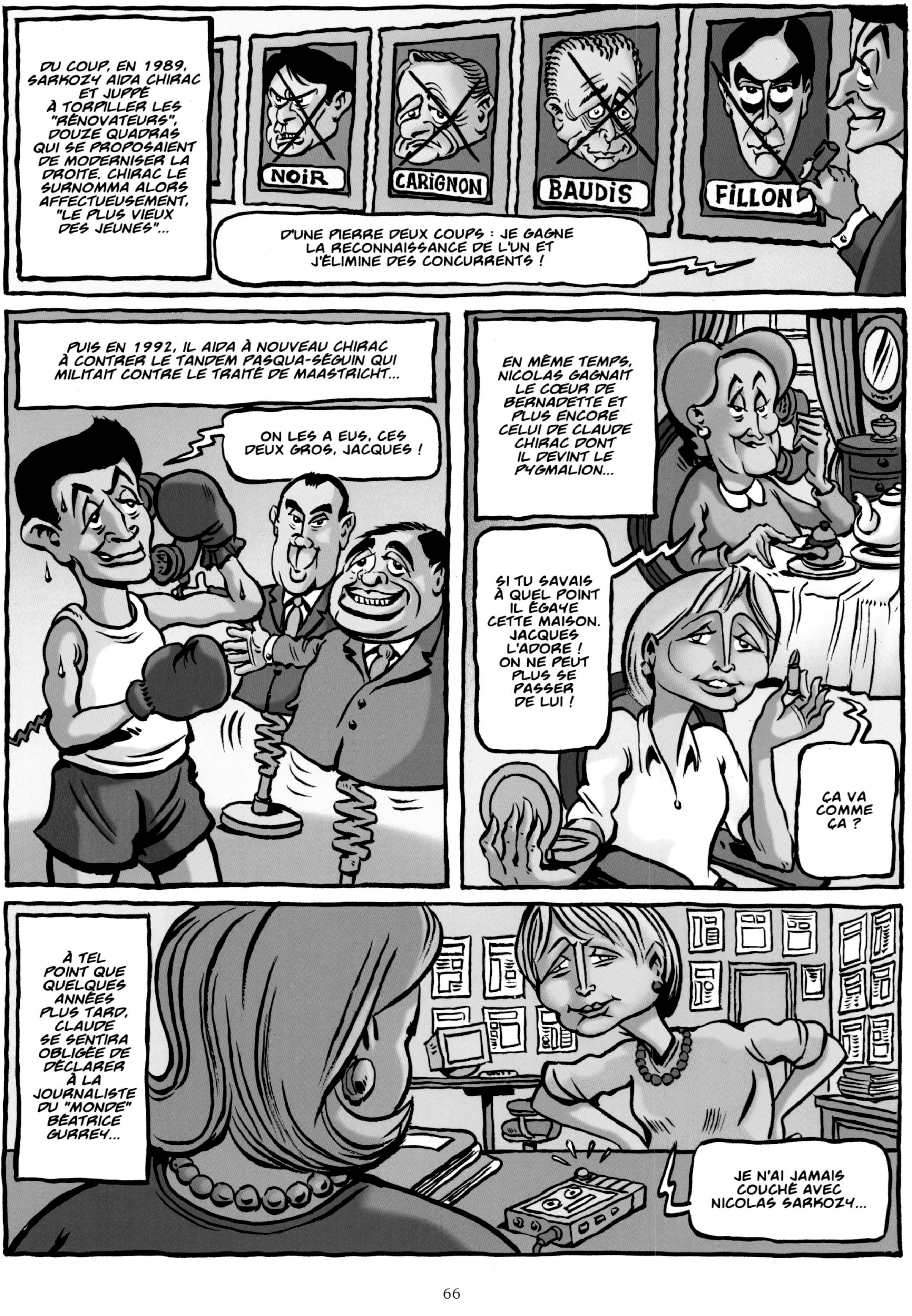
DU COUP, EN 1989, SARKOZY AIDA CHIRAC ET JUPPÉ À TORPILLER LES "RÉNOVATEURS", DOUZE QUADRAS QUI SE PROPOSAIENT DE MODERNISER LA DROITE. CHIRAC LE SURNOMMA ALORS AFFECTUEUSEMENT, "LE PLUS VIEUX DES JEUNES"...
NOIR
CARIGNON
BAUDIS
FILLON
D'UNE PIERRE DEUX COUPS : JE GAGNE LA RECONNAISSANCE DE L'UN ET J'ÉLIMINE DES CONCURRENTS !
PUIS EN 1992, IL AIDA À NOUVEAU CHIRAC À CONTRER LE TANDEM PASQUA-SÉGUIN QUI MILITAIT CONTRE LE TRAITÉ DE MAASTRICHT...
ON LES A EUS, CES DEUX GROS, JACQUES !
EN MÊME TEMPS, NICOLAS GAGNAIT LE CŒUR DE BERNADETTE ET PLUS ENCORE CELUI DE CLAUDE CHIRAC DONT IL DEVINT LE PYGMALION...
SI TU SAVAIS À QUEL POINT IL ÉGAYE CETTE MAISON. JACQUES L'ADORE ! ON NE PEUT PLUS SE PASSER DE LUI !
ÇA VA COMME ÇA ?
À TEL POINT QUE QUELQUES ANNÉES PLUS TARD, CLAUDE SE SENTIRA OBLIGÉE DE DÉCLARER À LA JOURNALISTE DU "MONDE" BÉATRICE GURREY...
JE N'AI JAMAIS COUCHÉ AVEC NICOLAS SARKOZY...

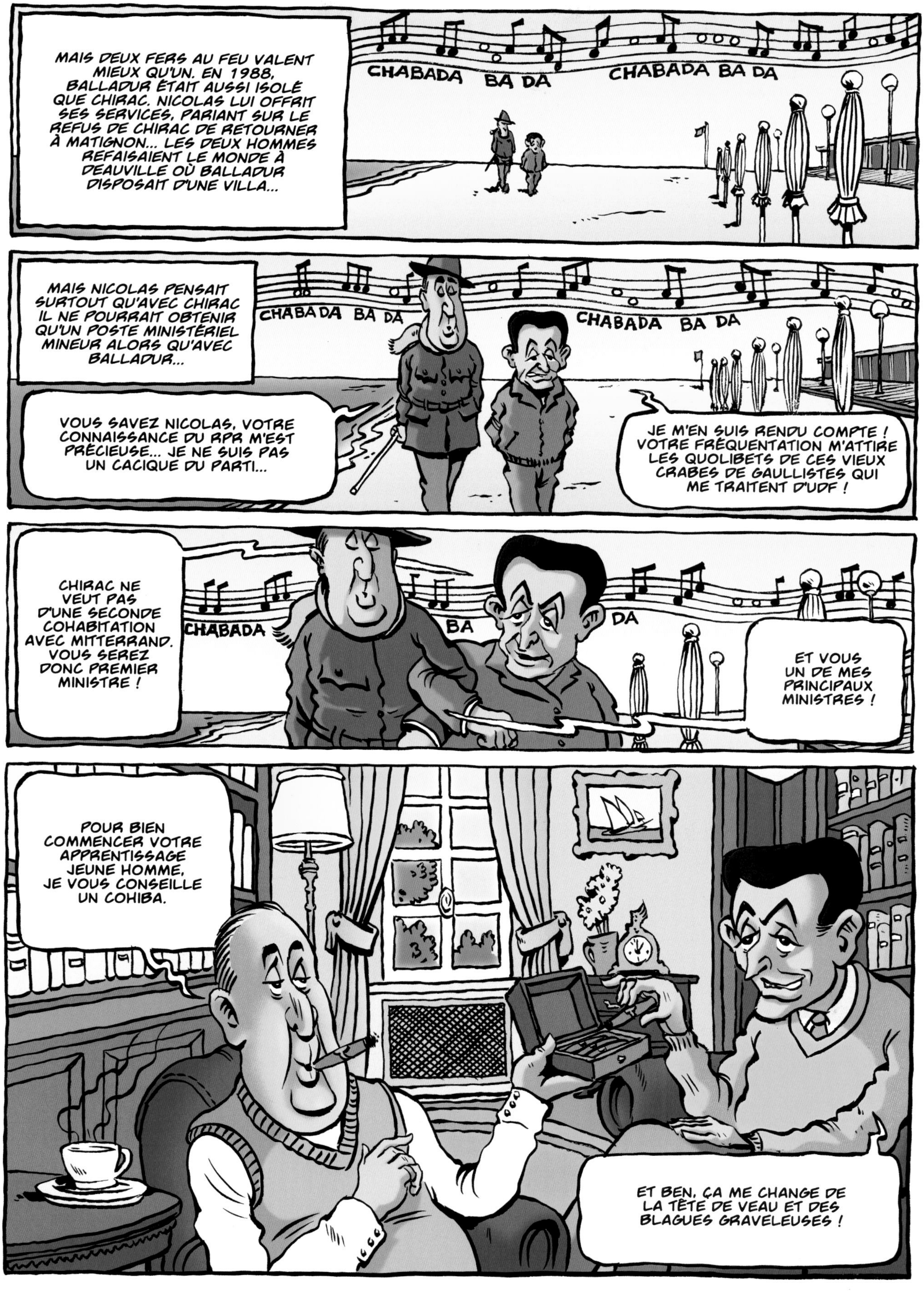
MAIS DEUX FERS AU FEU VALENT MIEUX QU'UN. EN 1988, BALLADUR ÉTAIT AUSSI ISOLÉ QUE CHIRAC. NICOLAS LUI OFFRIT SES SERVICES, PARIANT SUR LE REFUS DE CHIRAC DE RETOURNER À MATIGNON... LES DEUX HOMMES REFAISAIENT LE MONDE À DEAUVILLE OÙ BALLADUR DISPOSAIT D'UNE VILLA...
CHABADA BA DA CHABADA BA DA
MAIS NICOLAS PENSAIT SURTOUT QU'AVEC CHIRAC IL NE POURRAIT OBTENIR QU'UN POSTE MINISTÉRIEL MINEUR ALORS QU'AVEC BALLADUR...
CHABADA BA DA CHABADA BA DA
VOUS SAVEZ NICOLAS, VOTRE CONNAISSANCE DU RPR M'EST PRÉCIEUSE... JE NE SUIS PAS UN CACIQUE DU PARTI...
JE M'EN SUIS RENDU COMPTE ! VOTRE FRÉQUENTATION M'ATTIRE LES QUOLIBETS DE CES VIEUX CRABES DE GAULLISTES QUI ME TRAITENT D'UDF !
CHIRAC NE VEUT PAS D'UNE SECONDE COHABITATION AVEC MITTERRAND. VOUS SEREZ DONC PREMIER MINISTRE !
CHABADA BA DA
ET VOUS UN DE MES PRINCIPAUX MINISTRES !
POUR BIEN COMMENCER VOTRE APPRENTISSAGE JEUNE HOMME, JE VOUS CONSEILLE UN COHIBA.
ET BEN, ÇA ME CHANGE DE LA TÊTE DE VEAU ET DES BLAGUES GRAVELEUSES !

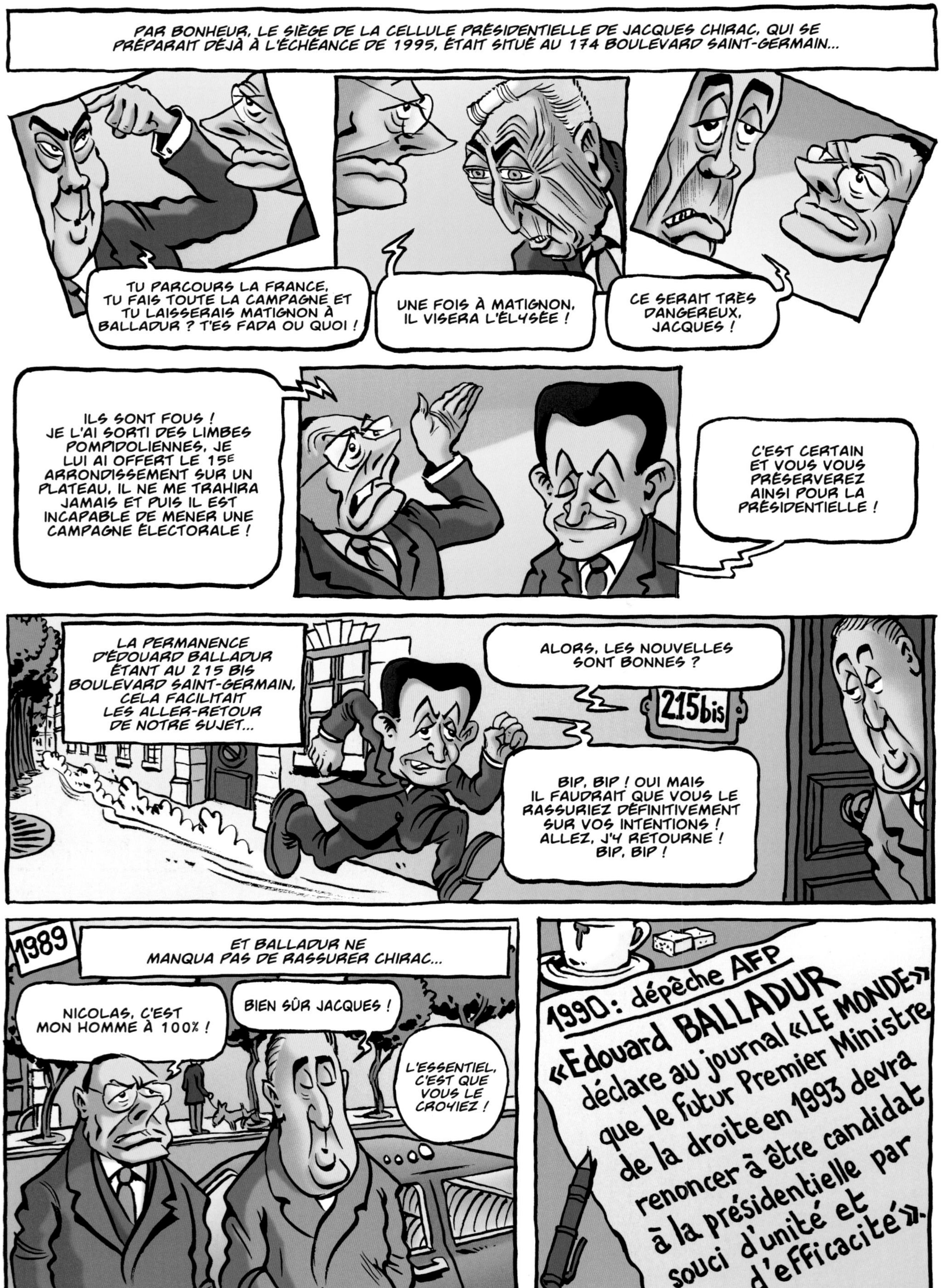
PAR BONHEUR, LE SIÈGE DE LA CELLULE PRÉSIDENTIELLE DE JACQUES CHIRAC, QUI SE PRÉPARAIT DÉJÀ À L'ÉCHÉANCE DE 1995, ÉTAIT SITUÉ AU 174 BOULEVARD SAINT-GERMAIN...
TU PARCOURS LA FRANCE, TU FAIS TOUTE LA CAMPAGNE ET TU LAISSERAIS MATIGNON À BALLADUR ? T'ES FADA OU QUOI !
UNE FOIS À MATIGNON, IL VISERA L'ÉLYSÉE !
CE SERAIT TRÈS DANGEREUX, JACQUES !
ILS SONT FOUS ! JE L'AI SORTI DES LIMBES POMPIDOLIENNES, JE LUI AI OFFERT LE 15E ARRONDISSEMENT SUR UN PLATEAU, IL NE ME TRAHIRA JAMAIS ET PUIS IL EST INCAPABLE DE MENER UNE CAMPAGNE ÉLECTORALE !
C'EST CERTAIN ET VOUS VOUS PRÉSERVEREZ AINSI POUR LA PRÉSIDENTIELLE !
LA PERMANENCE D'ÉDOUARD BALLADUR ÉTANT AU 215 BIS BOULEVARD SAINT-GERMAIN, CELA FACILITAIT LES ALLER-RETOUR DE NOTRE SUJET...
ALORS, LES NOUVELLES SONT BONNES ?
215bis
BIP, BIP ! OUI MAIS IL FAUDRAIT QUE VOUS LE RASSURIEZ DÉFINITIVEMENT SUR VOS INTENTIONS ! ALLEZ, J'Y RETOURNE ! BIP, BIP !
1989
ET BALLADUR NE MANQUA PAS DE RASSURER CHIRAC...
NICOLAS, C'EST MON HOMME À 100% !
BIEN SÛR JACQUES !
L'ESSENTIEL, C'EST QUE VOUS LE CROYIEZ !
1990 : dépêche AFP
« Edouard BALLADUR déclare au journal « LE MONDE » que le futur Premier Ministre de la droite en 1993 devra renoncer à être candidat à la présidentielle par souci d'unité et d'efficacité ».

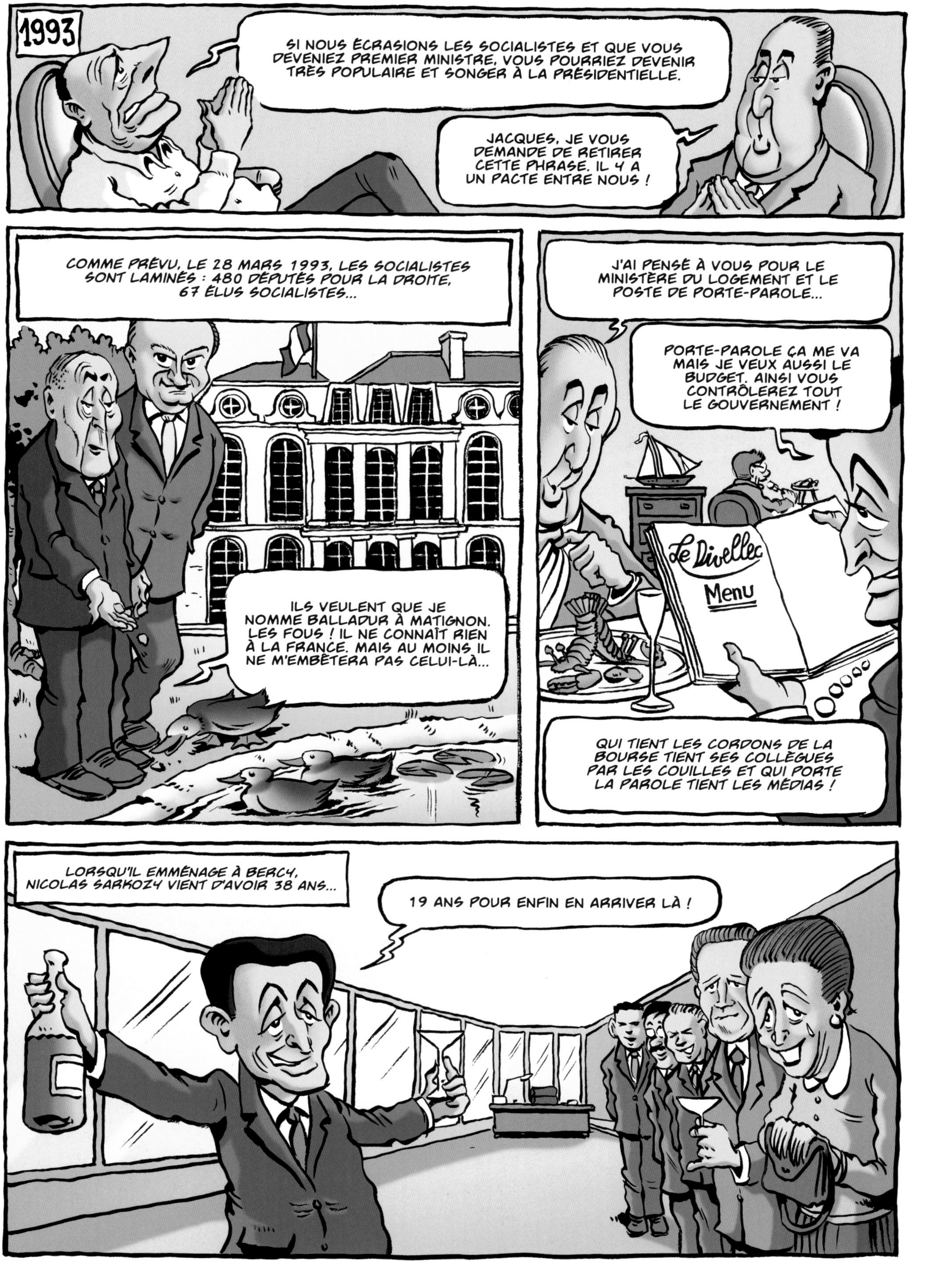
1993
SI NOUS ÉCRASIONS LES SOCIALISTES ET QUE VOUS DEVENIEZ PREMIER MINISTRE, VOUS POURRIEZ DEVENIR TRÈS POPULAIRE ET SONGER À LA PRÉSIDENTIELLE.
JACQUES, JE VOUS DEMANDE DE RETIRER CETTE PHRASE. IL Y A UN PACTE ENTRE NOUS !
COMME PRÉVU, LE 28 MARS 1993, LES SOCIALISTES SONT LAMINÉS : 480 DÉPUTÉS POUR LA DROITE, 67 ÉLUS SOCIALISTES...
ILS VEULENT QUE JE NOMME BALLADUR À MATIGNON. LES FOUS ! IL NE CONNAÎT RIEN À LA FRANCE. MAIS AU MOINS IL NE M'EMBÊTERA PAS CELUI-LÀ...
J'AI PENSÉ À VOUS POUR LE MINISTÈRE DU LOGEMENT ET LE POSTE DE PORTE-PAROLE...
PORTE-PAROLE ÇA ME VA MAIS JE VEUX AUSSI LE BUDGET. AINSI VOUS CONTRÔLEREZ TOUT LE GOUVERNEMENT !
Le Divellec
Menu
QUI TIENT LES CORDONS DE LA BOURSE TIENT SES COLLÈGUES PAR LES COUILLES ET QUI PORTE LA PAROLE TIENT LES MÉDIAS !
LORSQU'IL EMMÉNAGE À BERCY, NICOLAS SARKOZY VIENT D'AVOIR 38 ANS...
19 ANS POUR ENFIN EN ARRIVER LÀ !

2 ANS DE BONHEUR
1993-1995

JE SUIS VENU TE DIRE QUE JE M'EN VAIS...

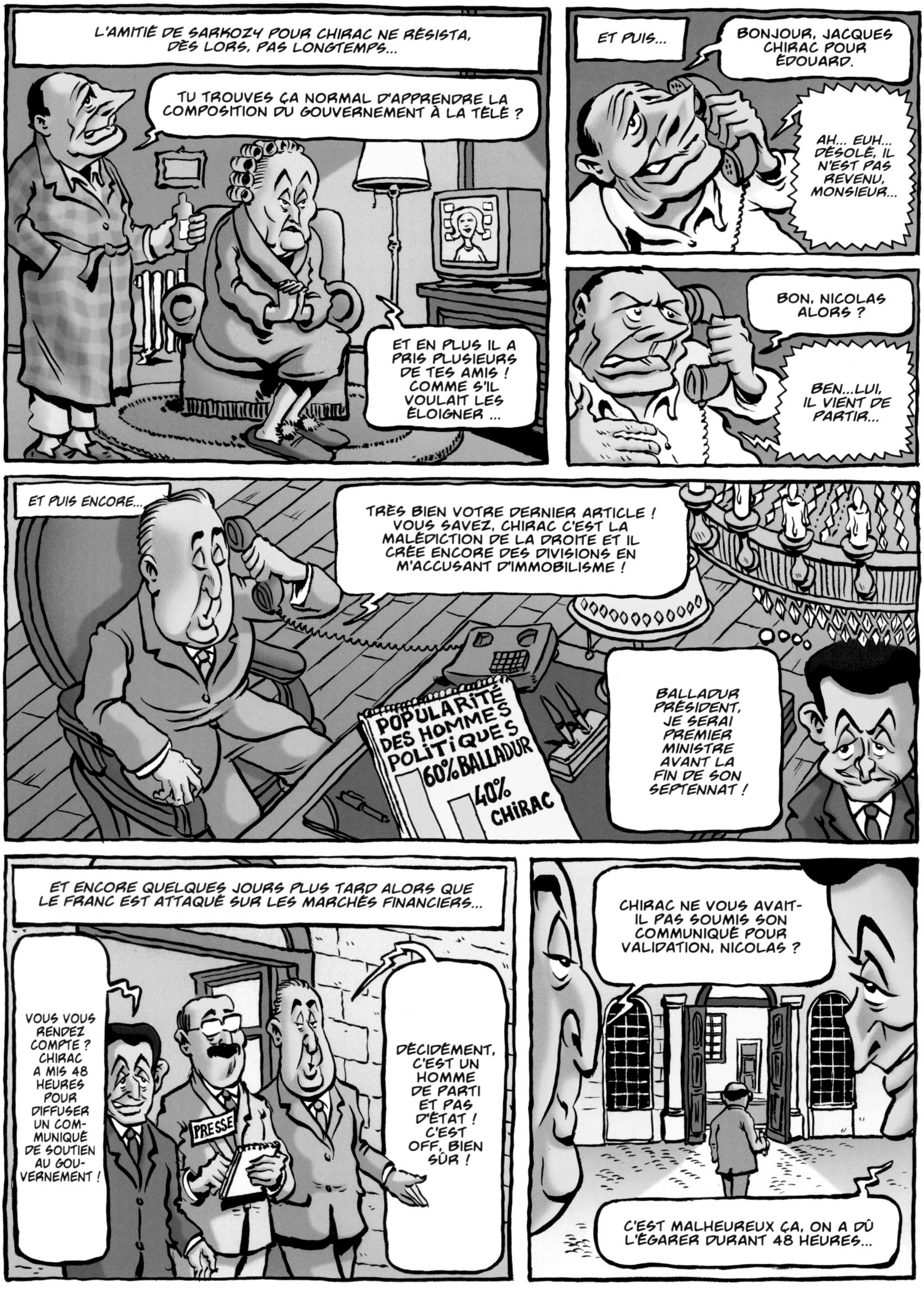
L'AMITIÉ DE SARKOZY POUR CHIRAC NE RÉSISTA, DÈS LORS, PAS LONGTEMPS...
TU TROUVES ÇA NORMAL D'APPRENDRE LA COMPOSITION DU GOUVERNEMENT À LA TÉLÉ ?
ET EN PLUS IL A PRIS PLUSIEURS DE TES AMIS ! COMME S'IL VOULAIT LES ÉLOIGNER ...
ET PUIS...
BONJOUR, JACQUES CHIRAC POUR ÉDOUARD.
AH... EUH... DÉSOLÉ, IL N'EST PAS REVENU, MONSIEUR...
BON, NICOLAS ALORS ?
BEN...LUI, IL VIENT DE PARTIR...
ET PUIS ENCORE...
TRÈS BIEN VOTRE DERNIER ARTICLE ! VOUS SAVEZ, CHIRAC C'EST LA MALÉDICTION DE LA DROITE ET IL CRÉE ENCORE DES DIVISIONS EN M'ACCUSANT D'IMMOBILISME !
POPULARITÉ DES HOMMES POLITIQUES
60% BALLADUR
40% CHIRAC
BALLADUR PRÉSIDENT, JE SERAI PREMIER MINISTRE AVANT LA FIN DE SON SEPTENNAT !
ET ENCORE QUELQUES JOURS PLUS TARD ALORS QUE LE FRANC EST ATTAQUÉ SUR LES MARCHÉS FINANCIERS...
VOUS VOUS RENDEZ COMPTE ? CHIRAC A MIS 48 HEURES POUR DIFFUSER UN COMMUNIQUÉ DE SOUTIEN AU GOUVERNEMENT !
PRESSE
DÉCIDÉMENT, C'EST UN HOMME DE PARTI ET PAS D'ÉTAT ! C'EST OFF, BIEN SÛR !
CHIRAC NE VOUS AVAIT-IL PAS SOUMIS SON COMMUNIQUÉ POUR VALIDATION, NICOLAS ?
C'EST MALHEUREUX ÇA, ON A DÛ L'ÉGARER DURANT 48 HEURES...

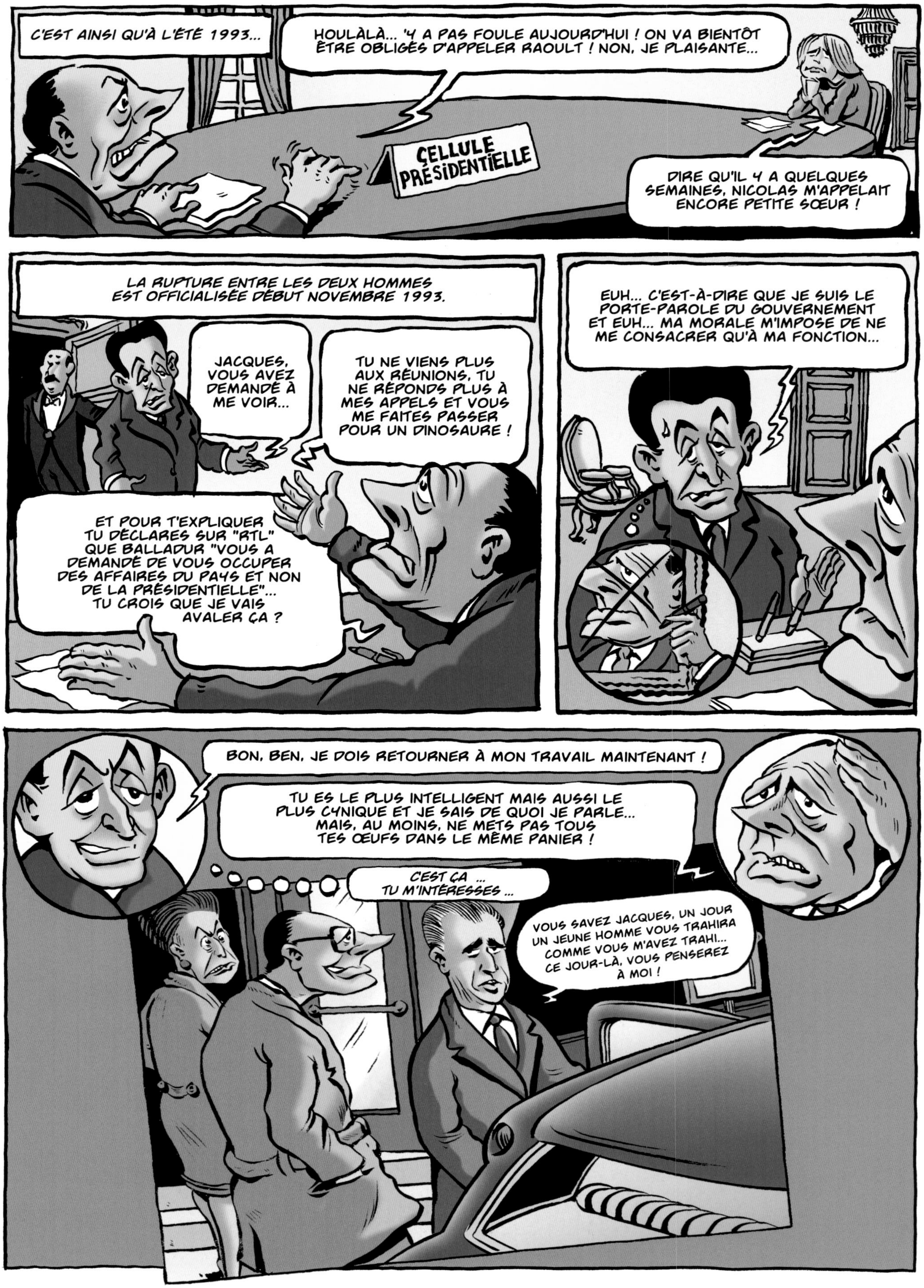
C'EST AINSI QU'À L'ÉTÉ 1993...
HOULÀLÀ... 'Y A PAS FOULE AUJOURD'HUI ! ON VA BIENTÔT ÊTRE OBLIGÉS D'APPELER RAOULT ! NON, JE PLAISANTE...
CELLULE PRÉSIDENTIELLE
DIRE QU'IL Y A QUELQUES SEMAINES, NICOLAS M'APPELAIT ENCORE PETITE SŒUR !
LA RUPTURE ENTRE LES DEUX HOMMES EST OFFICIALISÉE DÉBUT NOVEMBRE 1993.
JACQUES, VOUS AVEZ DEMANDÉ À ME VOIR...
TU NE VIENS PLUS AUX RÉUNIONS, TU NE RÉPONDS PLUS À MES APPELS ET VOUS ME FAITES PASSER POUR UN DINOSAURE !
ET POUR T'EXPLIQUER TU DÉCLARES SUR "RTL" QUE BALLADUR "VOUS A DEMANDÉ DE VOUS OCCUPER DES AFFAIRES DU PAYS ET NON DE LA PRÉSIDENTIELLE"... TU CROIS QUE JE VAIS AVALER ÇA ?
EUH... C'EST-À-DIRE QUE JE SUIS LE PORTE-PAROLE DU GOUVERNEMENT ET EUH... MA MORALE M'IMPOSE DE NE ME CONSACRER QU'À MA FONCTION...
BON, BEN, JE DOIS RETOURNER À MON TRAVAIL MAINTENANT !
TU ES LE PLUS INTELLIGENT MAIS AUSSI LE PLUS CYNIQUE ET JE SAIS DE QUOI JE PARLE... MAIS, AU MOINS, NE METS PAS TOUS TES ŒUFS DANS LE MÊME PANIER !
C'EST ÇA ... TU M'INTÉRESSES ...
VOUS SAVEZ JACQUES, UN JOUR UN JEUNE HOMME VOUS TRAHIRA COMME VOUS M'AVEZ TRAHI... CE JOUR-LÀ, VOUS PENSEREZ À MOI !

Le nouvel Economiste

15 AVRIL 1994

LES DEUX GAMINS LES PLUS PUISSANTS DE FRANCE

" Le pouvoir, ils l'avaient imaginé en laboratoire. Bazire, le capitaine, l'organisateur; Sarkozy, le jeune prodige de la politique, le virtuose de la communication. Ils ont mis au point une machine bien huilée. Un système extrêmement centralisé pour éviter les cafouillages, le désordre et les divisions [...] *"tout passe par Nicolas Bazire et Nicolas Sarkozy, qui passent plus de temps à Matignon qu'à Bercy"*, raconte un conseiller [...] Le système est verrouillé. Et plus encore. En effet, les deux Nicolas ont imaginé un Meccano gouvernemental qui leur permet de contrôler les centres névralgiques du pouvoir : les Finances, le Parlement et la Communication [...].

Le Budget est attribué à Nicolas Sarkozy, et l'Économie à Edmond Alphandéry, cornaqué par un directeur de cabinet choisi par Bazire : Christian Noyer [...].

Le Parlement maintenant, symbole de tous les dangers. Pour la première fois de l'histoire de la République, le ministère des Relations avec le Parlement est scindé en deux. Diviser pour régner ! [...].

La Communication est, elle aussi, concentrée autour de Balladur et des deux Nicolas. Parmi les membres du gouvernement, seul Nicolas Sarkozy est habilité à parler. Tous les autres se taisent, ou demandent la permission avant de s'exprimer".

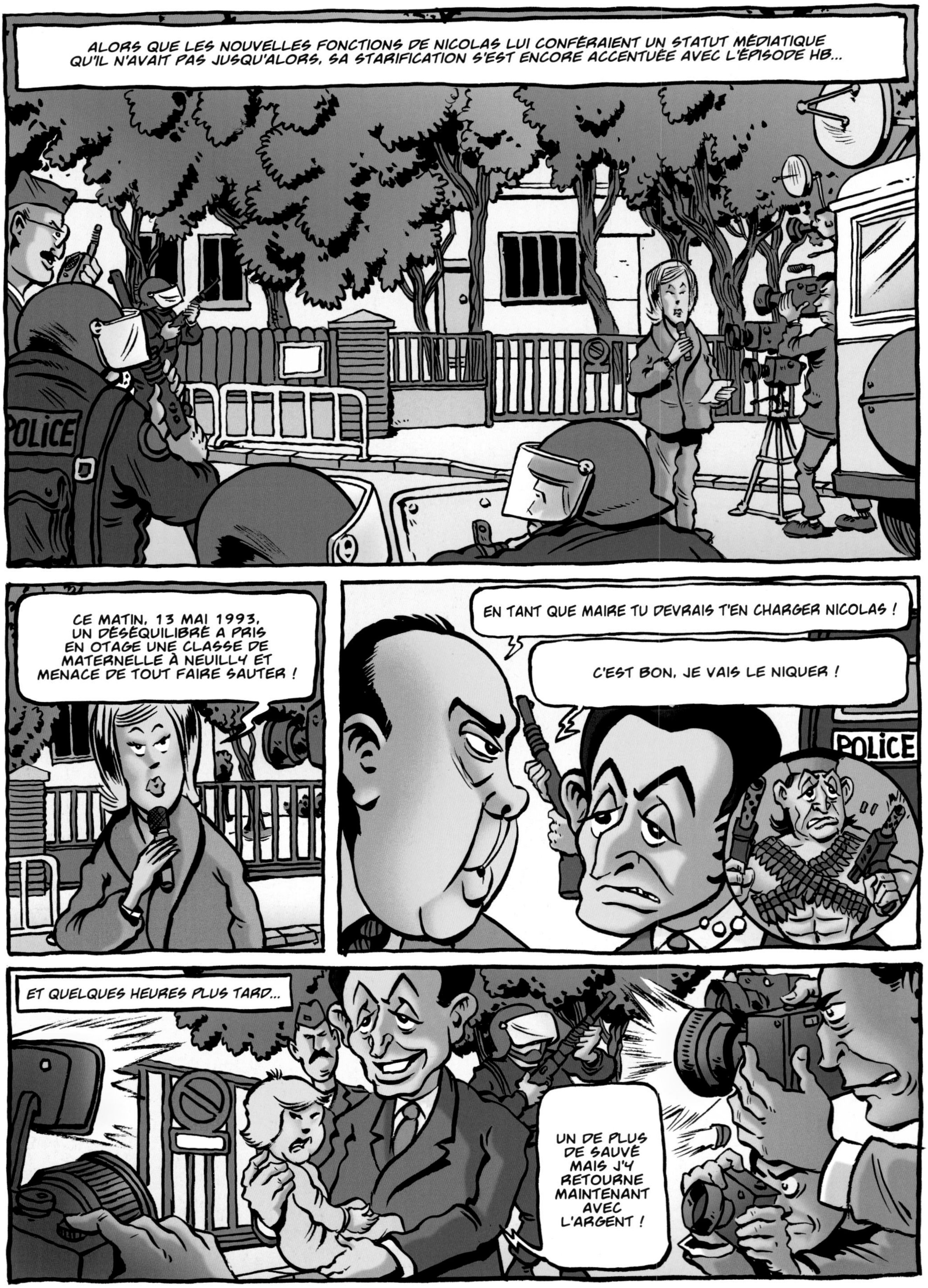
ALORS QUE LES NOUVELLES FONCTIONS DE NICOLAS LUI CONFÉRAIENT UN STATUT MÉDIATIQUE QU'IL N'AVAIT PAS JUSQU'ALORS, SA STARIFICATION S'EST ENCORE ACCENTUÉE AVEC L'ÉPISODE HB...
POLICE
CE MATIN, 13 MAI 1993, UN DÉSÉQUILIBRÉ A PRIS EN OTAGE UNE CLASSE DE MATERNELLE À NEUILLY ET MENACE DE TOUT FAIRE SAUTER !
EN TANT QUE MAIRE TU DEVRAIS T'EN CHARGER NICOLAS !
C'EST BON, JE VAIS LE NIQUER !
POLICE
ET QUELQUES HEURES PLUS TARD...
UN DE PLUS DE SAUVÉ MAIS J'Y RETOURNE MAINTENANT AVEC L'ARGENT !

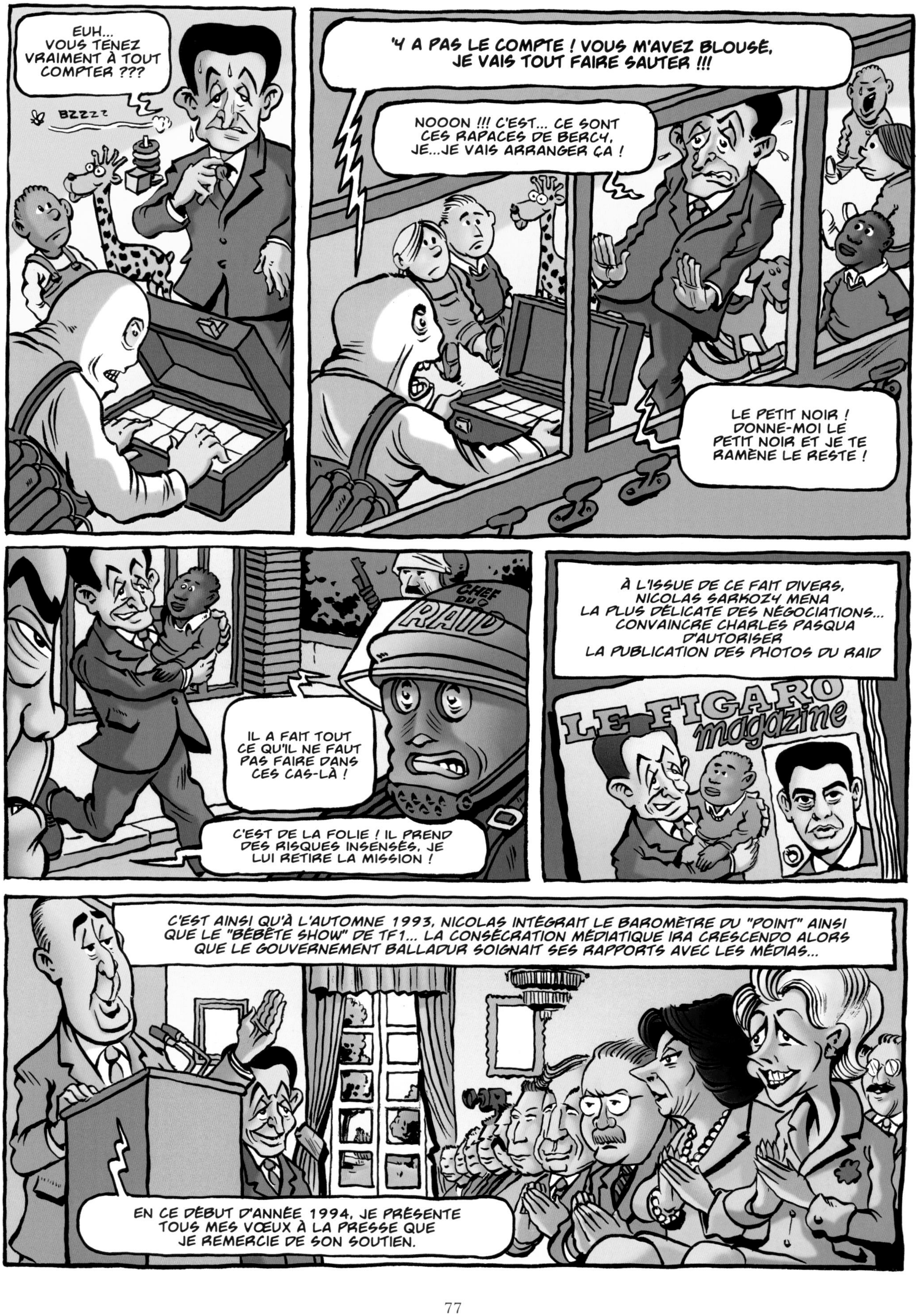
EUH... VOUS TENEZ VRAIMENT À TOUT COMPTER ???
BZZZZ
'Y A PAS LE COMPTE ! VOUS M'AVEZ BLOUSÉ, JE VAIS TOUT FAIRE SAUTER !!!
NOOON !!! C'EST... CE SONT CES RAPACES DE BERCY, JE...JE VAIS ARRANGER ÇA !
LE PETIT NOIR ! DONNE-MOI LE PETIT NOIR ET JE TE RAMÈNE LE RESTE !
CHEF DU RAID
IL A FAIT TOUT CE QU'IL NE FAUT PAS FAIRE DANS CES CAS-LÀ !
C'EST DE LA FOLIE ! IL PREND DES RISQUES INSENSÉS, JE LUI RETIRE LA MISSION !
À L'ISSUE DE CE FAIT DIVERS, NICOLAS SARKOZY MENA LA PLUS DÉLICATE DES NÉGOCIATIONS... CONVAINCRE CHARLES PASQUA D'AUTORISER LA PUBLICATION DES PHOTOS DU RAID
LE FIGARO magazine
C'EST AINSI QU'À L'AUTOMNE 1993, NICOLAS INTÉGRAIT LE BAROMÈTRE DU "POINT" AINSI QUE LE "BÉBÊTE SHOW" DE TF1... LA CONSÉCRATION MÉDIATIQUE IRA CRESCENDO ALORS QUE LE GOUVERNEMENT BALLADUR SOIGNAIT SES RAPPORTS AVEC LES MÉDIAS...
EN CE DÉBUT D'ANNÉE 1994, JE PRÉSENTE TOUS MES VŒUX À LA PRESSE QUE JE REMERCIE DE SON SOUTIEN.

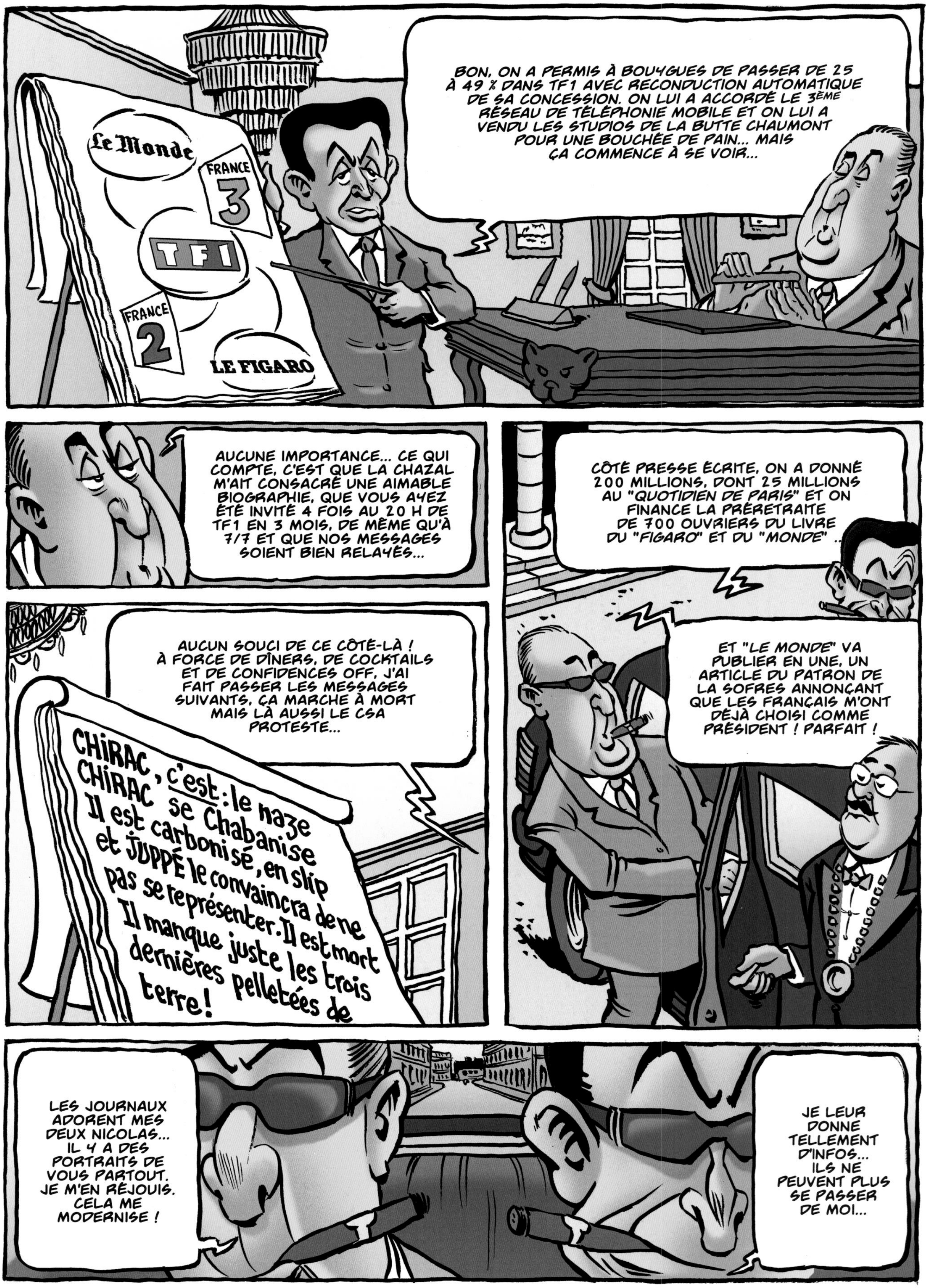

BON, ON A PERMIS À BOUYGUES DE PASSER DE 25 À 49 % DANS TF1 AVEC RECONDUCTION AUTOMATIQUE DE SA CONCESSION. ON LUI A ACCORDÉ LE 3ÈME RÉSEAU DE TÉLÉPHONIE MOBILE ET ON LUI A VENDU LES STUDIOS DE LA BUTTE CHAUMONT POUR UNE BOUCHÉE DE PAIN... MAIS ÇA COMMENCE À SE VOIR...
Le Monde
FRANCE 3
TF1
FRANCE 2
LE FIGARO
AUCUNE IMPORTANCE... CE QUI COMPTE, C'EST QUE LA CHAZAL M'AIT CONSACRÉ UNE AIMABLE BIOGRAPHIE, QUE VOUS AYEZ ÉTÉ INVITÉ 4 FOIS AU 20 H DE TF1 EN 3 MOIS, DE MÊME QU'À 7/7 ET QUE NOS MESSAGES SOIENT BIEN RELAYÉS...
CÔTÉ PRESSE ÉCRITE, ON A DONNÉ 200 MILLIONS, DONT 25 MILLIONS AU "QUOTIDIEN DE PARIS" ET ON FINANCE LA PRÉRETRAITE DE 700 OUVRIERS DU LIVRE DU "FIGARO" ET DU "MONDE"...
AUCUN SOUCI DE CE CÔTÉ-LÀ ! À FORCE DE DÎNERS, DE COCKTAILS ET DE CONFIDENCES OFF, J'AI FAIT PASSER LES MESSAGES SUIVANTS. ÇA MARCHE À MORT MAIS LÀ AUSSI LE CSA PROTESTE...
CHIRAC, c'est : le naze
CHIRAC se Chabanise
Il est carbonisé, en slip
et JUPPÉ le convaincra de ne pas se représenter. Il est mort
Il manque juste les trois dernières pelletées de terre !
ET "LE MONDE" VA PUBLIER EN UNE, UN ARTICLE DU PATRON DE LA SOFRES ANNONÇANT QUE LES FRANÇAIS M'ONT DÉJÀ CHOISI COMME PRÉSIDENT ! PARFAIT !
LES JOURNAUX ADORENT MES DEUX NICOLAS... IL Y A DES PORTRAITS DE VOUS PARTOUT. JE M'EN RÉJOUIS. CELA ME MODERNISE !
JE LEUR DONNE TELLEMENT D'INFOS... ILS NE PEUVENT PLUS SE PASSER DE MOI...

"UNE CAMPAGNE DÉGUEULASSE" (CH. PASQUA)

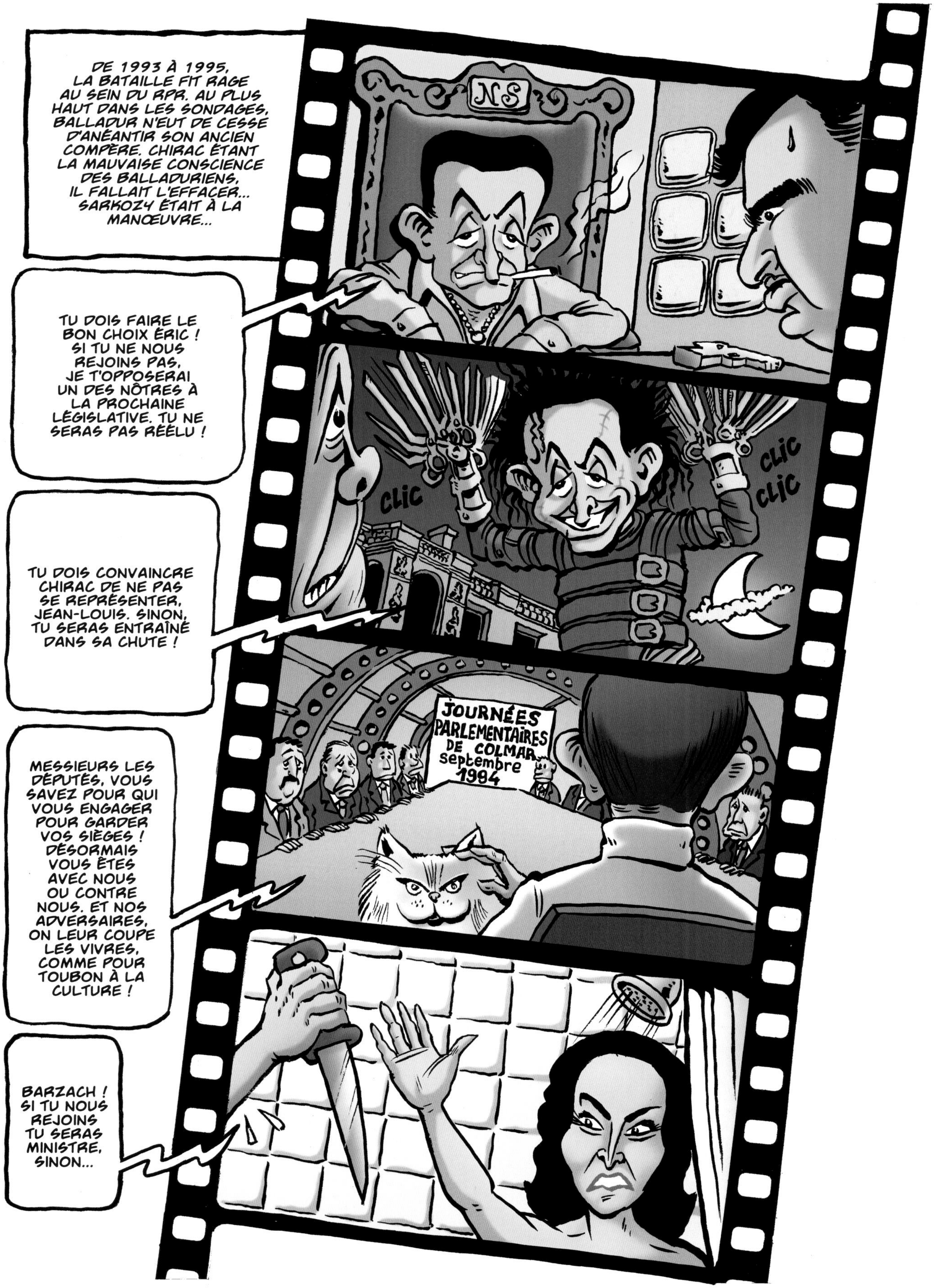
DE 1993 À 1995, LA BATAILLE FIT RAGE AU SEIN DU RPR. AU PLUS HAUT DANS LES SONDAGES, BALLADUR N'EUT DE CESSE D'ANÉANTIR SON ANCIEN COMPÈRE. CHIRAC ÉTANT LA MAUVAISE CONSCIENCE DES BALLADURIENS, IL FALLAIT L'EFFACER... SARKOZY ÉTAIT À LA MANŒUVRE...
NS
TU DOIS FAIRE LE BON CHOIX ÉRIC ! SI TU NE NOUS REJOINS PAS, JE T'OPPOSERAI UN DES NÔTRES À LA PROCHAINE LÉGISLATIVE. TU NE SERAS PAS RÉÉLU !
CLIC
CLIC CLIC
TU DOIS CONVAINCRE CHIRAC DE NE PAS SE REPRÉSENTER, JEAN-LOUIS. SINON, TU SERAS ENTRAÎNÉ DANS SA CHUTE !
JOURNÉES PARLEMENTAIRES DE COLMAR septembre 1994
MESSIEURS LES DÉPUTÉS, VOUS SAVEZ POUR QUI VOUS ENGAGER POUR GARDER VOS SIÈGES ! DÉSORMAIS VOUS ÊTES AVEC NOUS OU CONTRE NOUS. ET NOS ADVERSAIRES, ON LEUR COUPE LES VIVRES, COMME POUR TOUBON À LA CULTURE !
BARZACH ! SI TU NOUS REJOINS TU SERAS MINISTRE, SINON...

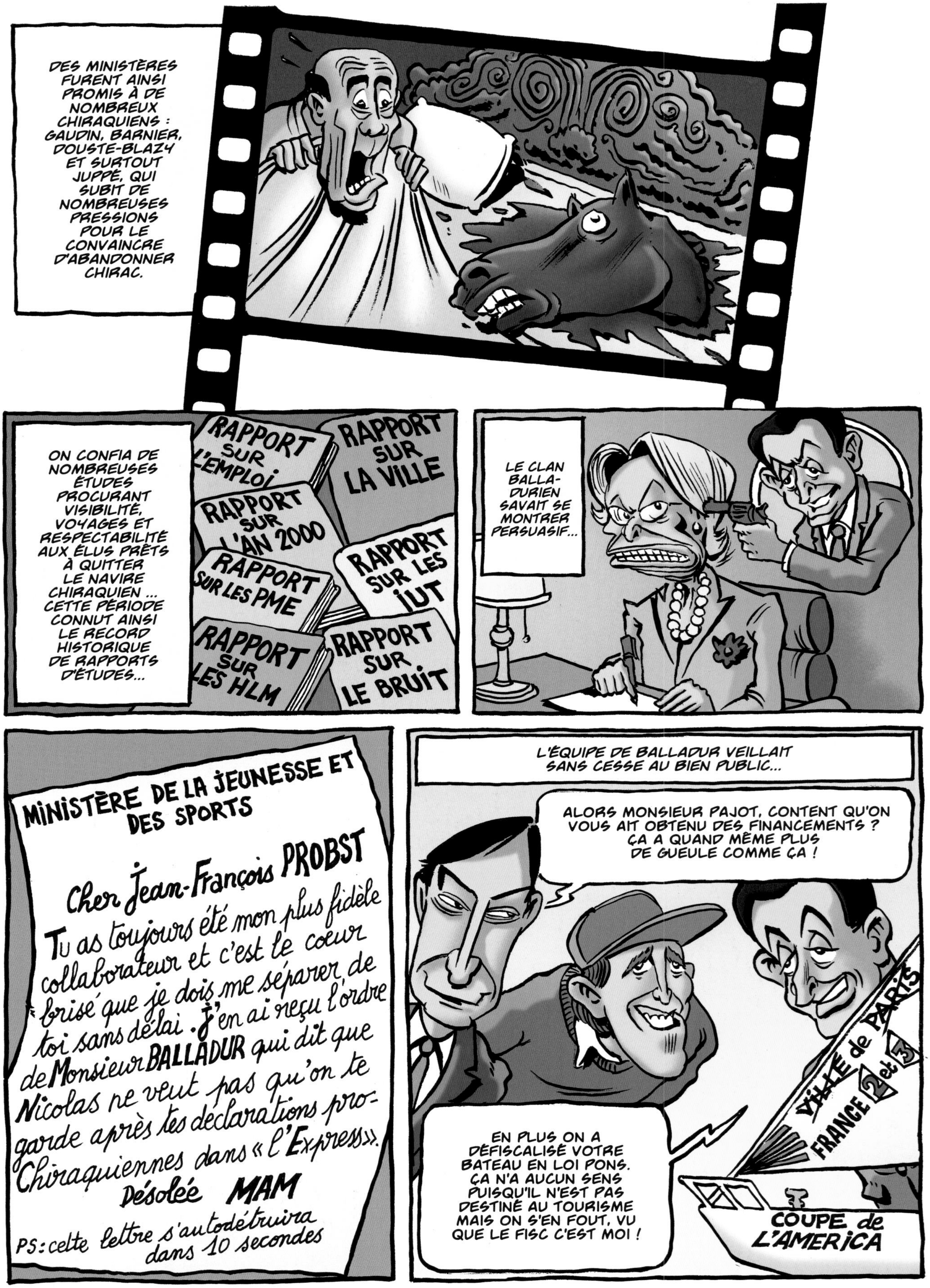
DES MINISTÈRES FURENT AINSI PROMIS À DE NOMBREUX CHIRAQUIENS : GAUDIN, BARNIER, DOUSTE-BLAZY ET SURTOUT JUPPÉ, QUI SUBIT DE NOMBREUSES PRESSIONS POUR LE CONVAINCRE D'ABANDONNER CHIRAC.
ON CONFIA DE NOMBREUSES ÉTUDES PROCURANT VISIBILITÉ, VOYAGES ET RESPECTABILITÉ AUX ÉLUS PRÊTS À QUITTER LE NAVIRE CHIRAQUIEN ... CETTE PÉRIODE CONNUT AINSI LE RECORD HISTORIQUE DE RAPPORTS D'ÉTUDES...
RAPPORT SUR L'EMPLOI
RAPPORT SUR LA VILLE
RAPPORT SUR L'AN 2000
RAPPORT SUR LES PME
RAPPORT SUR LES IUT
RAPPORT SUR LES HLM
RAPPORT SUR LE BRUIT
LE CLAN BALLADURIEN SAVAIT SE MONTRER PERSUASIF...
MINISTÈRE DE LA JEUNESSE ET DES SPORTS
Cher Jean-François PROBST
Tu as toujours été mon plus fidèle collaborateur et c'est le cœur brisé que je dois me séparer de toi sans délai. J'en ai reçu l'ordre de Monsieur BALLADUR qui dit que Nicolas ne veut pas qu'on te garde après tes déclarations pro-Chiraquiennes dans « l'Express ».
Désolée MAM
PS : cette lettre s'autodétruira dans 10 secondes
L'ÉQUIPE DE BALLADUR VEILLAIT SANS CESSE AU BIEN PUBLIC...
ALORS MONSIEUR PAJOT, CONTENT QU'ON VOUS AIT OBTENU DES FINANCEMENTS ? ÇA A QUAND MÊME PLUS DE GUEULE COMME ÇA !
EN PLUS ON A DÉFISCALISÉ VOTRE BATEAU EN LOI PONS. ÇA N'A AUCUN SENS PUISQU'IL N'EST PAS DESTINÉ AU TOURISME MAIS ON S'EN FOUT, VU QUE LE FISC C'EST MOI !
VILLE de PARIS
FRANCE 2 et 3
COUPE de L'AMERICA

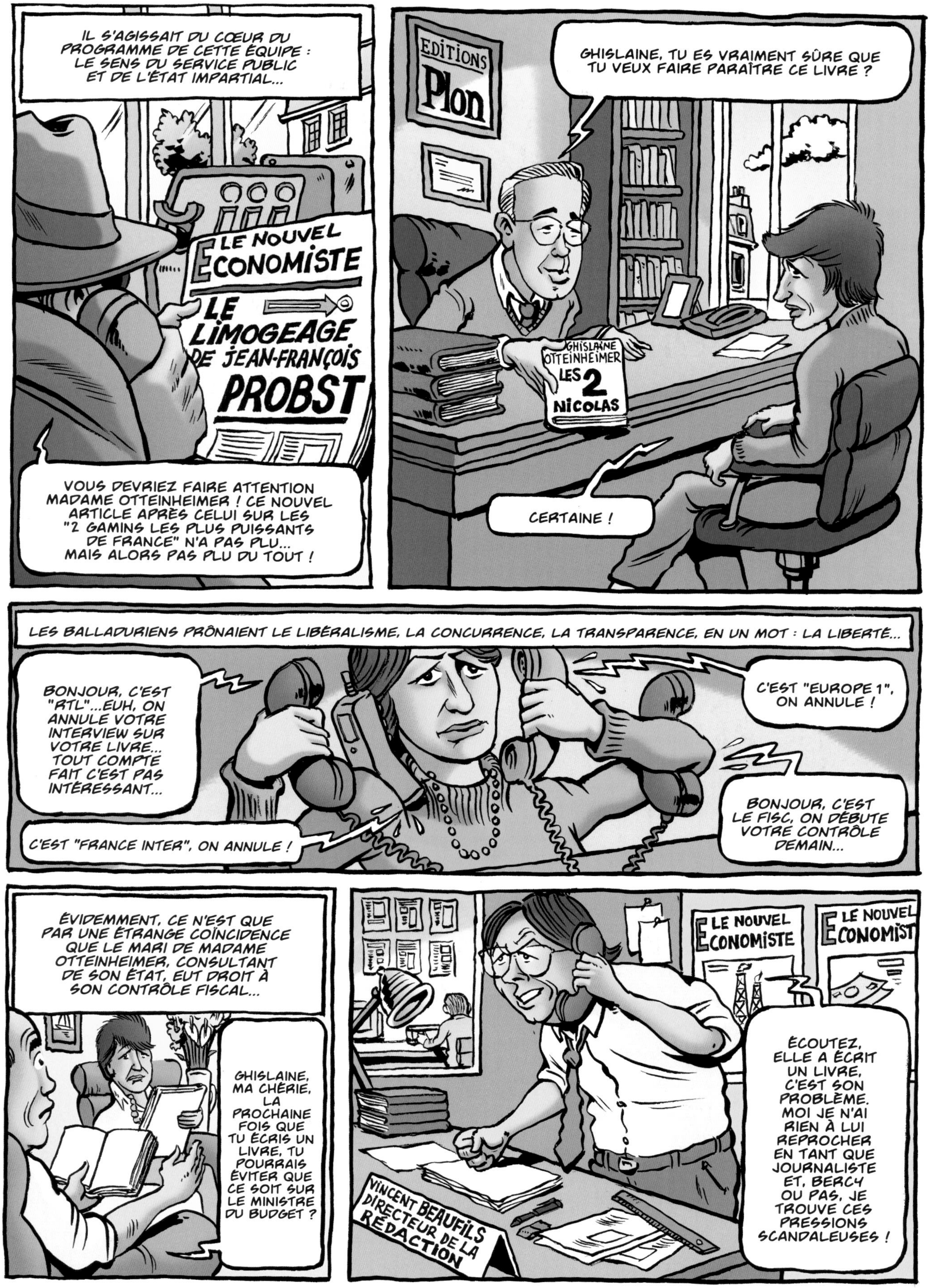
IL S'AGISSAIT DU CŒUR DU PROGRAMME DE CETTE ÉQUIPE : LE SENS DU SERVICE PUBLIC ET DE L'ÉTAT IMPARTIAL...
LE NOUVEL ECONOMISTE
LE LIMOGEAGE DE JEAN-FRANÇOIS PROBST
VOUS DEVRIEZ FAIRE ATTENTION MADAME OTTEINHEIMER ! CE NOUVEL ARTICLE APRÈS CELUI SUR LES "2 GAMINS LES PLUS PUISSANTS DE FRANCE" N'A PAS PLU... MAIS ALORS PAS PLU DU TOUT !
EDITIONS Plon
GHISLAINE, TU ES VRAIMENT SÛRE QUE TU VEUX FAIRE PARAÎTRE CE LIVRE ?
GHISLAINE OTTEINHEIMER LES 2 NICOLAS
CERTAINE !
LES BALLADURIENS PRÔNAIENT LE LIBÉRALISME, LA CONCURRENCE, LA TRANSPARENCE, EN UN MOT : LA LIBERTÉ...
BONJOUR, C'EST "RTL"...EUH, ON ANNULE VOTRE INTERVIEW SUR VOTRE LIVRE... TOUT COMPTE FAIT C'EST PAS INTÉRESSANT...
C'EST "EUROPE 1", ON ANNULE !
C'EST "FRANCE INTER", ON ANNULE !
BONJOUR, C'EST LE FISC, ON DÉBUTE VOTRE CONTRÔLE DEMAIN...
ÉVIDEMMENT, CE N'EST QUE PAR UNE ÉTRANGE COÏNCIDENCE QUE LE MARI DE MADAME OTTEINHEIMER, CONSULTANT DE SON ÉTAT, EUT DROIT À SON CONTRÔLE FISCAL...
GHISLAINE, MA CHÉRIE, LA PROCHAINE FOIS QUE TU ÉCRIS UN LIVRE, TU POURRAIS ÉVITER QUE CE SOIT SUR LE MINISTRE DU BUDGET ?
LE NOUVEL ECONOMISTE
LE NOUVEL ECONOMIST
VINCENT BEAUFILS DIRECTEUR DE LA RÉDACTION
ÉCOUTEZ, ELLE A ÉCRIT UN LIVRE, C'EST SON PROBLÈME. MOI JE N'AI RIEN À LUI REPROCHER EN TANT QUE JOURNALISTE ET, BERCY OU PAS, JE TROUVE CES PRESSIONS SCANDALEUSES !

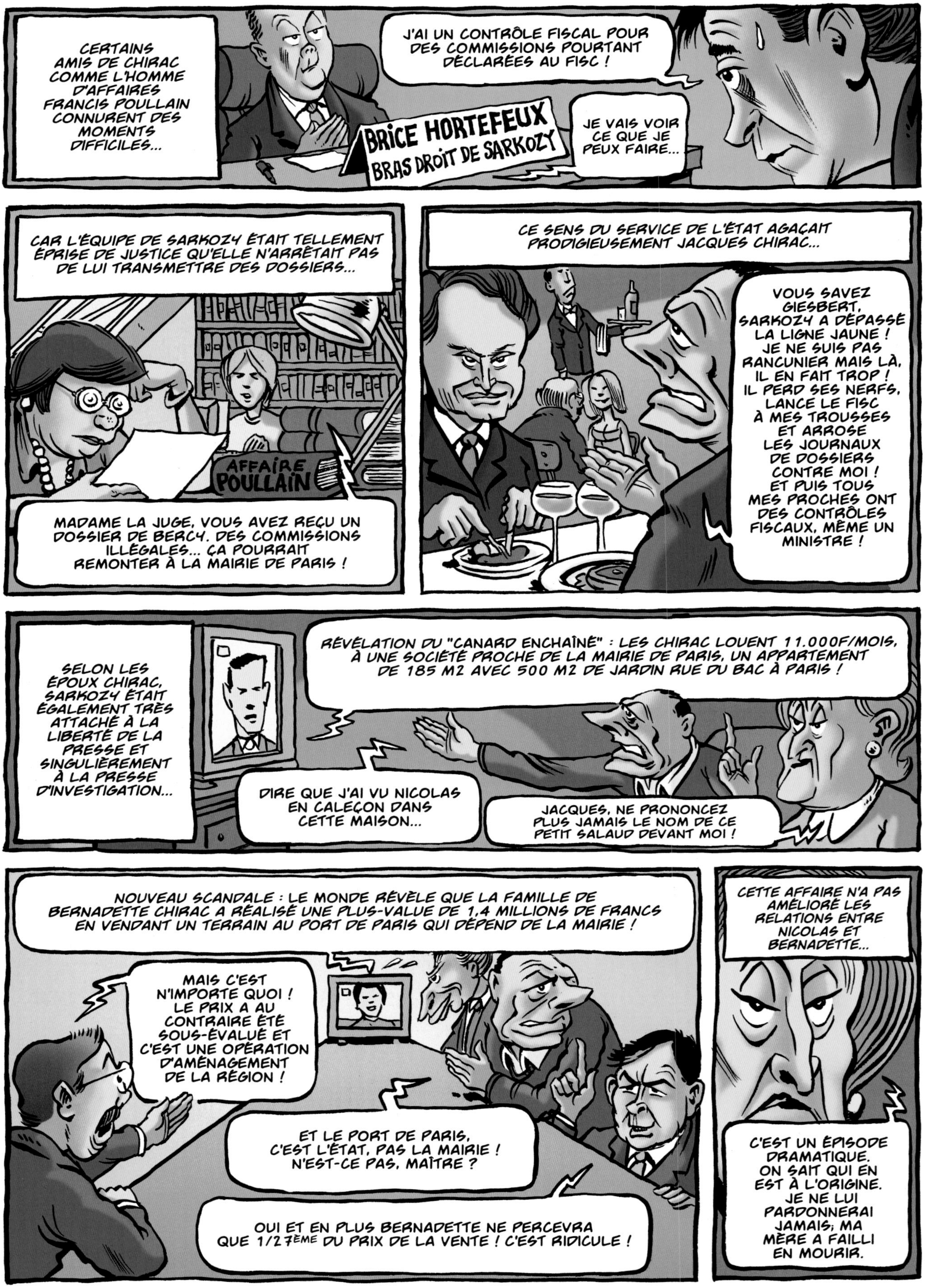
CERTAINS AMIS DE CHIRAC COMME L'HOMME D'AFFAIRES FRANCIS POULLAIN CONNURENT DES MOMENTS DIFFICILES...
J'AI UN CONTRÔLE FISCAL POUR DES COMMISSIONS POURTANT DÉCLARÉES AU FISC !
BRICE HORTEFEUX BRAS DROIT DE SARKOZY
JE VAIS VOIR CE QUE JE PEUX FAIRE...
CAR L'ÉQUIPE DE SARKOZY ÉTAIT TELLEMENT ÉPRISE DE JUSTICE QU'ELLE N'ARRÊTAIT PAS DE LUI TRANSMETTRE DES DOSSIERS...
AFFAIRE POULLAIN
MADAME LA JUGE, VOUS AVEZ REÇU UN DOSSIER DE BERCY. DES COMMISSIONS ILLÉGALES... ÇA POURRAIT REMONTER À LA MAIRIE DE PARIS !
CE SENS DU SERVICE DE L'ÉTAT AGAÇAIT PRODIGIEUSEMENT JACQUES CHIRAC...
VOUS SAVEZ GIESBERT, SARKOZY A DÉPASSÉ LA LIGNE JAUNE ! JE NE SUIS PAS RANCUNIER MAIS LÀ, IL EN FAIT TROP ! IL PERD SES NERFS, LANCE LE FISC À MES TROUSSES ET ARROSE LES JOURNAUX DE DOSSIERS CONTRE MOI ! ET PUIS TOUS MES PROCHES ONT DES CONTRÔLES FISCAUX, MÊME UN MINISTRE !
SELON LES ÉPOUX CHIRAC, SARKOZY ÉTAIT ÉGALEMENT TRÈS ATTACHÉ À LA LIBERTÉ DE LA PRESSE ET SINGULIÈREMENT À LA PRESSE D'INVESTIGATION...
RÉVÉLATION DU "CANARD ENCHAÎNÉ" : LES CHIRAC LOUENT 11.000F/MOIS, À UNE SOCIÉTÉ PROCHE DE LA MAIRIE DE PARIS, UN APPARTEMENT DE 185 M2 AVEC 500 M2 DE JARDIN RUE DU BAC À PARIS !
DIRE QUE J'AI VU NICOLAS EN CALEÇON DANS CETTE MAISON...
JACQUES, NE PRONONCEZ PLUS JAMAIS LE NOM DE CE PETIT SALAUD DEVANT MOI !
NOUVEAU SCANDALE : LE MONDE RÉVÈLE QUE LA FAMILLE DE BERNADETTE CHIRAC A RÉALISÉ UNE PLUS-VALUE DE 1,4 MILLIONS DE FRANCS EN VENDANT UN TERRAIN AU PORT DE PARIS QUI DÉPEND DE LA MAIRIE !
MAIS C'EST N'IMPORTE QUOI ! LE PRIX A AU CONTRAIRE ÉTÉ SOUS-ÉVALUÉ ET C'EST UNE OPÉRATION D'AMÉNAGEMENT DE LA RÉGION !
ET LE PORT DE PARIS, C'EST L'ÉTAT, PAS LA MAIRIE ! N'EST-CE PAS, MAÎTRE ?
OUI ET EN PLUS BERNADETTE NE PERCEVRA QUE 1/27ÈME DU PRIX DE LA VENTE ! C'EST RIDICULE !
CETTE AFFAIRE N'A PAS AMÉLIORÉ LES RELATIONS ENTRE NICOLAS ET BERNADETTE...
C'EST UN ÉPISODE DRAMATIQUE. ON SAIT QUI EN EST À L'ORIGINE. JE NE LUI PARDONNERAI JAMAIS; MA MÈRE A FAILLI EN MOURIR.

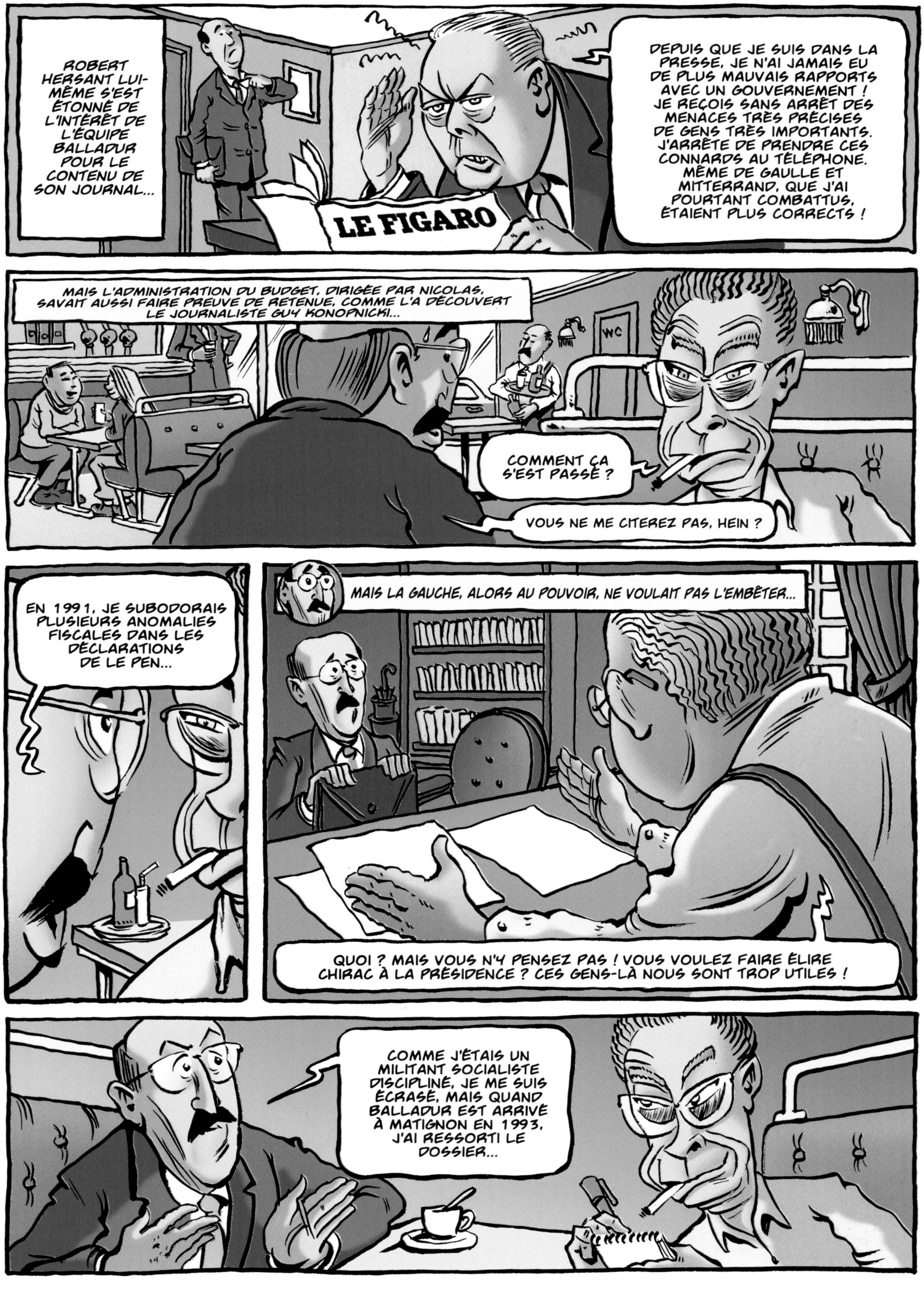
ROBERT HERSANT LUI-MÊME S'EST ÉTONNÉ DE L'INTÉRÊT DE L'ÉQUIPE BALLADUR POUR LE CONTENU DE SON JOURNAL...
LE FIGARO
DEPUIS QUE JE SUIS DANS LA PRESSE, JE N'AI JAMAIS EU DE PLUS MAUVAIS RAPPORTS AVEC UN GOUVERNEMENT ! JE REÇOIS SANS ARRÊT DES MENACES TRÈS PRÉCISES DE GENS TRÈS IMPORTANTS. J'ARRÊTE DE PRENDRE CES CONNARDS AU TÉLÉPHONE. MÊME DE GAULLE ET MITTERRAND, QUE J'AI POURTANT COMBATTUS, ÉTAIENT PLUS CORRECTS !
MAIS L'ADMINISTRATION DU BUDGET, DIRIGÉE PAR NICOLAS, SAVAIT AUSSI FAIRE PREUVE DE RETENUE, COMME L'A DÉCOUVERT LE JOURNALISTE GUY KONOPNICKI...
WC
COMMENT ÇA S'EST PASSÉ ?
VOUS NE ME CITEREZ PAS, HEIN ?
EN 1991, JE SUBODORAIS PLUSIEURS ANOMALIES FISCALES DANS LES DÉCLARATIONS DE LE PEN...
MAIS LA GAUCHE, ALORS AU POUVOIR, NE VOULAIT PAS L'EMBÊTER...
QUOI ? MAIS VOUS N'Y PENSEZ PAS ! VOUS VOULEZ FAIRE ÉLIRE CHIRAC À LA PRÉSIDENCE ? CES GENS-LÀ NOUS SONT TROP UTILES !
COMME J'ÉTAIS UN MILITANT SOCIALISTE DISCIPLINÉ, JE ME SUIS ÉCRASÉ, MAIS QUAND BALLADUR EST ARRIVÉ À MATIGNON EN 1993, J'AI RESSORTI LE DOSSIER...

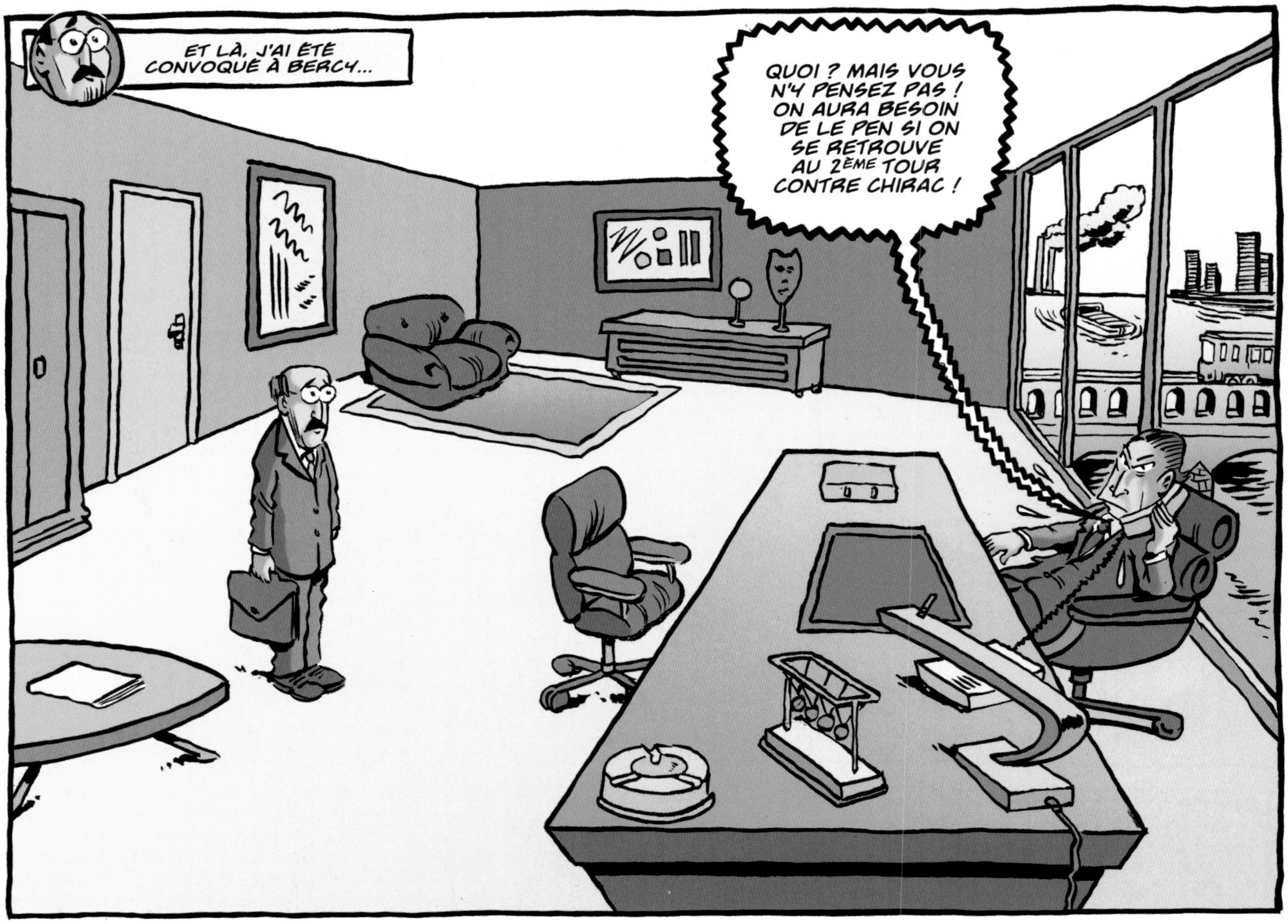
ET LÀ, J'AI ÉTÉ CONVOQUÉ À BERCY...
QUOI ? MAIS VOUS N'Y PENSEZ PAS ! ON AURA BESOIN DE LE PEN SI ON SE RETROUVE AU 2ÈME TOUR CONTRE CHIRAC !

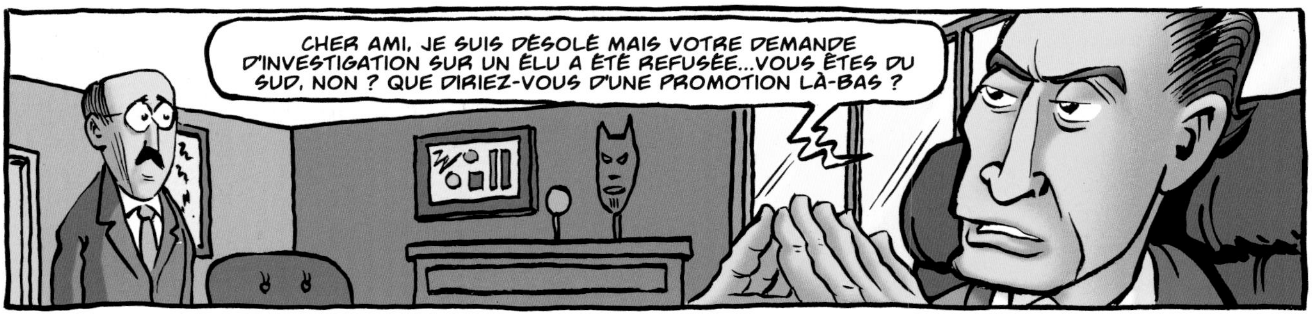
CHER AMI, JE SUIS DÉSOLÉ MAIS VOTRE DEMANDE D'INVESTIGATION SUR UN ÉLU A ÉTÉ REFUSÉE...VOUS ÊTES DU SUD, NON ? QUE DIRIEZ-VOUS D'UNE PROMOTION LÀ-BAS ?

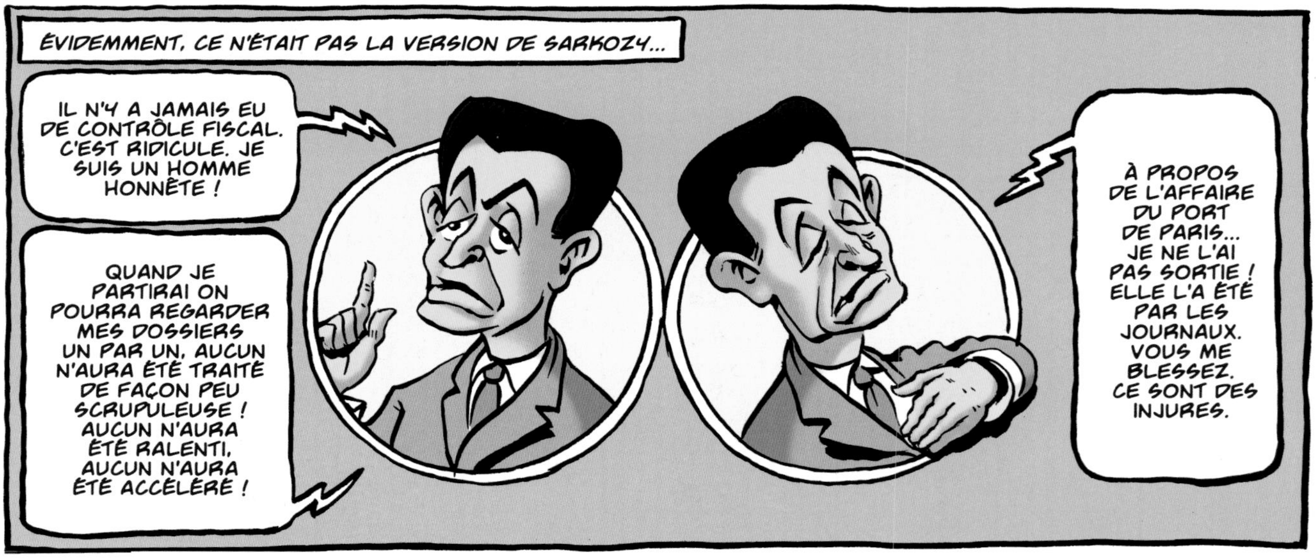
ÉVIDEMMENT, CE N'ÉTAIT PAS LA VERSION DE SARKOZY...
IL N'Y A JAMAIS EU DE CONTRÔLE FISCAL. C'EST RIDICULE. JE SUIS UN HOMME HONNÊTE !
QUAND JE PARTIRAI ON POURRA REGARDER MES DOSSIERS UN PAR UN, AUCUN N'AURA ÉTÉ TRAITÉ DE FAÇON PEU SCRUPULEUSE ! AUCUN N'AURA ÉTÉ RALENTI, AUCUN N'AURA ÉTÉ ACCÉLÉRÉ !
À PROPOS DE L'AFFAIRE DU PORT DE PARIS... JE NE L'AI PAS SORTIE ! ELLE L'A ÉTÉ PAR LES JOURNAUX. VOUS ME BLESSEZ. CE SONT DES INJURES.

ET LA FRANCE DANS TOUT ÇA ?

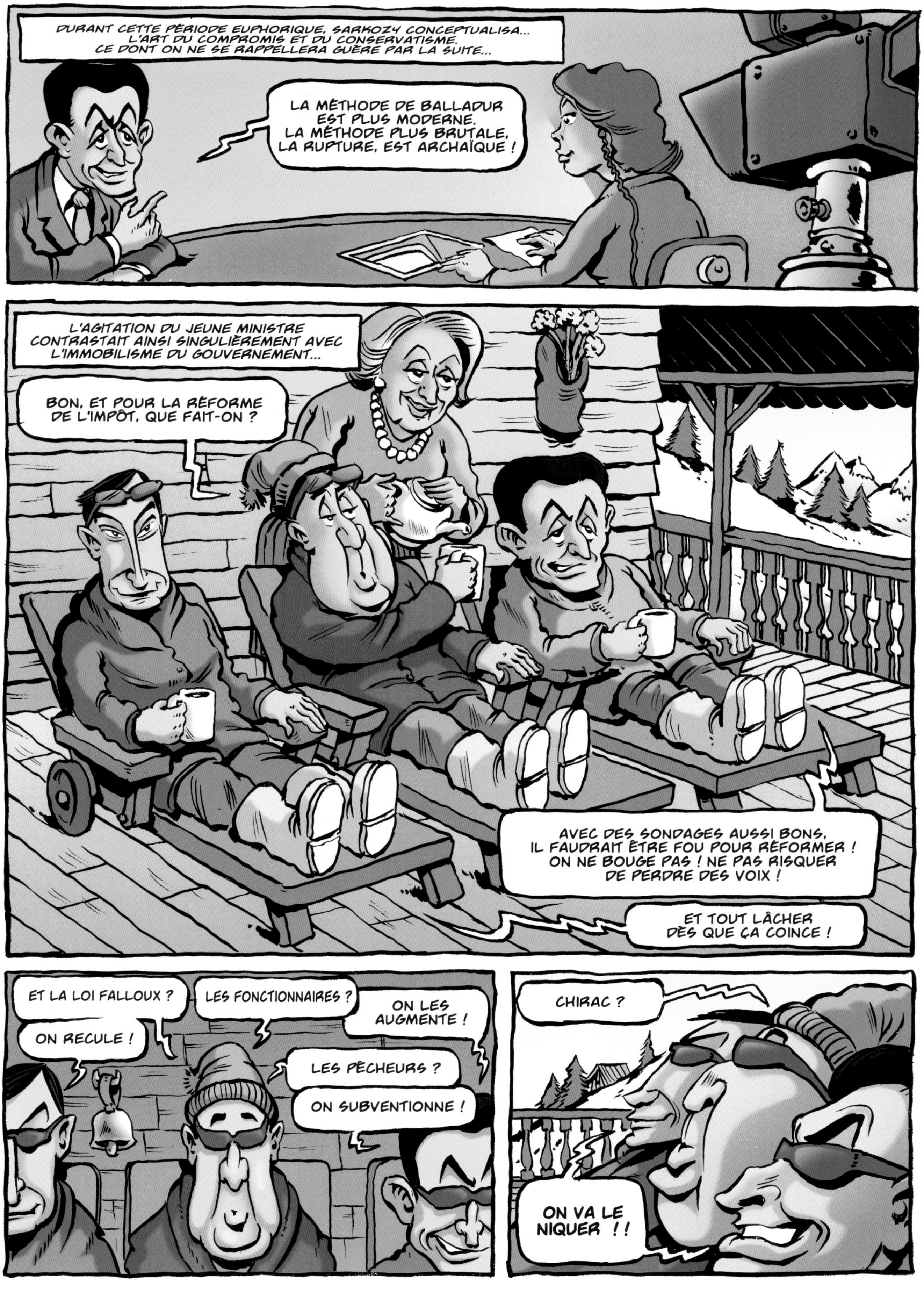
DURANT CETTE PÉRIODE EUPHORIQUE, SARKOZY CONCEPTUALISA... L'ART DU COMPROMIS ET DU CONSERVATISME. CE DONT ON NE SE RAPPELLERA GUÈRE PAR LA SUITE...
LA MÉTHODE DE BALLADUR EST PLUS MODERNE. LA MÉTHODE PLUS BRUTALE, LA RUPTURE, EST ARCHAÏQUE !
L'AGITATION DU JEUNE MINISTRE CONTRASTAIT AINSI SINGULIÈREMENT AVEC L'IMMOBILISME DU GOUVERNEMENT...
BON, ET POUR LA RÉFORME DE L'IMPÔT, QUE FAIT-ON ?
AVEC DES SONDAGES AUSSI BONS, IL FAUDRAIT ÊTRE FOU POUR RÉFORMER ! ON NE BOUGE PAS ! NE PAS RISQUER DE PERDRE DES VOIX !
ET TOUT LÂCHER DÈS QUE ÇA COINCE !
ET LA LOI FALLOUX ?
ON RECULE !
LES FONCTIONNAIRES ?
ON LES AUGMENTE !
LES PÊCHEURS ?
ON SUBVENTIONNE !
CHIRAC ?
ON VA LE NIQUER !!

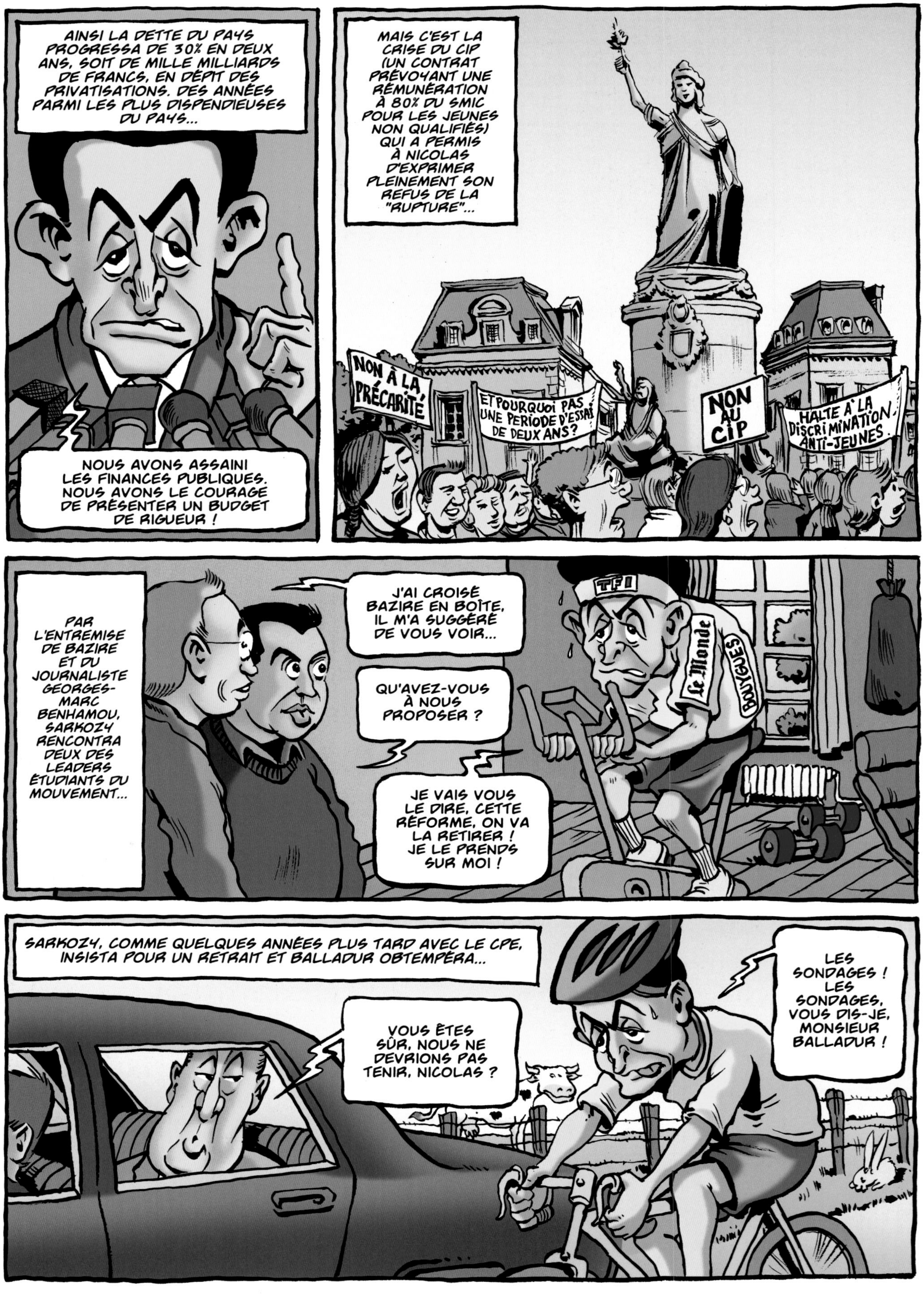
AINSI LA DETTE DU PAYS PROGRESSA DE 30% EN DEUX ANS, SOIT DE MILLE MILLIARDS DE FRANCS, EN DÉPIT DES PRIVATISATIONS. DES ANNÉES PARMI LES PLUS DISPENDIEUSES DU PAYS...
NOUS AVONS ASSAINI LES FINANCES PUBLIQUES. NOUS AVONS LE COURAGE DE PRÉSENTER UN BUDGET DE RIGUEUR !
MAIS C'EST LA CRISE DU CIP (UN CONTRAT PRÉVOYANT UNE RÉMUNÉRATION À 80% DU SMIC POUR LES JEUNES NON QUALIFIÉS) QUI A PERMIS À NICOLAS D'EXPRIMER PLEINEMENT SON REFUS DE LA "RUPTURE"...
NON À LA PRÉCARITÉ
ET POURQUOI PAS UNE PERIODE D'ESSAI DE DEUX ANS ?
NON AU CIP
HALTE À LA DISCRIMINATION ANTI-JEUNES
PAR L'ENTREMISE DE BAZIRE ET DU JOURNALISTE GEORGES-MARC BENHAMOU, SARKOZY RENCONTRA DEUX DES LEADERS ÉTUDIANTS DU MOUVEMENT...
J'AI CROISÉ BAZIRE EN BOÎTE, IL M'A SUGGÉRÉ DE VOUS VOIR...
QU'AVEZ-VOUS À NOUS PROPOSER ?
TF1
Le Monde
BOUYGUES
JE VAIS VOUS LE DIRE, CETTE RÉFORME, ON VA LA RETIRER ! JE LE PRENDS SUR MOI !
SARKOZY, COMME QUELQUES ANNÉES PLUS TARD AVEC LE CPE, INSISTA POUR UN RETRAIT ET BALLADUR OBTEMPÉRA...
VOUS ÊTES SÛR, NOUS NE DEVRIONS PAS TENIR, NICOLAS ?
LES SONDAGES ! LES SONDAGES, VOUS DIS-JE, MONSIEUR BALLADUR !

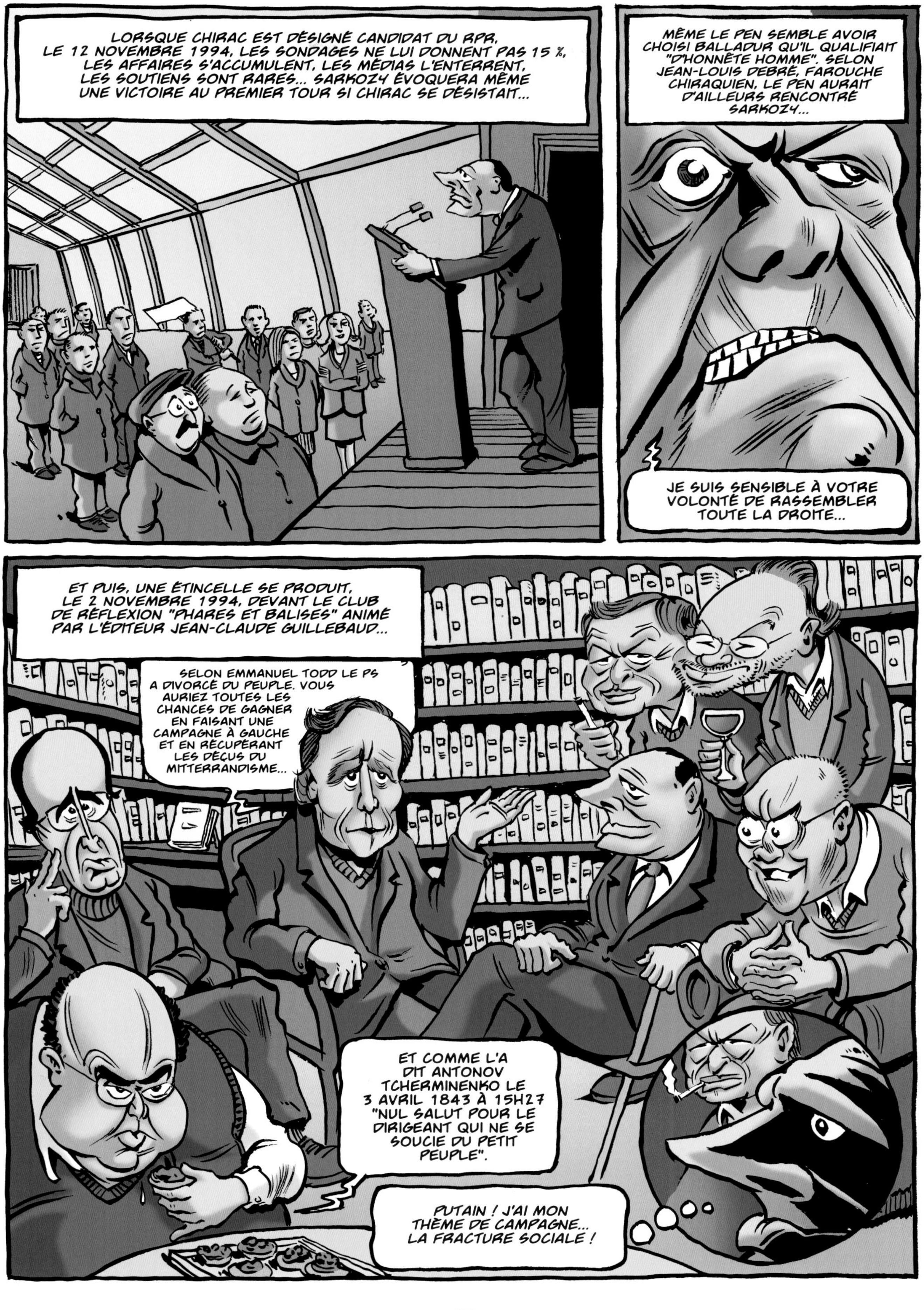
LORSQUE CHIRAC EST DÉSIGNÉ CANDIDAT DU RPR, LE 12 NOVEMBRE 1994, LES SONDAGES NE LUI DONNENT PAS 15 %, LES AFFAIRES S'ACCUMULENT, LES MÉDIAS L'ENTERRENT, LES SOUTIENS SONT RARES... SARKOZY ÉVOQUERA MÊME UNE VICTOIRE AU PREMIER TOUR SI CHIRAC SE DÉSISTAIT...
MÊME LE PEN SEMBLE AVOIR CHOISI BALLADUR QU'IL QUALIFIAIT "D'HONNÊTE HOMME". SELON JEAN-LOUIS DEBRÉ, FAROUCHE CHIRAQUIEN, LE PEN AURAIT D'AILLEURS RENCONTRÉ SARKOZY...
JE SUIS SENSIBLE À VOTRE VOLONTÉ DE RASSEMBLER TOUTE LA DROITE...
ET PUIS, UNE ÉTINCELLE SE PRODUIT, LE 2 NOVEMBRE 1994, DEVANT LE CLUB DE RÉFLEXION "PHARES ET BALISES" ANIMÉ PAR L'ÉDITEUR JEAN-CLAUDE GUILLEBAUD...
SELON EMMANUEL TODD LE PS A DIVORCÉ DU PEUPLE. VOUS AURIEZ TOUTES LES CHANCES DE GAGNER EN FAISANT UNE CAMPAGNE À GAUCHE ET EN RÉCUPÉRANT LES DÉÇUS DU MITTERRANDISME...
ET COMME L'A DIT ANTONOV TCHERMINENKO LE 3 AVRIL 1843 À 15H27 "NUL SALUT POUR LE DIRIGEANT QUI NE SE SOUCIE DU PETIT PEUPLE".
PUTAIN ! J'AI MON THÈME DE CAMPAGNE... LA FRACTURE SOCIALE !

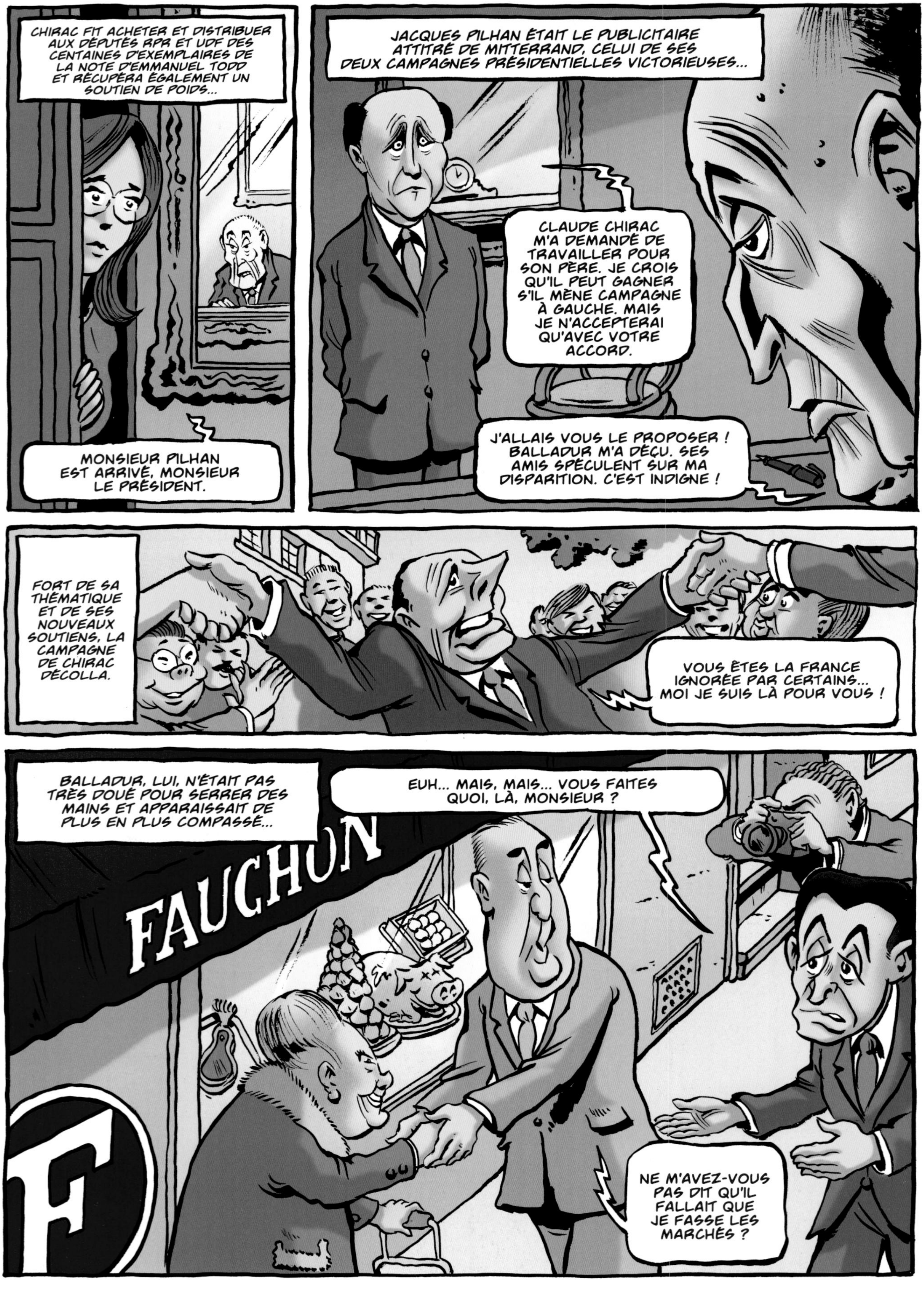
CHIRAC FIT ACHETER ET DISTRIBUER AUX DÉPUTÉS RPR ET UDF DES CENTAINES D'EXEMPLAIRES DE LA NOTE D'EMMANUEL TODD ET RÉCUPÉRA ÉGALEMENT UN SOUTIEN DE POIDS...
MONSIEUR PILHAN EST ARRIVÉ, MONSIEUR LE PRÉSIDENT.
JACQUES PILHAN ÉTAIT LE PUBLICITAIRE ATTITRÉ DE MITTERRAND, CELUI DE SES DEUX CAMPAGNES PRÉSIDENTIELLES VICTORIEUSES...
CLAUDE CHIRAC M'A DEMANDÉ DE TRAVAILLER POUR SON PÈRE. JE CROIS QU'IL PEUT GAGNER S'IL MÈNE CAMPAGNE À GAUCHE. MAIS JE N'ACCEPTERAI QU'AVEC VOTRE ACCORD.
J'ALLAIS VOUS LE PROPOSER ! BALLADUR M'A DÉÇU. SES AMIS SPÉCULENT SUR MA DISPARITION. C'EST INDIGNE !
FORT DE SA THÉMATIQUE ET DE SES NOUVEAUX SOUTIENS, LA CAMPAGNE DE CHIRAC DÉCOLLA.
VOUS ÊTES LA FRANCE IGNORÉE PAR CERTAINS... MOI JE SUIS LÀ POUR VOUS !
BALLADUR, LUI, N'ÉTAIT PAS TRÈS DOUÉ POUR SERRER DES MAINS ET APPARAISSAIT DE PLUS EN PLUS COMPASSÉ...
EUH... MAIS, MAIS... VOUS FAITES QUOI, LÀ, MONSIEUR ?
FAUCHON
F
NE M'AVEZ-VOUS PAS DIT QU'IL FALLAIT QUE JE FASSE LES MARCHÉS ?

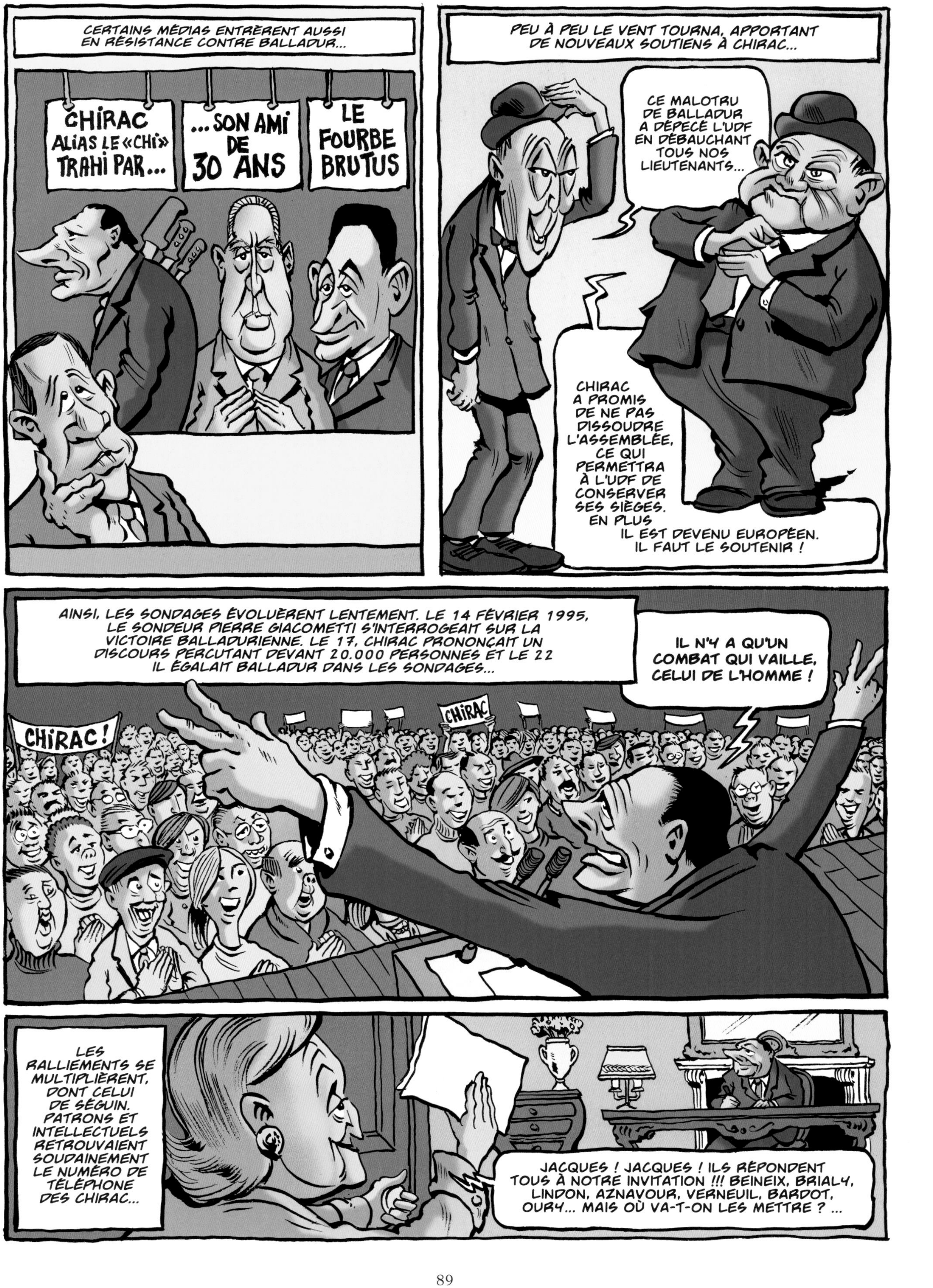
CERTAINS MÉDIAS ENTRÈRENT AUSSI EN RÉSISTANCE CONTRE BALLADUR...
CHIRAC ALIAS LE «CHI» TRAHI PAR...
...SON AMI DE 30 ANS
LE FOURBE BRUTUS
PEU À PEU LE VENT TOURNA, APPORTANT DE NOUVEAUX SOUTIENS À CHIRAC...
CE MALOTRU DE BALLADUR A DÉPECÉ L'UDF EN DÉBAUCHANT TOUS NOS LIEUTENANTS...
CHIRAC A PROMIS DE NE PAS DISSOUDRE L'ASSEMBLÉE, CE QUI PERMETTRA À L'UDF DE CONSERVER SES SIÈGES. EN PLUS IL EST DEVENU EUROPÉEN. IL FAUT LE SOUTENIR !
AINSI, LES SONDAGES ÉVOLUÈRENT LENTEMENT. LE 14 FÉVRIER 1995, LE SONDEUR PIERRE GIACOMETTI S'INTERROGEAIT SUR LA VICTOIRE BALLADURIENNE. LE 17, CHIRAC PRONONÇAIT UN DISCOURS PERCUTANT DEVANT 20.000 PERSONNES ET LE 22 IL ÉGALAIT BALLADUR DANS LES SONDAGES...
IL N'Y A QU'UN COMBAT QUI VAILLE, CELUI DE L'HOMME !
CHIRAC !
CHIRAC
LES RALLIEMENTS SE MULTIPLIÈRENT, DONT CELUI DE SÉGUIN. PATRONS ET INTELLECTUELS RETROUVAIENT SOUDAINEMENT LE NUMÉRO DE TÉLÉPHONE DES CHIRAC...
JACQUES ! JACQUES ! ILS RÉPONDENT TOUS À NOTRE INVITATION !!! BEINEIX, BRIALY, LINDON, AZNAVOUR, VERNEUIL, BARDOT, OURY... MAIS OÙ VA-T-ON LES METTRE ? ...

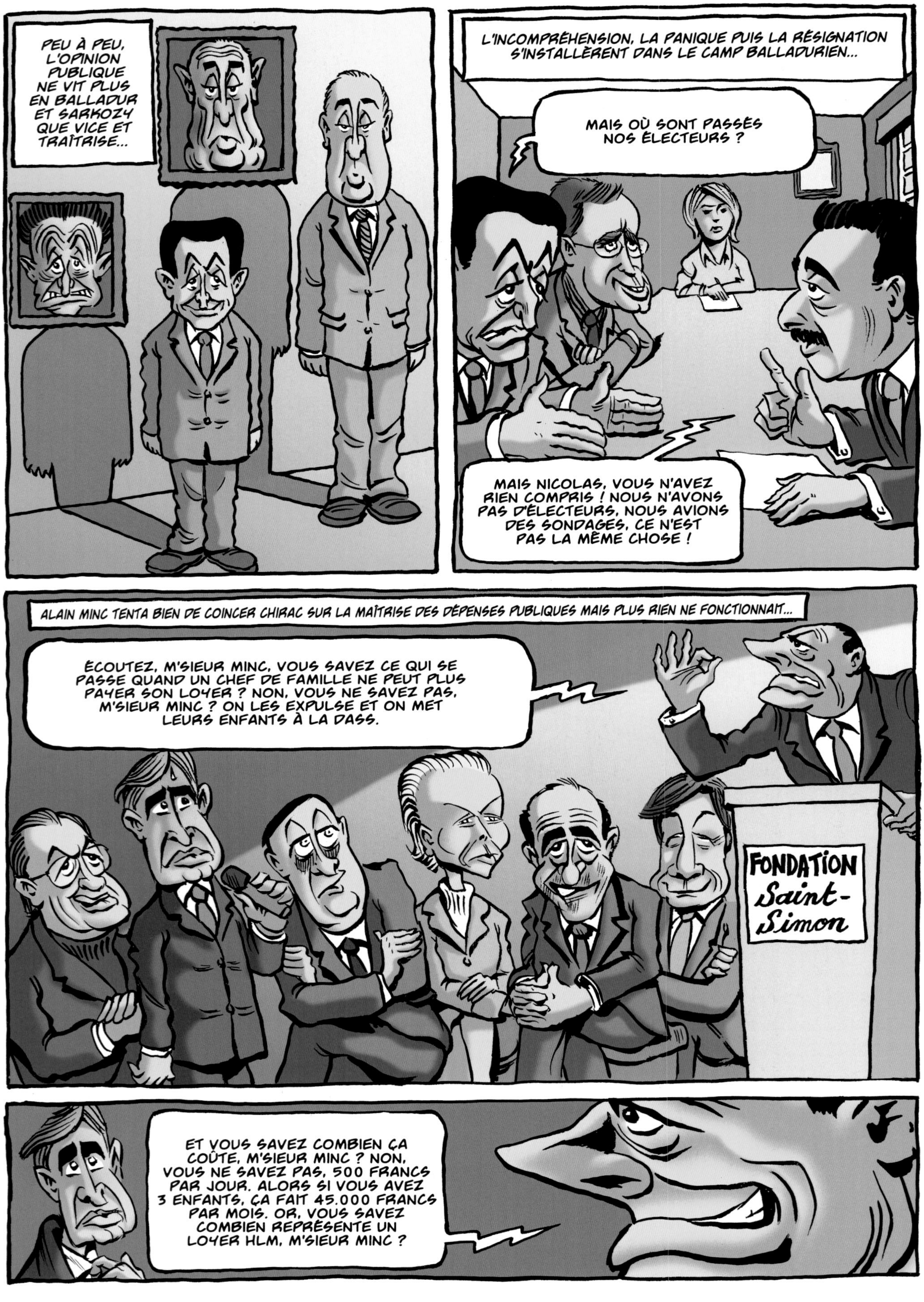
PEU À PEU, L'OPINION PUBLIQUE NE VIT PLUS EN BALLADUR ET SARKOZY QUE VICE ET TRAÎTRISE...
L'INCOMPRÉHENSION, LA PANIQUE PUIS LA RÉSIGNATION S'INSTALLÈRENT DANS LE CAMP BALLADURIEN...
MAIS OÙ SONT PASSÉS NOS ÉLECTEURS ?
MAIS NICOLAS, VOUS N'AVEZ RIEN COMPRIS ! NOUS N'AVONS PAS D'ÉLECTEURS, NOUS AVIONS DES SONDAGES, CE N'EST PAS LA MÊME CHOSE !
ALAIN MINC TENTA BIEN DE COINCER CHIRAC SUR LA MAÎTRISE DES DÉPENSES PUBLIQUES MAIS PLUS RIEN NE FONCTIONNAIT...
ÉCOUTEZ, M'SIEUR MINC, VOUS SAVEZ CE QUI SE PASSE QUAND UN CHEF DE FAMILLE NE PEUT PLUS PAYER SON LOYER ? NON, VOUS NE SAVEZ PAS, M'SIEUR MINC ? ON LES EXPULSE ET ON MET LEURS ENFANTS À LA DASS.
FONDATION Saint-Simon
ET VOUS SAVEZ COMBIEN ÇA COÛTE, M'SIEUR MINC ? NON, VOUS NE SAVEZ PAS, 500 FRANCS PAR JOUR. ALORS SI VOUS AVEZ 3 ENFANTS, ÇA FAIT 45.000 FRANCS PAR MOIS. OR, VOUS SAVEZ COMBIEN REPRÉSENTE UN LOYER HLM, M'SIEUR MINC ?

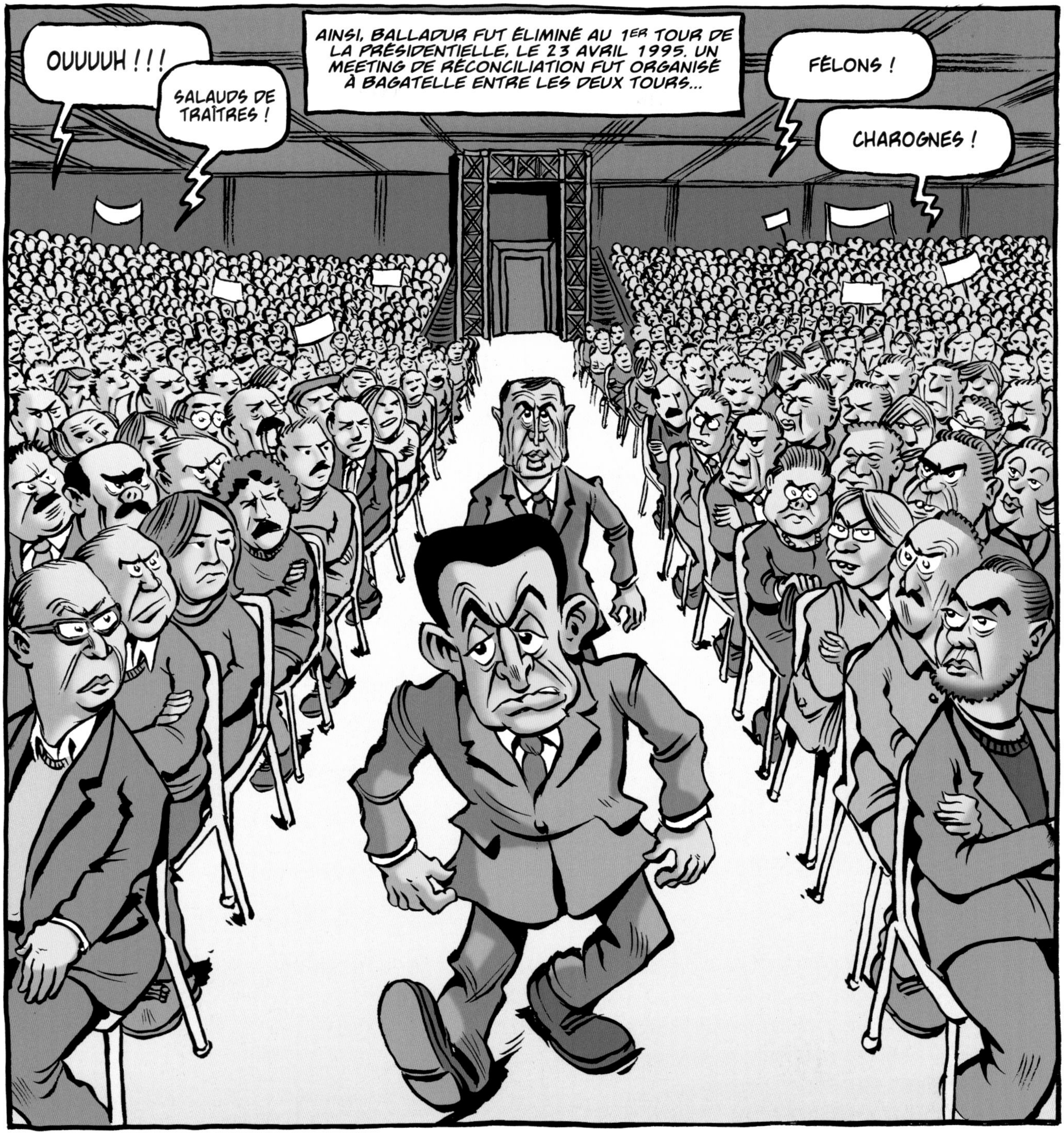
OUUUUH ! ! !
SALAUDS DE TRAÎTRES !
AINSI, BALLADUR FUT ÉLIMINÉ AU 1ER TOUR DE LA PRÉSIDENTIELLE, LE 23 AVRIL 1995. UN MEETING DE RÉCONCILIATION FUT ORGANISÉ À BAGATELLE ENTRE LES DEUX TOURS...
FÉLONS !
CHAROGNES !

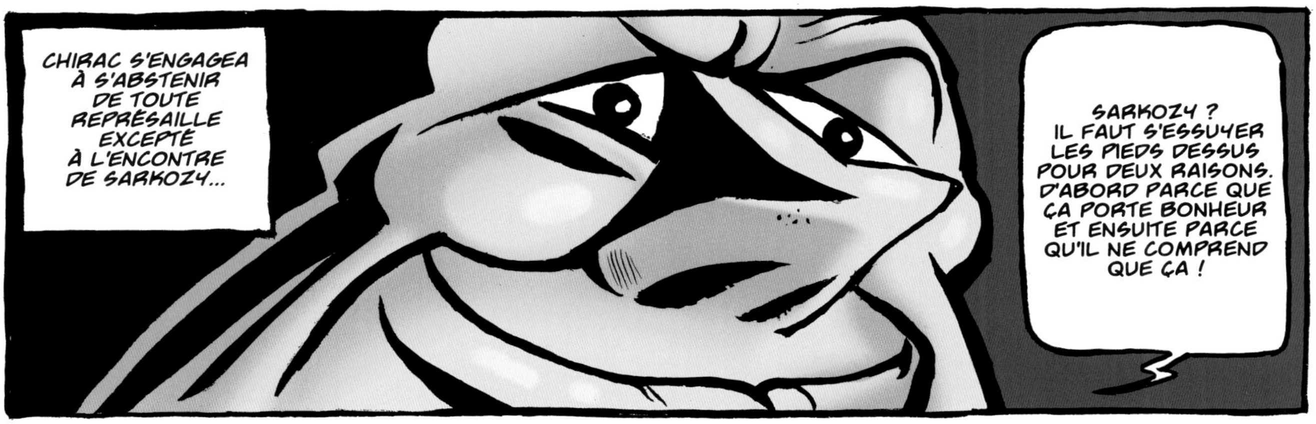
CHIRAC S'ENGAGEA À S'ABSTENIR DE TOUTE REPRÉSAILLE EXCEPTÉ À L'ENCONTRE DE SARKOZY...
SARKOZY ? IL FAUT S'ESSUYER LES PIEDS DESSUS POUR DEUX RAISONS. D'ABORD PARCE QUE ÇA PORTE BONHEUR ET ENSUITE PARCE QU'IL NE COMPREND QUE ÇA !

1995-2002 : LA TRAVERSÉE DU BAC À SABLE

"MAINTENANT, JE VAIS BIENTÔT RÉPANDRE MA FUREUR SUR TOI,
ASSOUVIR SUR TOI MA COLÈRE. JE TE JUGERAI SELON TES VOIES.
JE TE CHARGERAI DE TOUTES TES ABOMINATIONS.
MON ŒIL SERA SANS PITIÉ ET JE N'AURAI POINT DE MISÉRICORDE"

ÉZÉCHIEL - CHAP.7

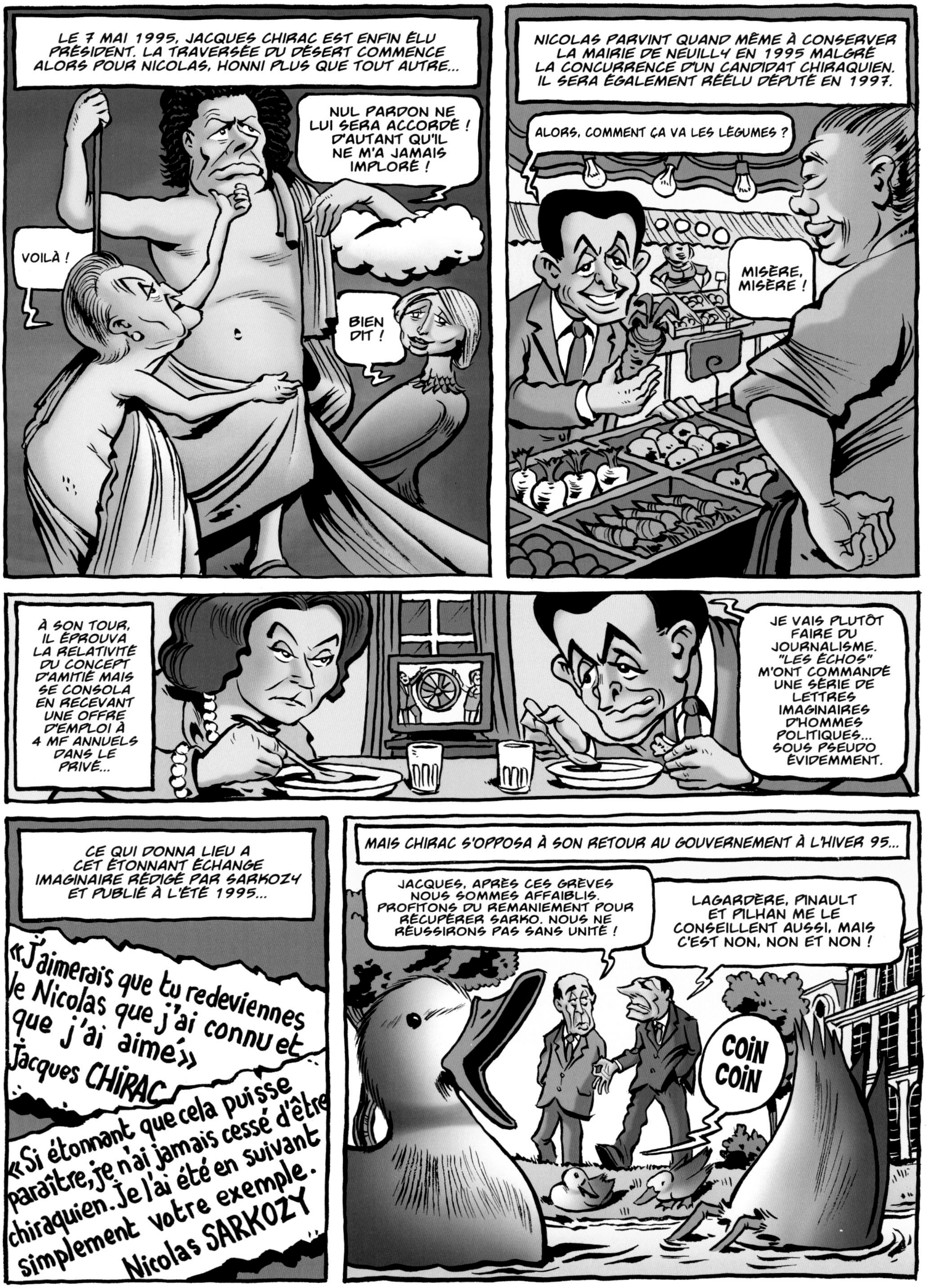
LE 7 MAI 1995, JACQUES CHIRAC EST ENFIN ÉLU PRÉSIDENT. LA TRAVERSÉE DU DÉSERT COMMENCE ALORS POUR NICOLAS, HONNI PLUS QUE TOUT AUTRE...
NUL PARDON NE LUI SERA ACCORDÉ ! D'AUTANT QU'IL NE M'A JAMAIS IMPLORÉ !
VOILÀ !
BIEN DIT !
NICOLAS PARVINT QUAND MÊME À CONSERVER LA MAIRIE DE NEUILLY EN 1995 MALGRÉ LA CONCURRENCE D'UN CANDIDAT CHIRAQUIEN. IL SERA ÉGALEMENT RÉÉLU DÉPUTÉ EN 1997.
ALORS, COMMENT ÇA VA LES LÉGUMES ?
MISÈRE, MISÈRE !
À SON TOUR, IL ÉPROUVA LA RELATIVITÉ DU CONCEPT D'AMITIÉ MAIS SE CONSOLA EN RECEVANT UNE OFFRE D'EMPLOI À 4 MF ANNUELS DANS LE PRIVÉ...
JE VAIS PLUTÔT FAIRE DU JOURNALISME. "LES ÉCHOS" M'ONT COMMANDÉ UNE SÉRIE DE LETTRES IMAGINAIRES D'HOMMES POLITIQUES... SOUS PSEUDO ÉVIDEMMENT.
CE QUI DONNA LIEU A CET ÉTONNANT ÉCHANGE IMAGINAIRE RÉDIGÉ PAR SARKOZY ET PUBLIÉ À L'ÉTÉ 1995...
«J'aimerais que tu redeviennes le Nicolas que j'ai connu et que j'ai aimé» Jacques CHIRAC
«Si étonnant que cela puisse paraître, je n'ai jamais cessé d'être chiraquien. Je l'ai été en suivant simplement votre exemple.» Nicolas SARKOZY
MAIS CHIRAC S'OPPOSA À SON RETOUR AU GOUVERNEMENT À L'HIVER 95...
JACQUES, APRÈS CES GRÈVES NOUS SOMMES AFFAIBLIS. PROFITONS DU REMANIEMENT POUR RÉCUPÉRER SARKO. NOUS NE RÉUSSIRONS PAS SANS UNITÉ !
LAGARDÈRE, PINAULT ET PILHAN ME LE CONSEILLENT AUSSI, MAIS C'EST NON, NON ET NON !
COIN COIN

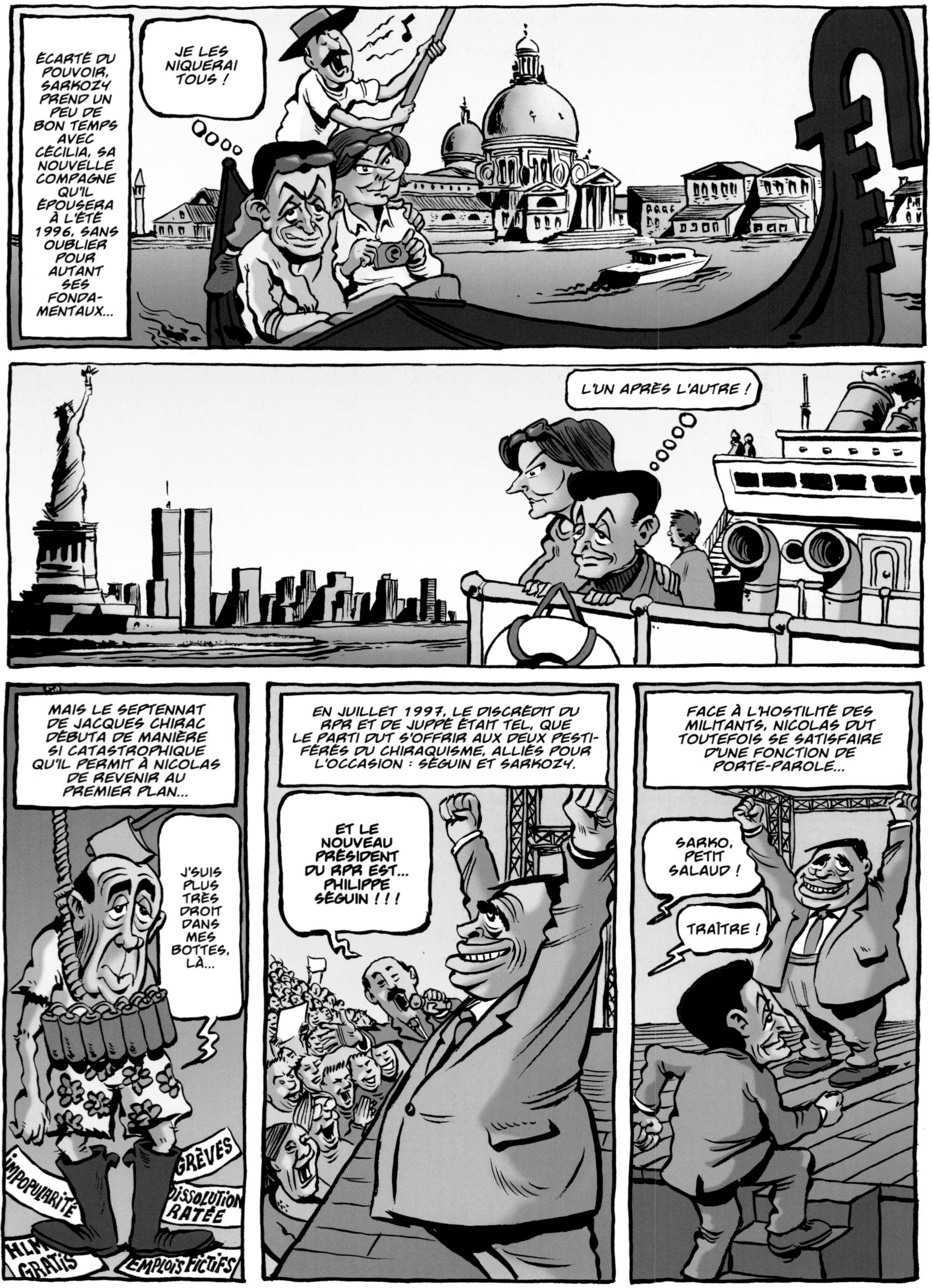
ÉCARTÉ DU POUVOIR, SARKOZY PREND UN PEU DE BON TEMPS AVEC CÉCILIA, SA NOUVELLE COMPAGNE QU'IL ÉPOUSERA À L'ÉTÉ 1996, SANS OUBLIER POUR AUTANT SES FONDA-MENTAUX...
JE LES NIQUERAI TOUS !
L'UN APRÈS L'AUTRE !
MAIS LE SEPTENNAT DE JACQUES CHIRAC DÉBUTA DE MANIÈRE SI CATASTROPHIQUE QU'IL PERMIT À NICOLAS DE REVENIR AU PREMIER PLAN...
J'SUIS PLUS TRÈS DROIT DANS MES BOTTES, LÀ...
IMPOPULARITÉ
GRÈVES
DISSOLUTION RATÉE
HLM GRATIS
EMPLOIS FICTIFS
EN JUILLET 1997, LE DISCRÉDIT DU RPR ET DE JUPPÉ ÉTAIT TEL, QUE LE PARTI DUT S'OFFRIR AUX DEUX PESTI-FÉRÉS DU CHIRAQUISME, ALLIÉS POUR L'OCCASION : SÉGUIN ET SARKOZY.
ET LE NOUVEAU PRÉSIDENT DU RPR EST... PHILIPPE SÉGUIN ! ! !
FACE À L'HOSTILITÉ DES MILITANTS, NICOLAS DUT TOUTEFOIS SE SATISFAIRE D'UNE FONCTION DE PORTE-PAROLE...
SARKO, PETIT SALAUD !
TRAÎTRE !

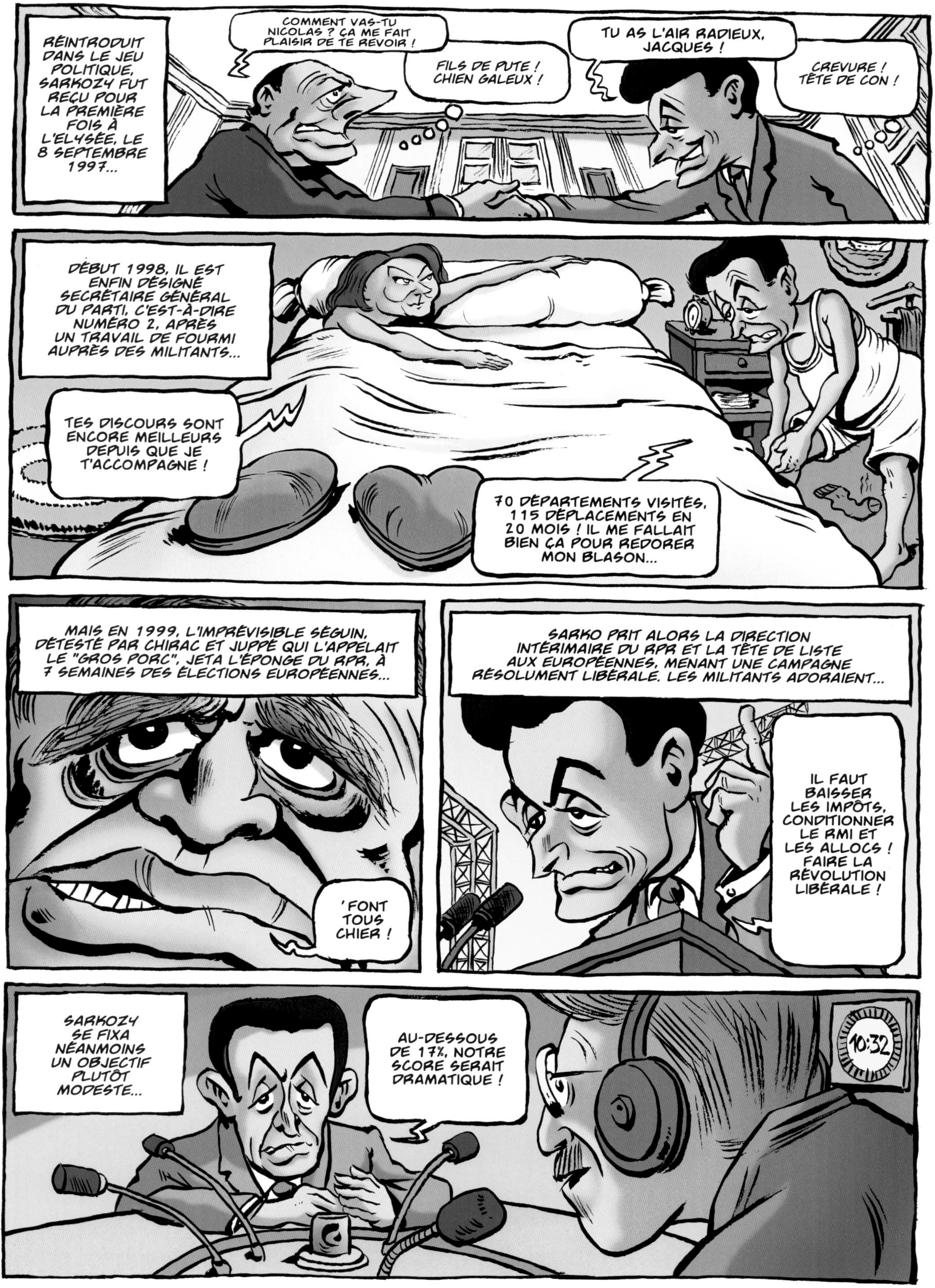
RÉINTRODUIT DANS LE JEU POLITIQUE, SARKOZY FUT REÇU POUR LA PREMIÈRE FOIS À L'ÉLYSÉE, LE 8 SEPTEMBRE 1997...
COMMENT VAS-TU NICOLAS ? ÇA ME FAIT PLAISIR DE TE REVOIR !
FILS DE PUTE ! CHIEN GALEUX !
TU AS L'AIR RADIEUX, JACQUES !
CREVURE ! TÊTE DE CON !
DÉBUT 1998, IL EST ENFIN DÉSIGNÉ SECRÉTAIRE GÉNÉRAL DU PARTI, C'EST-À-DIRE NUMÉRO 2, APRÈS UN TRAVAIL DE FOURMI AUPRÈS DES MILITANTS...
TES DISCOURS SONT ENCORE MEILLEURS DEPUIS QUE JE T'ACCOMPAGNE !
70 DÉPARTEMENTS VISITÉS, 115 DÉPLACEMENTS EN 20 MOIS ! IL ME FALLAIT BIEN ÇA POUR REDORER MON BLASON...
MAIS EN 1999, L'IMPRÉVISIBLE SÉGUIN, DÉTESTÉ PAR CHIRAC ET JUPPÉ QUI L'APPELAIT LE "GROS PORC", JETA L'ÉPONGE DU RPR, À 7 SEMAINES DES ÉLECTIONS EUROPÉENNES...
'FONT TOUS CHIER !
SARKO PRIT ALORS LA DIRECTION INTÉRIMAIRE DU RPR ET LA TÊTE DE LISTE AUX EUROPÉENNES, MENANT UNE CAMPAGNE RÉSOLUMENT LIBÉRALE. LES MILITANTS ADORAIENT...
IL FAUT BAISSER LES IMPÔTS, CONDITIONNER LE RMI ET LES ALLOCS ! FAIRE LA RÉVOLUTION LIBÉRALE !
SARKOZY SE FIXA NÉANMOINS UN OBJECTIF PLUTÔT MODESTE...
AU-DESSOUS DE 17%, NOTRE SCORE SERAIT DRAMATIQUE !
10:32

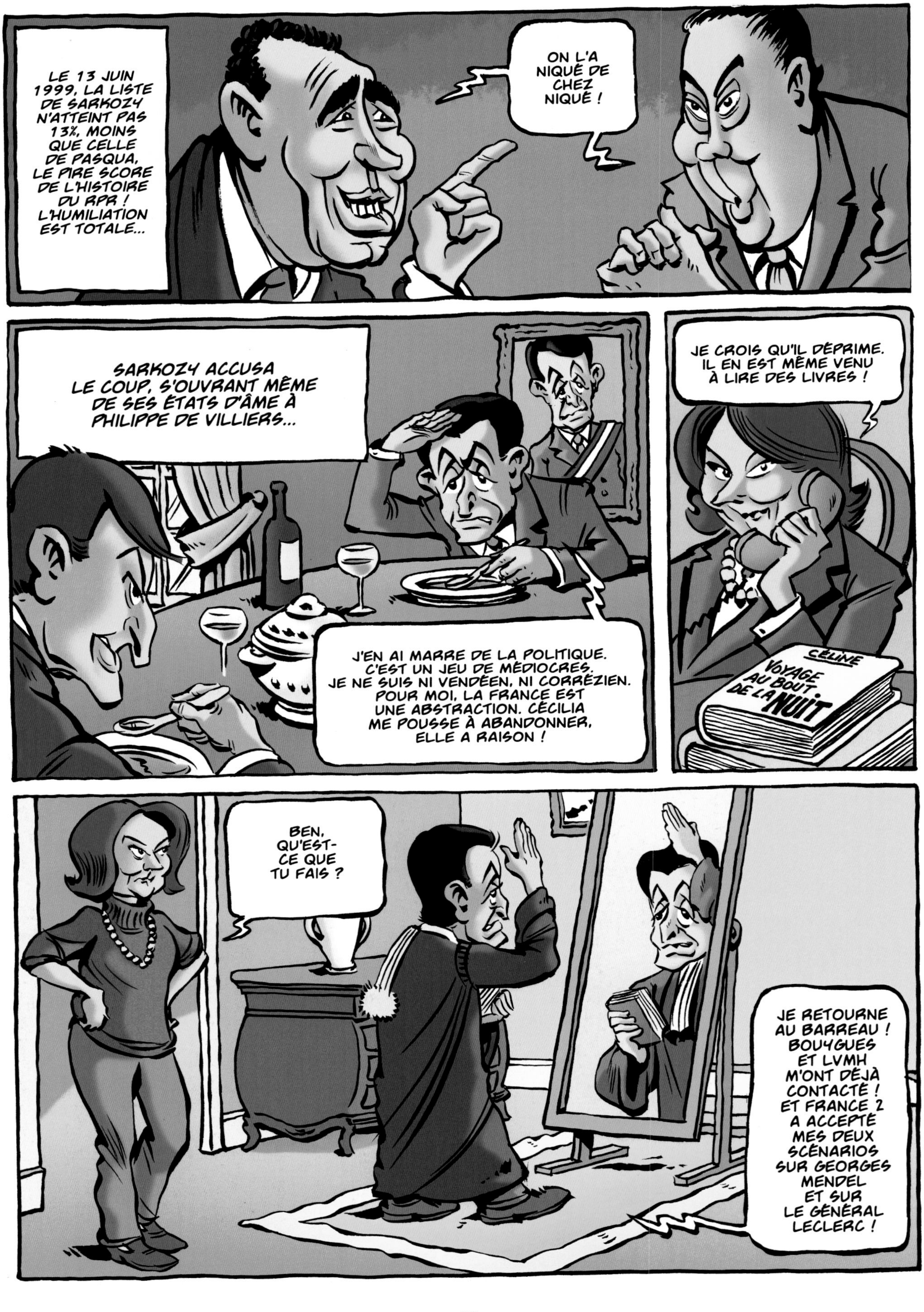
LE 13 JUIN 1999, LA LISTE DE SARKOZY N'ATTEINT PAS 13%, MOINS QUE CELLE DE PASQUA, LE PIRE SCORE DE L'HISTOIRE DU RPR ! L'HUMILIATION EST TOTALE...
ON L'A NIQUÉ DE CHEZ NIQUÉ !
SARKOZY ACCUSA LE COUP, S'OUVRANT MÊME DE SES ÉTATS D'ÂME À PHILIPPE DE VILLIERS...
J'EN AI MARRE DE LA POLITIQUE. C'EST UN JEU DE MÉDIOCRES. JE NE SUIS NI VENDÉEN, NI CORRÉZIEN. POUR MOI, LA FRANCE EST UNE ABSTRACTION. CÉCILIA ME POUSSE À ABANDONNER, ELLE A RAISON !
JE CROIS QU'IL DÉPRIME. IL EN EST MÊME VENU À LIRE DES LIVRES !
CÉLINE
VOYAGE AU BOUT DE LA NUIT
BEN, QU'EST-CE QUE TU FAIS ?
JE RETOURNE AU BARREAU ! BOUYGUES ET LVMH M'ONT DÉJÀ CONTACTÉ ! ET FRANCE 2 A ACCEPTÉ MES DEUX SCÉNARIOS SUR GEORGES MENDEL ET SUR LE GÉNÉRAL LECLERC !

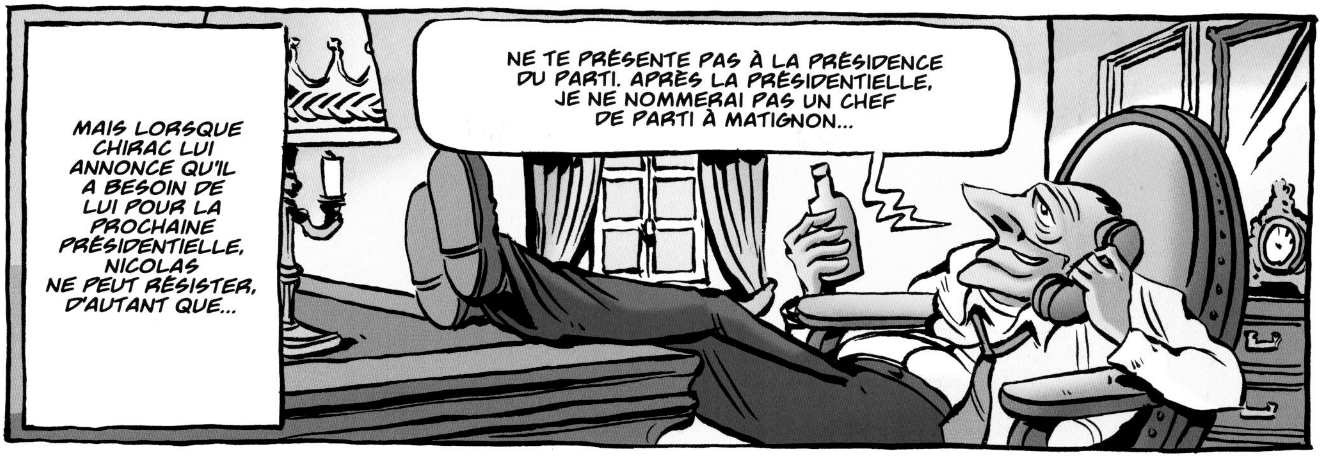
MAIS LORSQUE CHIRAC LUI ANNONCE QU'IL A BESOIN DE LUI POUR LA PROCHAINE PRÉSIDENTIELLE, NICOLAS NE PEUT RÉSISTER, D'AUTANT QUE...
NE TE PRÉSENTE PAS À LA PRÉSIDENCE DU PARTI. APRÈS LA PRÉSIDENTIELLE, JE NE NOMMERAI PAS UN CHEF DE PARTI À MATIGNON...

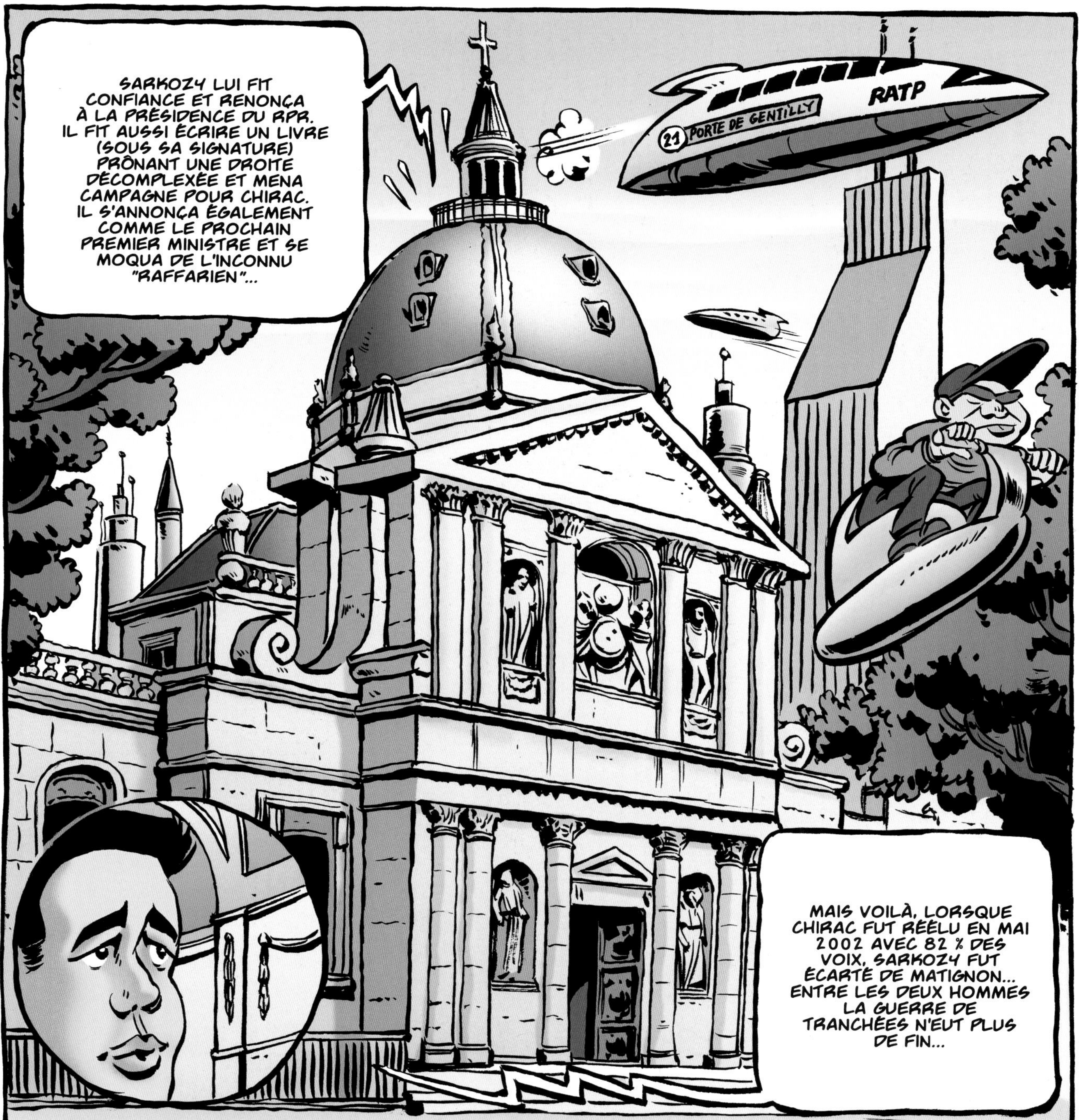
SARKOZY LUI FIT CONFIANCE ET RENONÇA À LA PRÉSIDENCE DU RPR. IL FIT AUSSI ÉCRIRE UN LIVRE (SOUS SA SIGNATURE) PRÔNANT UNE DROITE DÉCOMPLEXÉE ET MENA CAMPAGNE POUR CHIRAC. IL S'ANNONÇA ÉGALEMENT COMME LE PROCHAIN PREMIER MINISTRE ET SE MOQUA DE L'INCONNU "RAFFARIEN"...
21 PORTE DE GENTILLY
RATP
MAIS VOILÀ, LORSQUE CHIRAC FUT RÉÉLU EN MAI 2002 AVEC 82 % DES VOIX, SARKOZY FUT ÉCARTÉ DE MATIGNON... ENTRE LES DEUX HOMMES LA GUERRE DE TRANCHÉES N'EUT PLUS DE FIN...

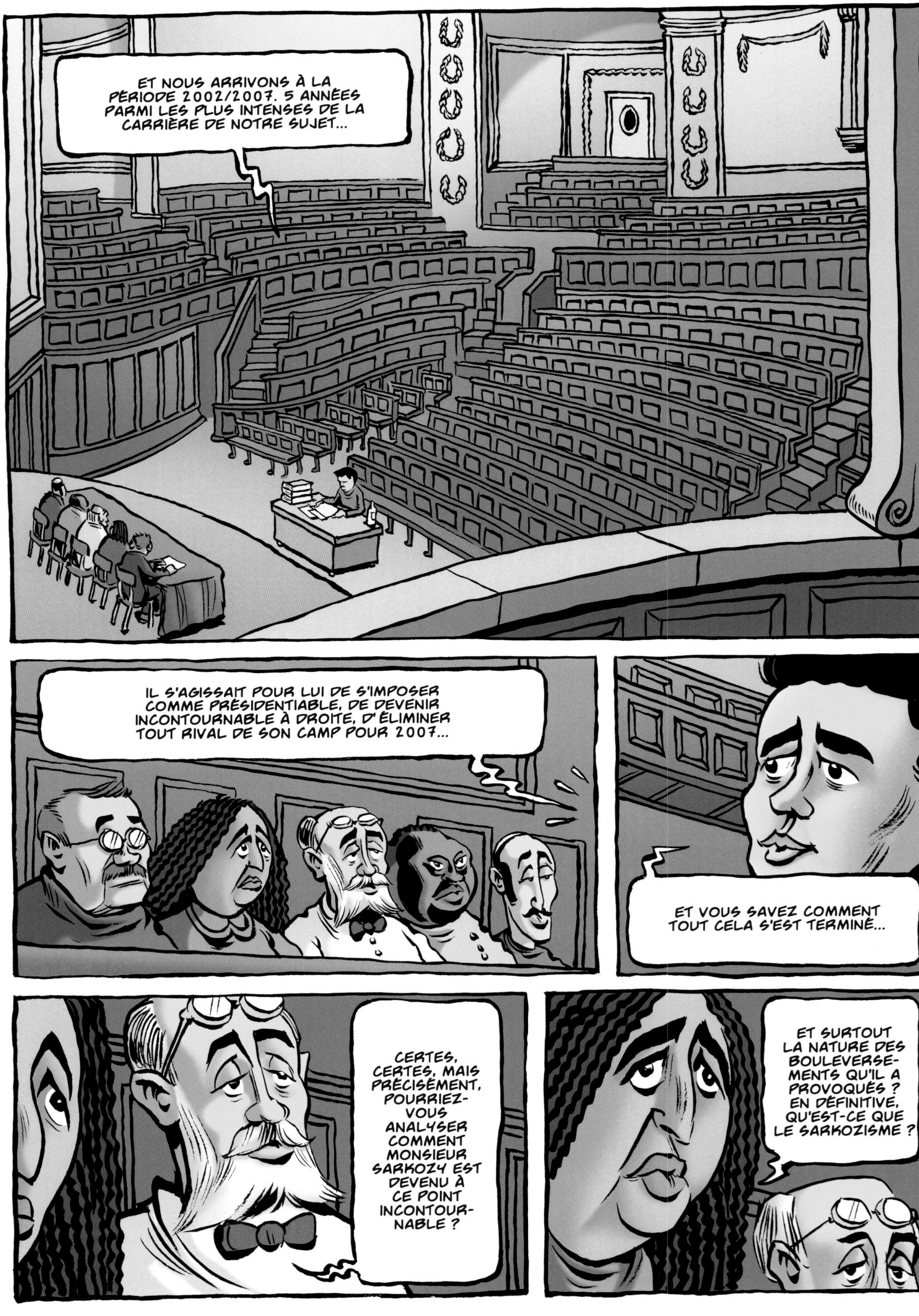
ET NOUS ARRIVONS À LA PÉRIODE 2002/2007. 5 ANNÉES PARMI LES PLUS INTENSES DE LA CARRIÈRE DE NOTRE SUJET...
IL S'AGISSAIT POUR LUI DE S'IMPOSER COMME PRÉSIDENTIABLE, DE DEVENIR INCONTOURNABLE À DROITE, D'ÉLIMINER TOUT RIVAL DE SON CAMP POUR 2007...
ET VOUS SAVEZ COMMENT TOUT CELA S'EST TERMINÉ...
CERTES, CERTES, MAIS PRÉCISÉMENT, POURRIEZ-VOUS ANALYSER COMMENT MONSIEUR SARKOZY EST DEVENU À CE POINT INCONTOURNABLE ?
ET SURTOUT LA NATURE DES BOULEVERSEMENTS QU'IL A PROVOQUÉS ? EN DÉFINITIVE, QU'EST-CE QUE LE SARKOZISME ?

LA DROITE AU KÄRCHER

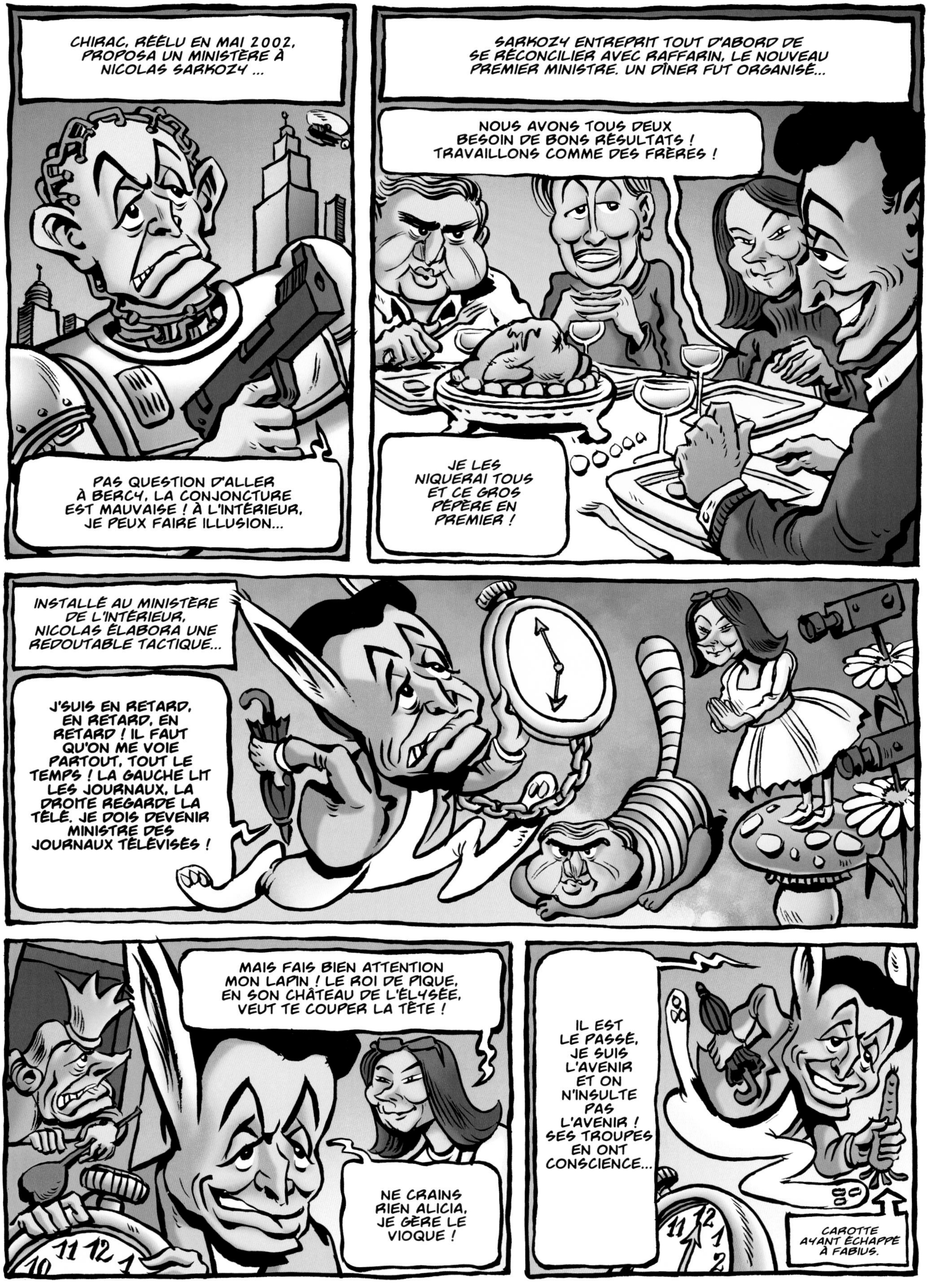
CHIRAC, RÉÉLU EN MAI 2002, PROPOSA UN MINISTÈRE À NICOLAS SARKOZY ...
PAS QUESTION D'ALLER À BERCY, LA CONJONCTURE EST MAUVAISE ! À L'INTÉRIEUR, JE PEUX FAIRE ILLUSION...
SARKOZY ENTREPRIT TOUT D'ABORD DE SE RÉCONCILIER AVEC RAFFARIN, LE NOUVEAU PREMIER MINISTRE. UN DÎNER FUT ORGANISÉ...
NOUS AVONS TOUS DEUX BESOIN DE BONS RÉSULTATS ! TRAVAILLONS COMME DES FRÈRES !
JE LES NIQUERAI TOUS ET CE GROS PÉPÈRE EN PREMIER !
INSTALLÉ AU MINISTÈRE DE L'INTÉRIEUR, NICOLAS ÉLABORA UNE REDOUTABLE TACTIQUE...
J'SUIS EN RETARD, EN RETARD, EN RETARD ! IL FAUT QU'ON ME VOIE PARTOUT, TOUT LE TEMPS ! LA GAUCHE LIT LES JOURNAUX, LA DROITE REGARDE LA TÉLÉ. JE DOIS DEVENIR MINISTRE DES JOURNAUX TÉLÉVISÉS !
MAIS FAIS BIEN ATTENTION MON LAPIN ! LE ROI DE PIQUE, EN SON CHÂTEAU DE L'ÉLYSÉE, VEUT TE COUPER LA TÊTE !
NE CRAINS RIEN ALICIA, JE GÈRE LE VIOQUE !
IL EST LE PASSÉ, JE SUIS L'AVENIR ET ON N'INSULTE PAS L'AVENIR ! SES TROUPES EN ONT CONSCIENCE...
CAROTTE AYANT ÉCHAPPÉ À FABIUS.

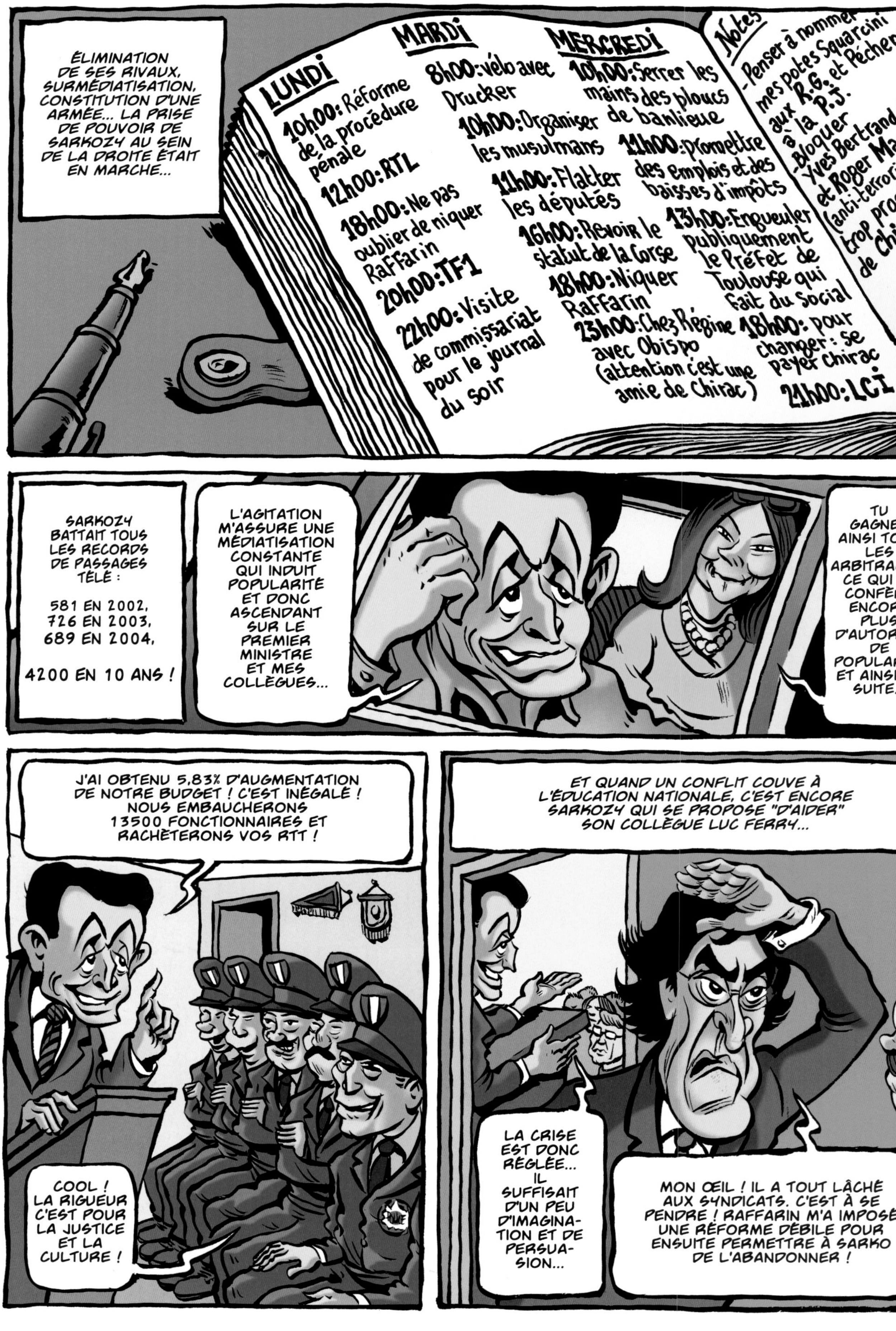
ÉLIMINATION DE SES RIVAUX, SURMÉDIATISATION, CONSTITUTION D'UNE ARMÉE... LA PRISE DE POUVOIR DE SARKOZY AU SEIN DE LA DROITE ÉTAIT EN MARCHE...
LUNDI
10h00 : Réforme de la procédure pénale
12h00 : RTL
18h00 : Ne pas oublier de niquer Raffarin
20h00 : TF1
22h00 : Visite de commissariat pour le journal du soir
MARDI
8h00 : vélo avec Drucker
10h00 : Organiser les musulmans
11h00 : Flatter les députés
16h00 : Revoir le statut de la Corse
18h00 : Niquer Raffarin
23h00 : Chez Régine avec Obispo (attention c'est une amie de Chirac)
MERCREDI
10h00 : Serrer les mains des ploucs de banlieue
11h00 : Promettre des emplois et des baisses d'impôts
13h00 : Engueuler publiquement le Préfet de Toulouse qui fait du social
18h00 : pour changer : se payer Chirac
21h00 : LCI
Notes
- Penser à nommer mes potes Squarcini aux R.G. et Péchenard à la P.J.
- Bloquer Yves Bertrand (R.G.) et Roger Marion (anti-terrorisme) trop proches de Chirac.
SARKOZY BATTAIT TOUS LES RECORDS DE PASSAGES TÉLÉ : 581 EN 2002, 726 EN 2003, 689 EN 2004, 4200 EN 10 ANS !
L'AGITATION M'ASSURE UNE MÉDIATISATION CONSTANTE QUI INDUIT POPULARITÉ ET DONC ASCENDANT SUR LE PREMIER MINISTRE ET MES COLLÈGUES...
TU GAGNES AINSI TOUS LES ARBITRAGES, CE QUI TE CONFÈRE ENCORE PLUS D'AUTORITÉ, DE POPULARITÉ ET AINSI DE SUITE...
J'AI OBTENU 5,83% D'AUGMENTATION DE NOTRE BUDGET ! C'EST INÉGALÉ ! NOUS EMBAUCHERONS 13500 FONCTIONNAIRES ET RACHÈTERONS VOS RTT !
COOL ! LA RIGUEUR C'EST POUR LA JUSTICE ET LA CULTURE !
ET QUAND UN CONFLIT COUVE À L'ÉDUCATION NATIONALE, C'EST ENCORE SARKOZY QUI SE PROPOSE "D'AIDER" SON COLLÈGUE LUC FERRY...
LA CRISE EST DONC RÉGLÉE... IL SUFFISAIT D'UN PEU D'IMAGINATION ET DE PERSUASION...
MON ŒIL ! IL A TOUT LÂCHÉ AUX SYNDICATS. C'EST À SE PENDRE ! RAFFARIN M'A IMPOSÉ UNE RÉFORME DÉBILE POUR ENSUITE PERMETTRE À SARKO DE L'ABANDONNER !

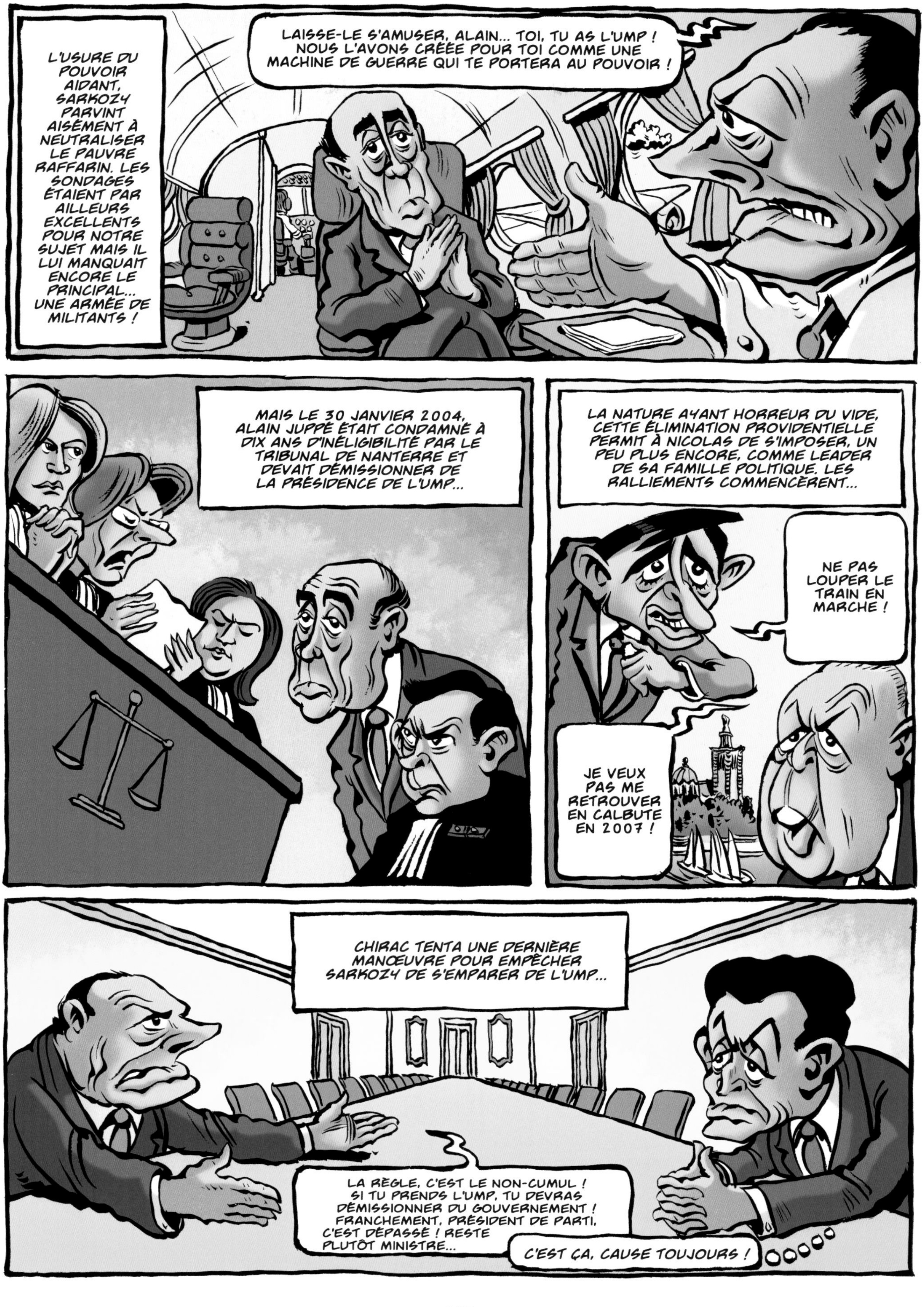
L'USURE DU POUVOIR AIDANT, SARKOZY PARVINT AISÉMENT À NEUTRALISER LE PAUVRE RAFFARIN. LES SONDAGES ÉTAIENT PAR AILLEURS EXCELLENTS POUR NOTRE SUJET MAIS IL LUI MANQUAIT ENCORE LE PRINCIPAL... UNE ARMÉE DE MILITANTS !
LAISSE-LE S'AMUSER, ALAIN... TOI, TU AS L'UMP ! NOUS L'AVONS CRÉÉE POUR TOI COMME UNE MACHINE DE GUERRE QUI TE PORTERA AU POUVOIR !
MAIS LE 30 JANVIER 2004, ALAIN JUPPÉ ÉTAIT CONDAMNÉ À DIX ANS D'INÉLIGIBILITÉ PAR LE TRIBUNAL DE NANTERRE ET DEVAIT DÉMISSIONNER DE LA PRÉSIDENCE DE L'UMP...
LA NATURE AYANT HORREUR DU VIDE, CETTE ÉLIMINATION PROVIDENTIELLE PERMIT À NICOLAS DE S'IMPOSER, UN PEU PLUS ENCORE, COMME LEADER DE SA FAMILLE POLITIQUE. LES RALLIEMENTS COMMENCÈRENT...
NE PAS LOUPER LE TRAIN EN MARCHE !
JE VEUX PAS ME RETROUVER EN CALBUTE EN 2007 !
CHIRAC TENTA UNE DERNIÈRE MANŒUVRE POUR EMPÊCHER SARKOZY DE S'EMPARER DE L'UMP...
LA RÈGLE, C'EST LE NON-CUMUL ! SI TU PRENDS L'UMP, TU DEVRAS DÉMISSIONNER DU GOUVERNEMENT ! FRANCHEMENT, PRÉSIDENT DE PARTI, C'EST DÉPASSÉ ! RESTE PLUTÔT MINISTRE...
C'EST ÇA, CAUSE TOUJOURS !

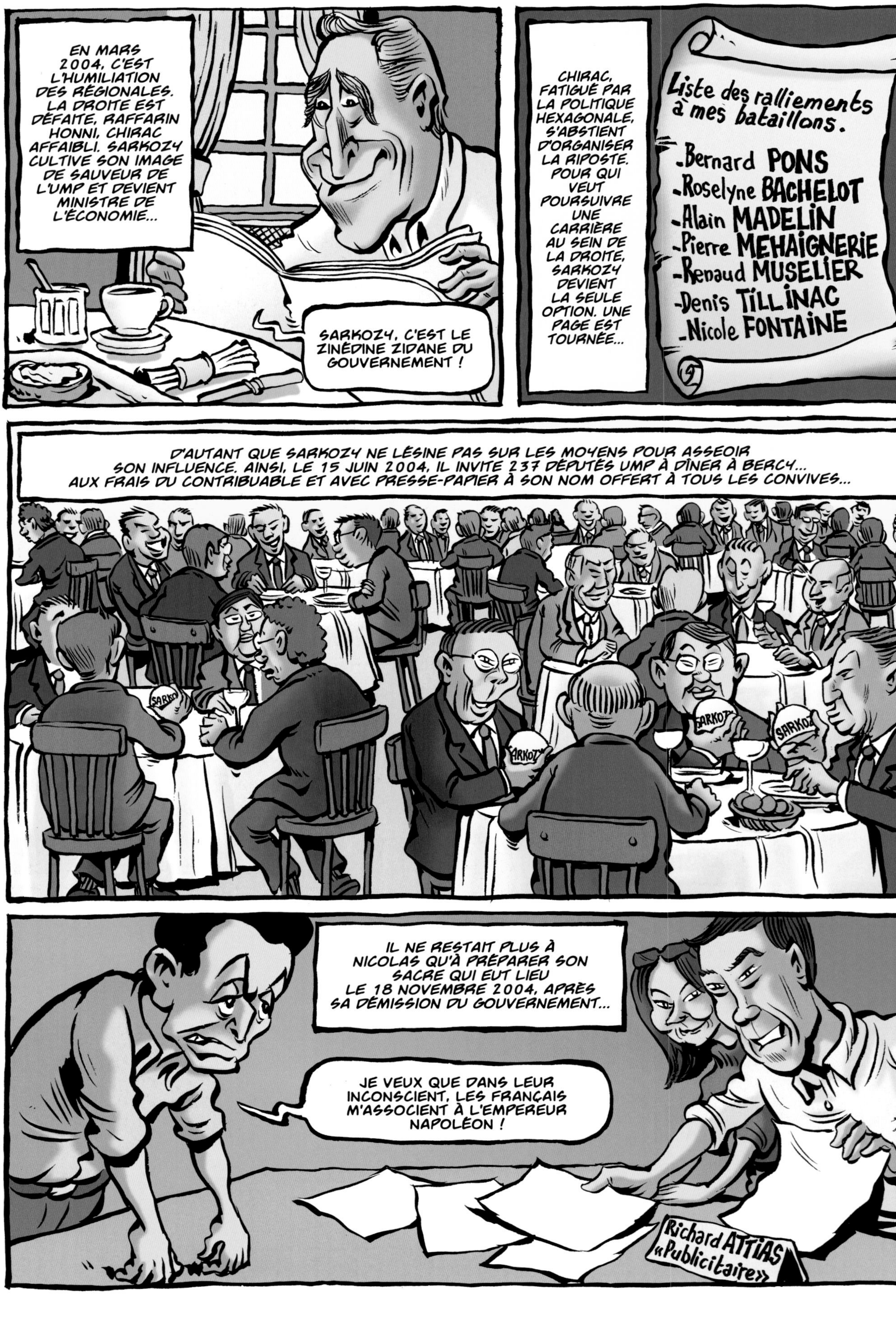
EN MARS 2004, C'EST L'HUMILIATION DES RÉGIONALES. LA DROITE EST DÉFAITE, RAFFARIN HONNI, CHIRAC AFFAIBLI. SARKOZY CULTIVE SON IMAGE DE SAUVEUR DE L'UMP ET DEVIENT MINISTRE DE L'ÉCONOMIE...
SARKOZY, C'EST LE ZINÉDINE ZIDANE DU GOUVERNEMENT !
CHIRAC, FATIGUÉ PAR LA POLITIQUE HEXAGONALE, S'ABSTIENT D'ORGANISER LA RIPOSTE. POUR QUI VEUT POURSUIVRE UNE CARRIÈRE AU SEIN DE LA DROITE, SARKOZY DEVIENT LA SEULE OPTION. UNE PAGE EST TOURNÉE...
Liste des ralliements à mes bataillons.
-Bernard PONS
-Roselyne BACHELOT
-Alain MADELIN
-Pierre MEHAIGNERIE
-Renaud MUSELIER
-Denis TILLINAC
-Nicole FONTAINE
D'AUTANT QUE SARKOZY NE LÉSINE PAS SUR LES MOYENS POUR ASSEOIR SON INFLUENCE. AINSI, LE 15 JUIN 2004, IL INVITE 237 DÉPUTÉS UMP À DÎNER À BERCY... AUX FRAIS DU CONTRIBUABLE ET AVEC PRESSE-PAPIER À SON NOM OFFERT À TOUS LES CONVIVES...
IL NE RESTAIT PLUS À NICOLAS QU'À PRÉPARER SON SACRE QUI EUT LIEU LE 18 NOVEMBRE 2004, APRÈS SA DÉMISSION DU GOUVERNEMENT...
JE VEUX QUE DANS LEUR INCONSCIENT, LES FRANÇAIS M'ASSOCIENT À L'EMPEREUR NAPOLÉON !
Richard ATTIAS «Publicitaire»

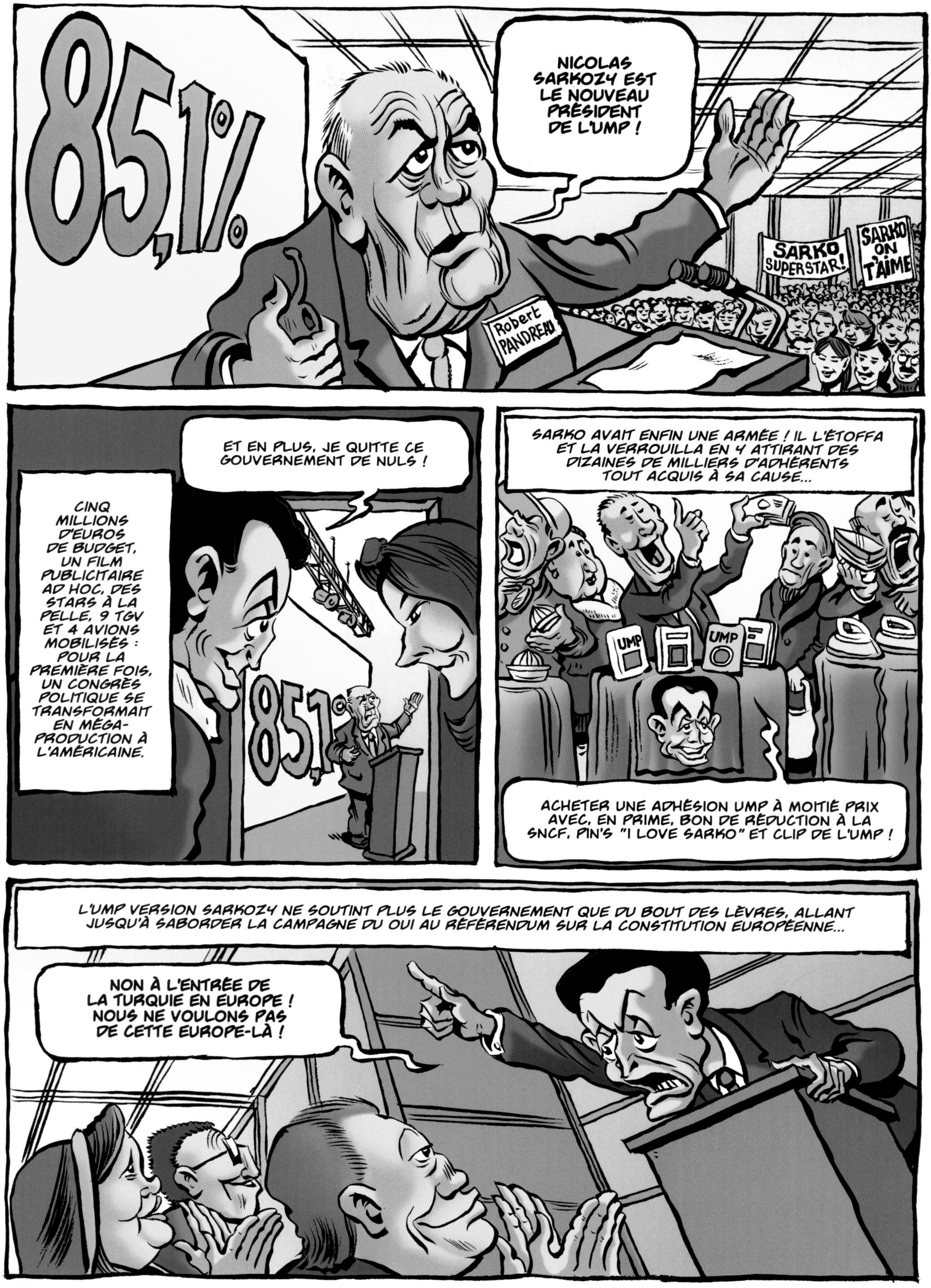
85,1%
NICOLAS SARKOZY EST LE NOUVEAU PRÉSIDENT DE L'UMP !
SARKO SUPERSTAR !
SARKO ON T'AIME
Robert PANDREAU
CINQ MILLIONS D'EUROS DE BUDGET, UN FILM PUBLICITAIRE AD HOC, DES STARS À LA PELLE, 9 TGV ET 4 AVIONS MOBILISÉS : POUR LA PREMIÈRE FOIS, UN CONGRÈS POLITIQUE SE TRANSFORMAIT EN MÉGA-PRODUCTION À L'AMÉRICAINE.
ET EN PLUS, JE QUITTE CE GOUVERNEMENT DE NULS !
85,1%
SARKO AVAIT ENFIN UNE ARMÉE ! IL L'ÉTOFFA ET LA VERROUILLA EN Y ATTIRANT DES DIZAINES DE MILLIERS D'ADHÉRENTS TOUT ACQUIS À SA CAUSE...
UMP
UMP
ACHETER UNE ADHÉSION UMP À MOITIÉ PRIX AVEC, EN PRIME, BON DE RÉDUCTION À LA SNCF, PIN'S "I LOVE SARKO" ET CLIP DE L'UMP !
L'UMP VERSION SARKOZY NE SOUTINT PLUS LE GOUVERNEMENT QUE DU BOUT DES LÈVRES, ALLANT JUSQU'À SABORDER LA CAMPAGNE DU OUI AU RÉFÉRENDUM SUR LA CONSTITUTION EUROPÉENNE...
NON À L'ENTRÉE DE LA TURQUIE EN EUROPE ! NOUS NE VOULONS PAS DE CETTE EUROPE-LÀ !

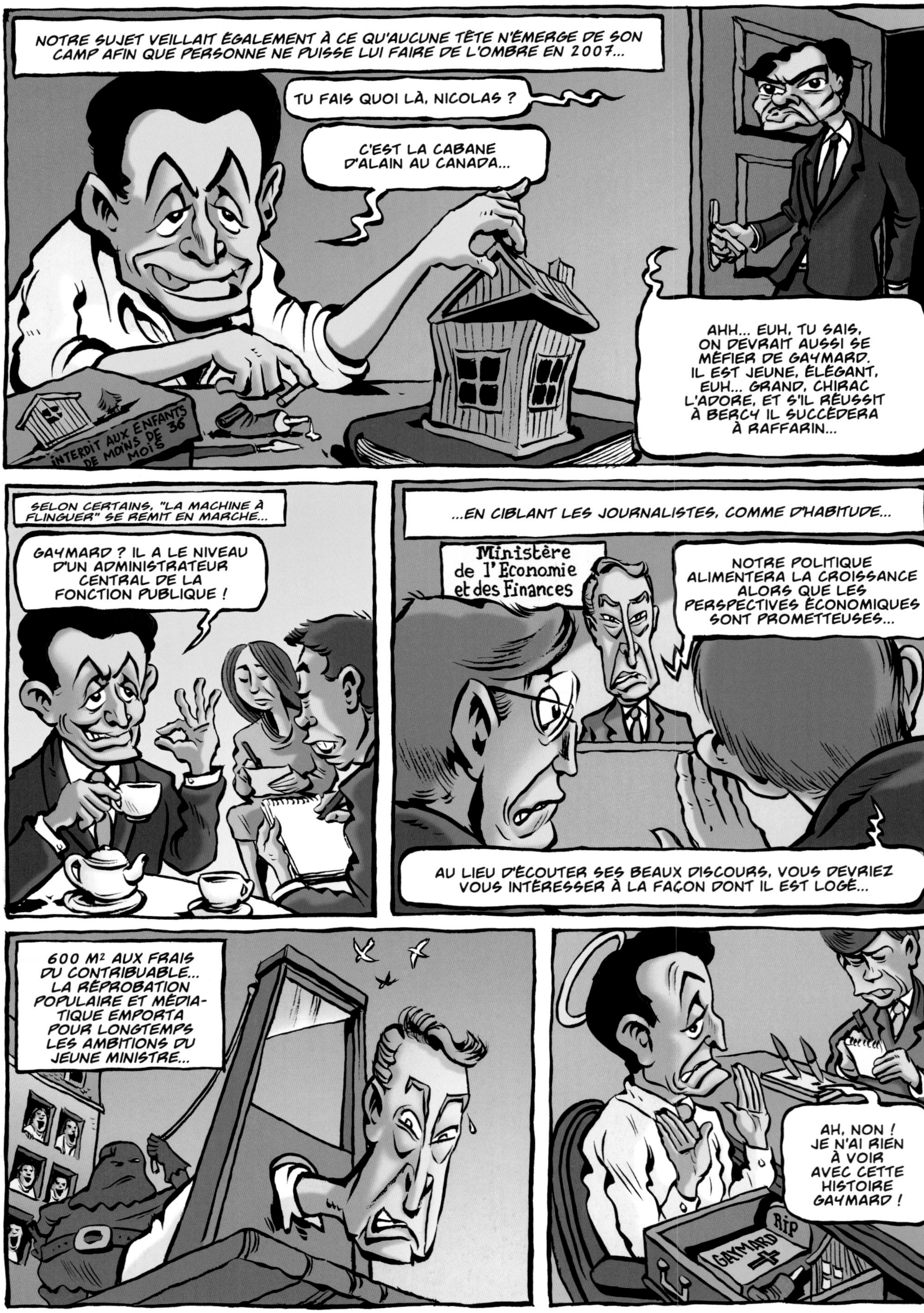
NOTRE SUJET VEILLAIT ÉGALEMENT À CE QU'AUCUNE TÊTE N'ÉMERGE DE SON CAMP AFIN QUE PERSONNE NE PUISSE LUI FAIRE DE L'OMBRE EN 2007...
TU FAIS QUOI LÀ, NICOLAS ?
C'EST LA CABANE D'ALAIN AU CANADA...
INTERDIT AUX ENFANTS DE MOINS DE 36 MOIS
AHH... EUH, TU SAIS, ON DEVRAIT AUSSI SE MÉFIER DE GAYMARD. IL EST JEUNE, ÉLÉGANT, EUH... GRAND, CHIRAC L'ADORE, ET S'IL RÉUSSIT À BERCY IL SUCCÉDERA À RAFFARIN...
SELON CERTAINS, "LA MACHINE À FLINGUER" SE REMIT EN MARCHE...
GAYMARD ? IL A LE NIVEAU D'UN ADMINISTRATEUR CENTRAL DE LA FONCTION PUBLIQUE !
...EN CIBLANT LES JOURNALISTES, COMME D'HABITUDE...
Ministère de l'Economie et des Finances
NOTRE POLITIQUE ALIMENTERA LA CROISSANCE ALORS QUE LES PERSPECTIVES ÉCONOMIQUES SONT PROMETTEUSES...
AU LIEU D'ÉCOUTER SES BEAUX DISCOURS, VOUS DEVRIEZ VOUS INTÉRESSER À LA FAÇON DONT IL EST LOGÉ...
600 M² AUX FRAIS DU CONTRIBUABLE... LA RÉPROBATION POPULAIRE ET MÉDIATIQUE EMPORTA POUR LONGTEMPS LES AMBITIONS DU JEUNE MINISTRE...
AH, NON ! JE N'AI RIEN À VOIR AVEC CETTE HISTOIRE GAYMARD !
RIP
GAYMARD

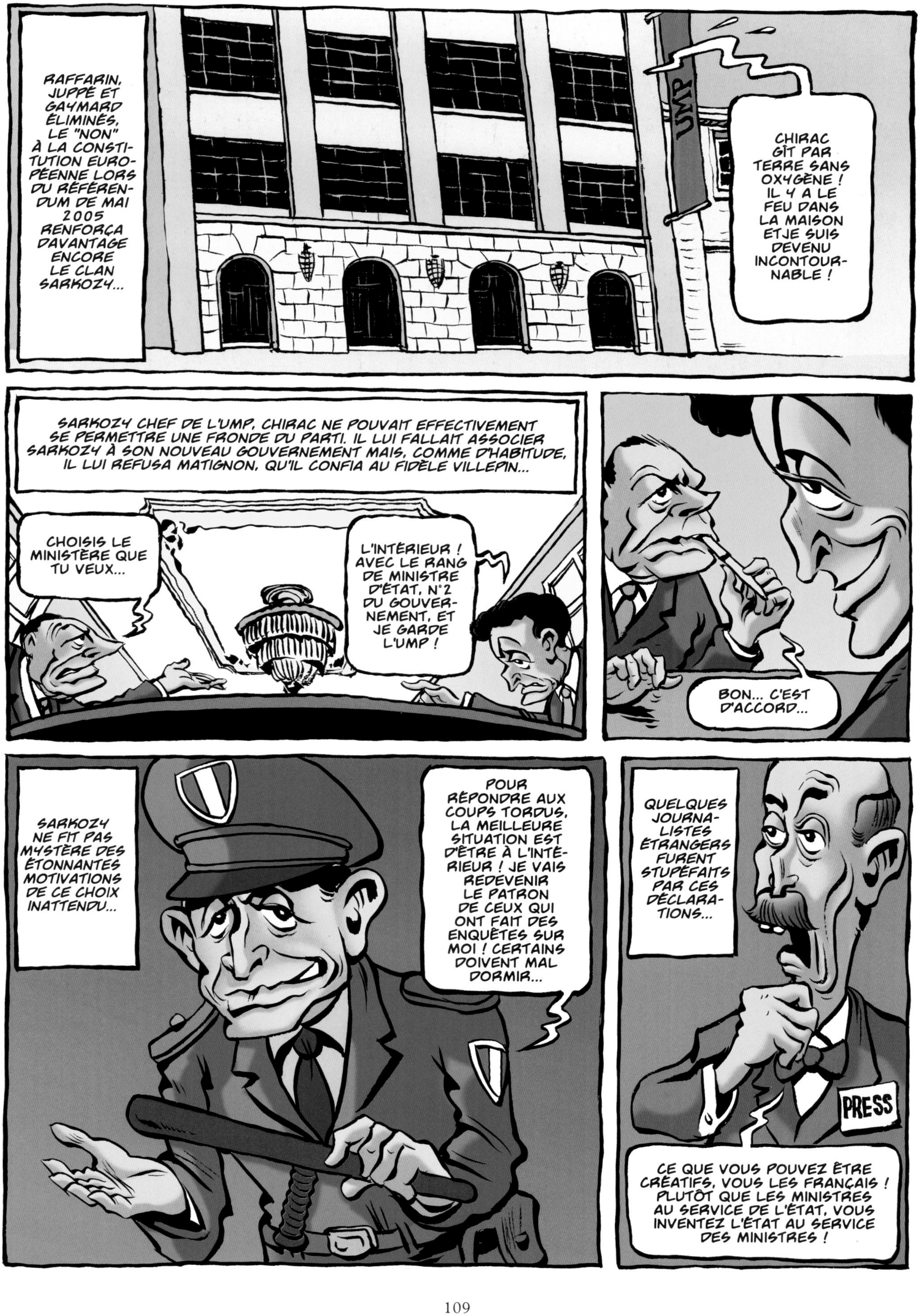

RAFFARIN, JUPPÉ ET GAYMARD ÉLIMINÉS, LE "NON" À LA CONSTITUTION EUROPÉENNE LORS DU RÉFÉRENDUM DE MAI 2005 RENFORÇA DAVANTAGE ENCORE LE CLAN SARKOZY...
UMP
CHIRAC GÎT PAR TERRE SANS OXYGÈNE ! IL Y A LE FEU DANS LA MAISON ET JE SUIS DEVENU INCONTOURNABLE !
SARKOZY CHEF DE L'UMP, CHIRAC NE POUVAIT EFFECTIVEMENT SE PERMETTRE UNE FRONDE DU PARTI. IL LUI FALLAIT ASSOCIER SARKOZY À SON NOUVEAU GOUVERNEMENT MAIS, COMME D'HABITUDE, IL LUI REFUSA MATIGNON, QU'IL CONFIA AU FIDÈLE VILLEPIN...
CHOISIS LE MINISTÈRE QUE TU VEUX...
L'INTÉRIEUR ! AVEC LE RANG DE MINISTRE D'ÉTAT, N°2 DU GOUVERNEMENT, ET JE GARDE L'UMP !
BON... C'EST D'ACCORD...
SARKOZY NE FIT PAS MYSTÈRE DES ÉTONNANTES MOTIVATIONS DE CE CHOIX INATTENDU...
POUR RÉPONDRE AUX COUPS TORDUS, LA MEILLEURE SITUATION EST D'ÊTRE À L'INTÉRIEUR ! JE VAIS REDEVENIR LE PATRON DE CEUX QUI ONT FAIT DES ENQUÊTES SUR MOI ! CERTAINS DOIVENT MAL DORMIR...
QUELQUES JOURNALISTES ÉTRANGERS FURENT STUPÉFAITS PAR CES DÉCLARATIONS...
PRESS
CE QUE VOUS POUVEZ ÊTRE CRÉATIFS, VOUS LES FRANÇAIS ! PLUTÔT QUE LES MINISTRES AU SERVICE DE L'ÉTAT, VOUS INVENTEZ L'ÉTAT AU SERVICE DES MINISTRES !

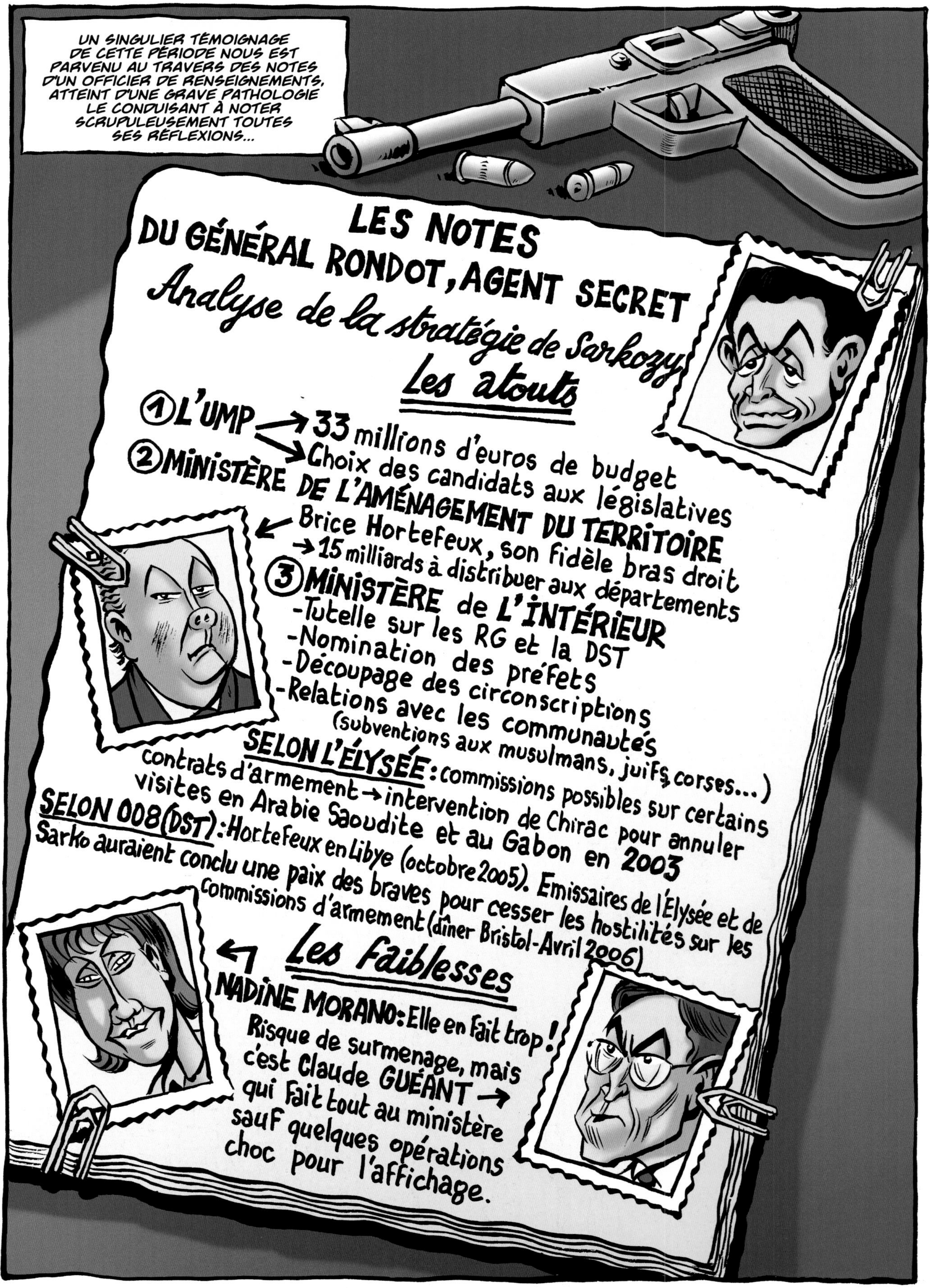
UN SINGULIER TÉMOIGNAGE DE CETTE PÉRIODE NOUS EST PARVENU AU TRAVERS DES NOTES D'UN OFFICIER DE RENSEIGNEMENTS, ATTEINT D'UNE GRAVE PATHOLOGIE LE CONDUISANT À NOTER SCRUPULEUSEMENT TOUTES SES RÉFLEXIONS...
LES NOTES DU GÉNÉRAL RONDOT, AGENT SECRET
Analyse de la stratégie de Sarkozy
Les atouts
1 L'UMP → 33 millions d'euros de budget
→ Choix des candidats aux législatives
2 MINISTÈRE DE L'AMÉNAGEMENT DU TERRITOIRE
Brice Hortefeux, son fidèle bras droit
→ 15 milliards à distribuer aux départements
3 MINISTÈRE de L'INTÉRIEUR
-Tutelle sur les RG et la DST
-Nomination des préfets
-Découpage des circonscriptions
-Relations avec les communautés (subventions aux musulmans, juifs, corses...)
SELON L'ÉLYSÉE : commissions possibles sur certains contrats d'armement → intervention de Chirac pour annuler visites en Arabie Saoudite et au Gabon en 2003
SELON 008 (DST) : Hortefeux en Libye (octobre 2005). Emissaires de l'Élysée et de Sarko auraient conclu une paix des braves pour cesser les hostilités sur les commissions d'armement (dîner Bristol-Avril 2006)
Les Faiblesses
NADINE MORANO : Elle en fait trop ! Risque de surmenage, mais c'est Claude GUÉANT → qui fait tout au ministère sauf quelques opérations choc pour l'affichage.

DE RETOUR PLACE BEAUVAU, SARKOZY REPREND DONC LA ROUTINE : OPÉRATIONS COUP DE POING DANS LES BANLIEUES, DESCENTE DANS LES DÉPARTEMENTS ET DÉCLARATIONS CHOC...

JE VAIS NETTOYER LA CITÉ AU KÄRCHER !

SARKOZY RÉAGISSAIT AINSI À LA MORT D'UN ENFANT, VICTIME D'UNE BALLE PERDUE ENTRE GANGS RIVAUX... MAIS DE TELS PROPOS CHOQUÈRENT DANS LA BOUCHE D'UN MINISTRE. À L'ÉPOQUE IL N'EN AVAIT CURE ET ALIMENTAIT TOUTES LES POLÉMIQUES...

SANCTIONNONS LES MAGISTRATS !

PLUS DE REMISE DE PEINE SANS CONSULTATION DES ASSOCIATIONS DE VICTIMES !

L'UMP NE SERA PAS LE DEUXIÈME PS DE FRANCE !

DANS LA FRANCE DE L'ÉPOQUE, UNE FRANCE DOUTANT D'ELLE-MÊME, SARKOZY AVAIT DÉCIDÉ D'INCARNER UNE DROITE DE "RUPTURE" FIÈRE ET CONQUÉRANTE, QUITTE À KÄRCHÉRISER CHIRAC LUI-MÊME !

MAIS ENCORE UNE FOIS CHIRAC ALLAIT DÉJOUER CES PLANS... BIEN INVOLONTAIREMENT.

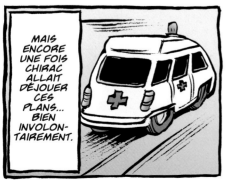

À LA FIN DE L'ÉTÉ 2005, CHIRAC FUT HOSPITALISÉ À LA SUITE D'UN ACCIDENT VASCULAIRE CÉRÉBRAL. IL BÉNÉFICIA NATURELLEMENT D'UN REGAIN DE SYMPATHIE. TOUTE ATTAQUE DEVENAIT MOMENTANÉMENT DÉPLACÉE.

HÔPITAL du VAL de GRÂCE

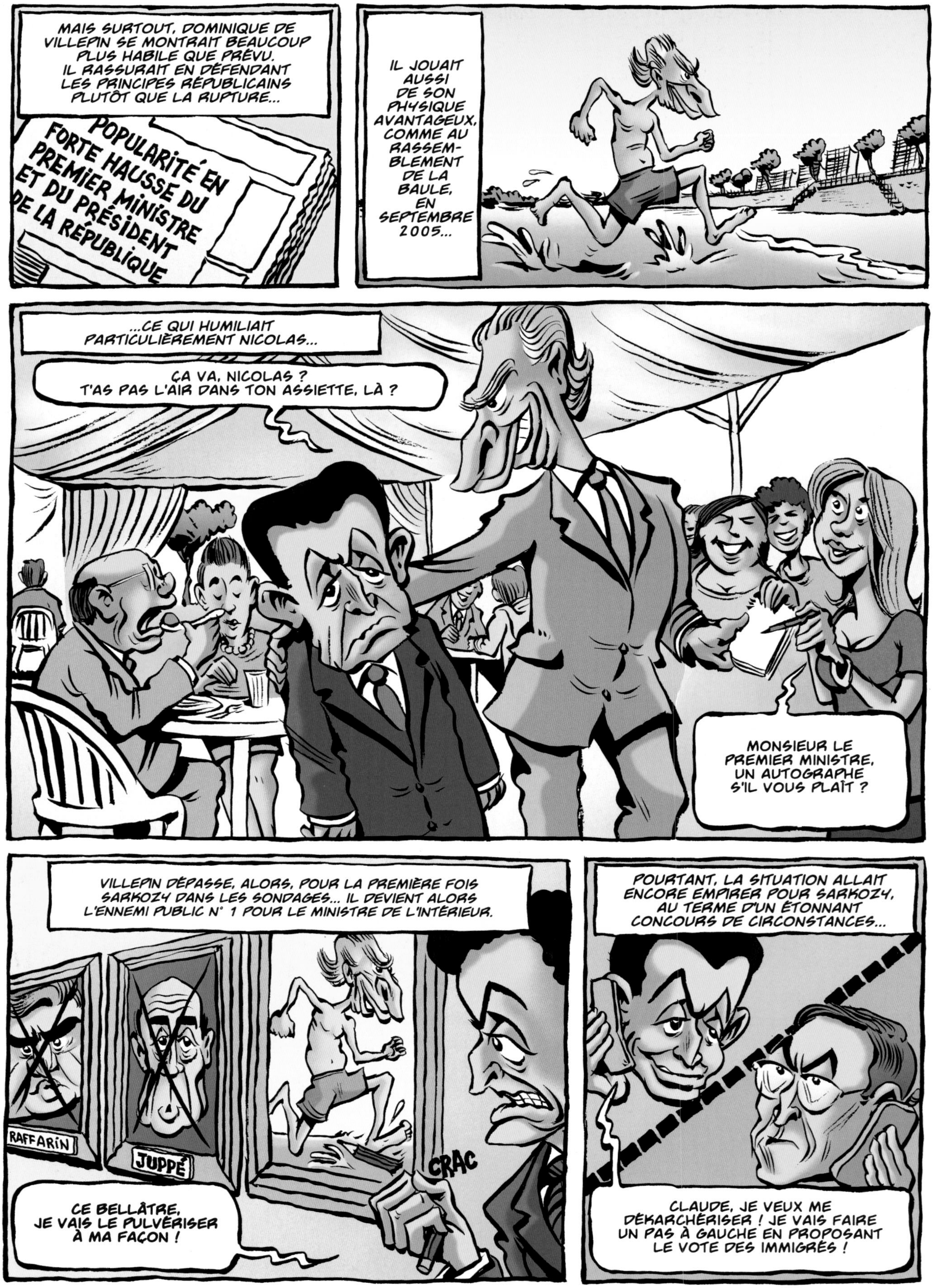
MAIS SURTOUT, DOMINIQUE DE VILLEPIN SE MONTRAIT BEAUCOUP PLUS HABILE QUE PRÉVU. IL RASSURAIT EN DÉFENDANT LES PRINCIPES RÉPUBLICAINS PLUTÔT QUE LA RUPTURE...
POPULARITÉ EN FORTE HAUSSE DU PREMIER MINISTRE ET DU PRÉSIDENT DE LA RÉPUBLIQUE
IL JOUAIT AUSSI DE SON PHYSIQUE AVANTAGEUX, COMME AU RASSEMBLEMENT DE LA BAULE, EN SEPTEMBRE 2005...
...CE QUI HUMILIAIT PARTICULIÈREMENT NICOLAS...
ÇA VA, NICOLAS ? T'AS PAS L'AIR DANS TON ASSIETTE, LÀ ?
MONSIEUR LE PREMIER MINISTRE, UN AUTOGRAPHE S'IL VOUS PLAÎT ?
VILLEPIN DÉPASSE, ALORS, POUR LA PREMIÈRE FOIS SARKOZY DANS LES SONDAGES... IL DEVIENT ALORS L'ENNEMI PUBLIC N° 1 POUR LE MINISTRE DE L'INTÉRIEUR.
RAFFARIN
JUPPÉ
CRAC
CE BELLÂTRE, JE VAIS LE PULVÉRISER À MA FAÇON !
POURTANT, LA SITUATION ALLAIT ENCORE EMPIRER POUR SARKOZY, AU TERME D'UN ÉTONNANT CONCOURS DE CIRCONSTANCES...
CLAUDE, JE VEUX ME DÉKARCHÉRISER ! JE VAIS FAIRE UN PAS À GAUCHE EN PROPOSANT LE VOTE DES IMMIGRÉS !

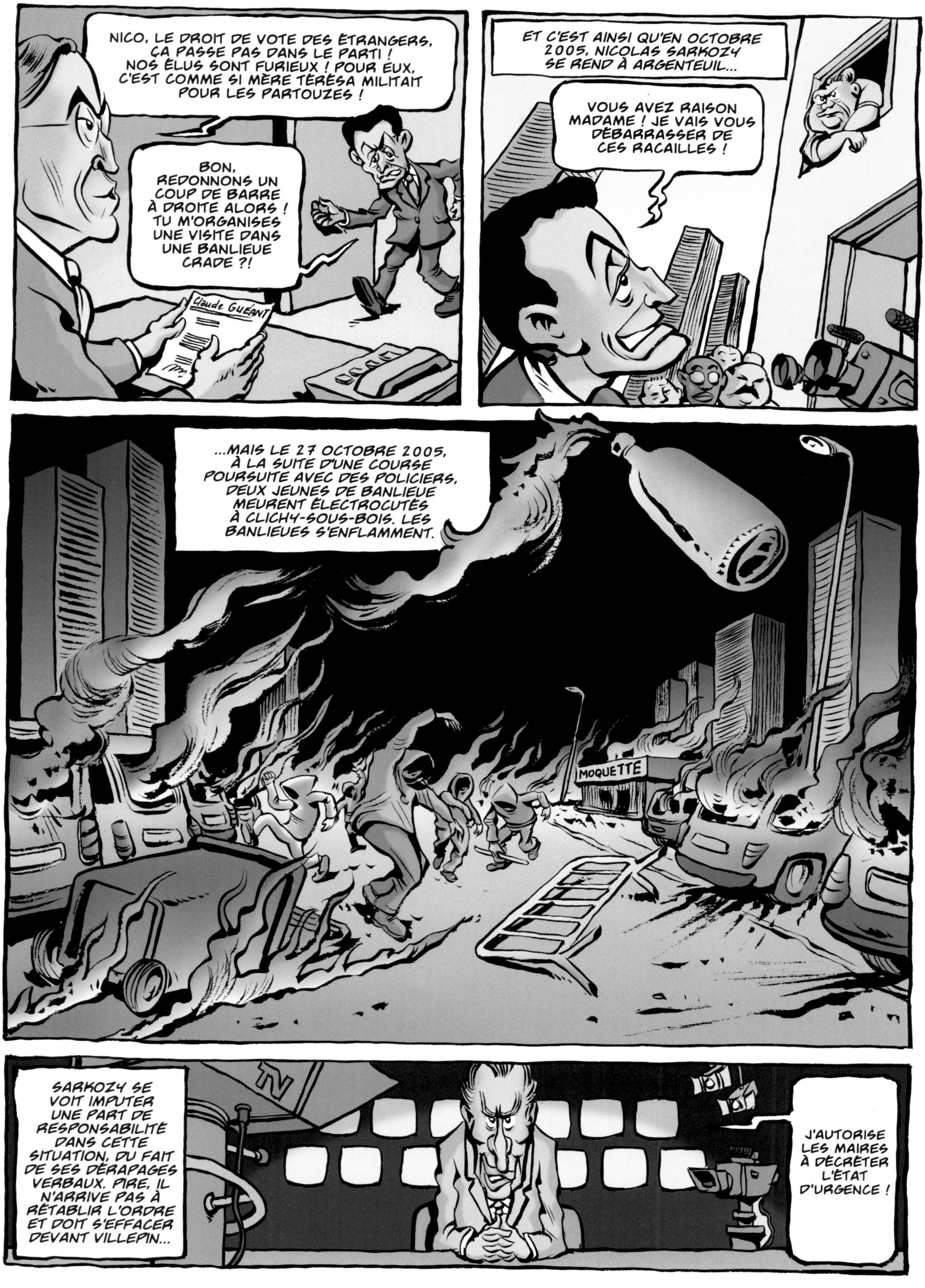
NICO, LE DROIT DE VOTE DES ÉTRANGERS, ÇA PASSE PAS DANS LE PARTI ! NOS ÉLUS SONT FURIEUX ! POUR EUX, C'EST COMME SI MÈRE TÉRÉSA MILITAIT POUR LES PARTOUZES !
BON, REDONNONS UN COUP DE BARRE À DROITE ALORS ! TU M'ORGANISES UNE VISITE DANS UNE BANLIEUE CRADE ?!
Claude GUÉANT
ET C'EST AINSI QU'EN OCTOBRE 2005, NICOLAS SARKOZY SE REND À ARGENTEUIL...
VOUS AVEZ RAISON MADAME ! JE VAIS VOUS DÉBARRASSER DE CES RACAILLES !
...MAIS LE 27 OCTOBRE 2005, À LA SUITE D'UNE COURSE POURSUITE AVEC DES POLICIERS, DEUX JEUNES DE BANLIEUE MEURENT ÉLECTROCUTÉS À CLICHY-SOUS-BOIS. LES BANLIEUES S'ENFLAMMENT.
MOQUETTE
SARKOZY SE VOIT IMPUTER UNE PART DE RESPONSABILITÉ DANS CETTE SITUATION, DU FAIT DE SES DÉRAPAGES VERBAUX. PIRE, IL N'ARRIVE PAS À RÉTABLIR L'ORDRE ET DOIT S'EFFACER DEVANT VILLEPIN...
J'AUTORISE LES MAIRES À DÉCRÉTER L'ÉTAT D'URGENCE !

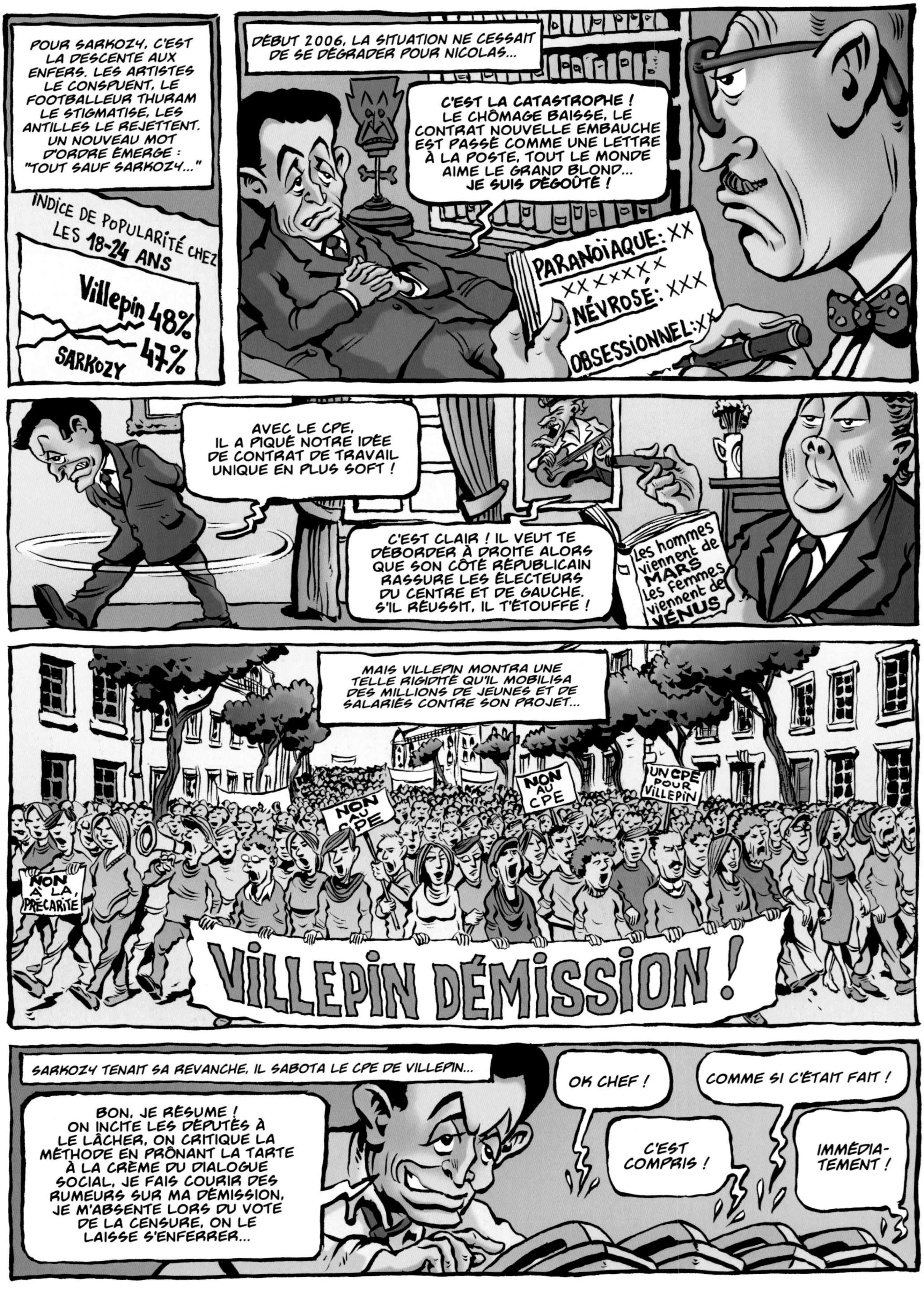
POUR SARKOZY, C'EST LA DESCENTE AUX ENFERS. LES ARTISTES LE CONSPUENT, LE FOOTBALLEUR THURAM LE STIGMATISE, LES ANTILLES LE REJETTENT. UN NOUVEAU MOT D'ORDRE ÉMERGE : "TOUT SAUF SARKOZY..."
INDICE DE POPULARITÉ CHEZ LES 18-24 ANS
Villepin 48%
SARKOZY 47%
DÉBUT 2006, LA SITUATION NE CESSAIT DE SE DÉGRADER POUR NICOLAS...
C'EST LA CATASTROPHE ! LE CHÔMAGE BAISSE, LE CONTRAT NOUVELLE EMBAUCHE EST PASSÉ COMME UNE LETTRE À LA POSTE, TOUT LE MONDE AIME LE GRAND BLOND... JE SUIS DÉGOÛTÉ !
PARANOÏAQUE : XX
XXXXXX
NÉVROSE : XXX
OBSESSIONNEL : XX
AVEC LE CPE, IL A PIQUÉ NOTRE IDÉE DE CONTRAT DE TRAVAIL UNIQUE EN PLUS SOFT !
C'EST CLAIR ! IL VEUT TE DÉBORDER À DROITE ALORS QUE SON CÔTÉ RÉPUBLICAIN RASSURE LES ÉLECTEURS DU CENTRE ET DE GAUCHE. S'IL RÉUSSIT, IL T'ÉTOUFFE !
Les hommes viennent de MARS Les femmes viennent de VÉNUS
MAIS VILLEPIN MONTRA UNE TELLE RIGIDITÉ QU'IL MOBILISA DES MILLIONS DE JEUNES ET DE SALARIÉS CONTRE SON PROJET...
NON AU CPE
NON AU CPE
UN CPE POUR VILLEPIN
NON À LA PRÉCARITÉ
VILLEPIN DÉMISSION !
SARKOZY TENAIT SA REVANCHE, IL SABOTA LE CPE DE VILLEPIN...
BON, JE RÉSUME ! ON INCITE LES DÉPUTÉS À LE LÂCHER, ON CRITIQUE LA MÉTHODE EN PRÔNANT LA TARTE À LA CRÈME DU DIALOGUE SOCIAL, JE FAIS COURIR DES RUMEURS SUR MA DÉMISSION, JE M'ABSENTE LORS DU VOTE DE LA CENSURE, ON LE LAISSE S'ENFERRER...
OK CHEF !
C'EST COMPRIS !
COMME SI C'ÉTAIT FAIT !
IMMÉDIATEMENT !

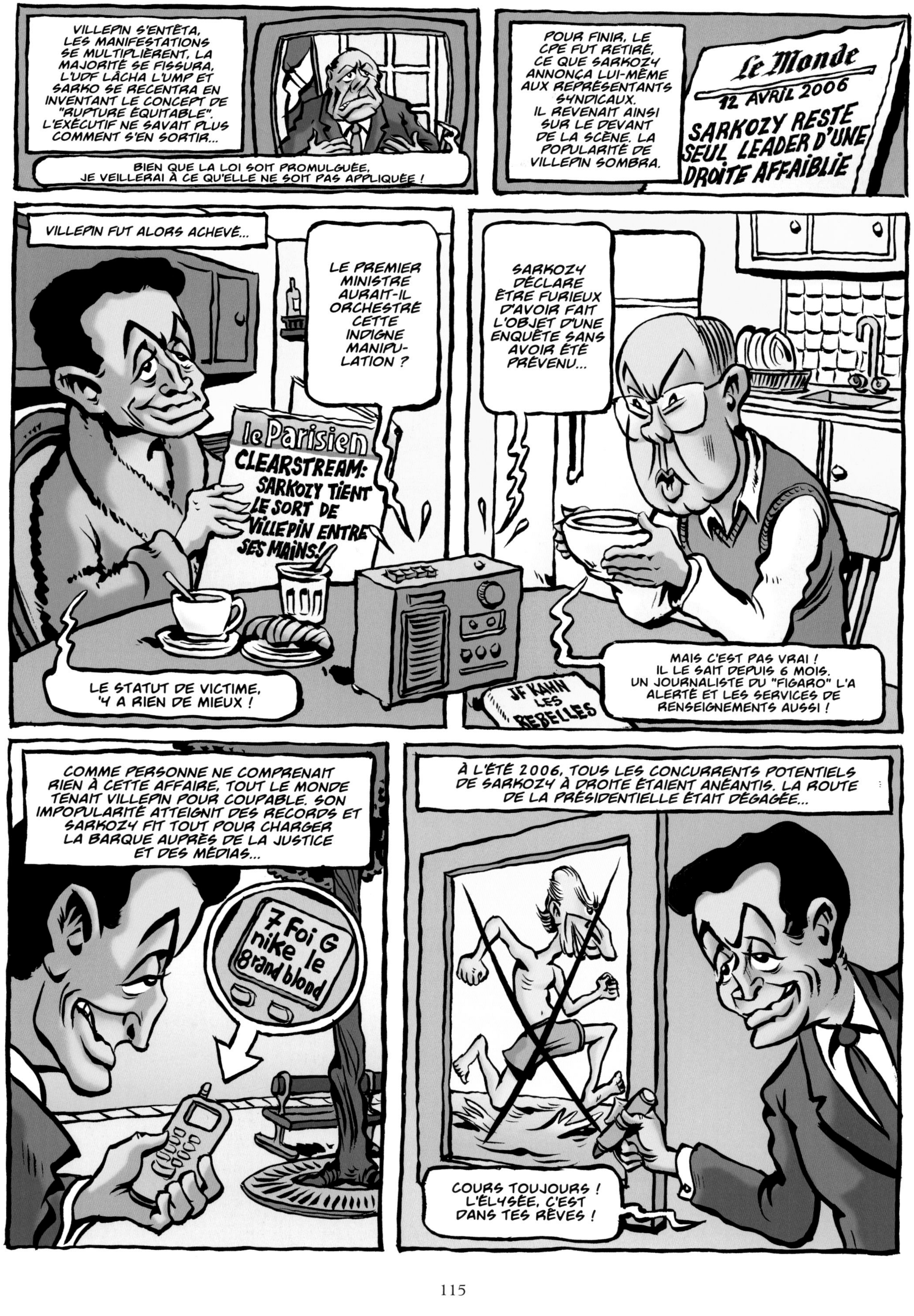
VILLEPIN S'ENTÊTA, LES MANIFESTATIONS SE MULTIPLIÈRENT, LA MAJORITÉ SE FISSURA, L'UDF LÂCHA L'UMP ET SARKO SE RECENTRA EN INVENTANT LE CONCEPT DE "RUPTURE ÉQUITABLE". L'EXÉCUTIF NE SAVAIT PLUS COMMENT S'EN SORTIR...
BIEN QUE LA LOI SOIT PROMULGUÉE, JE VEILLERAI À CE QU'ELLE NE SOIT PAS APPLIQUÉE !
POUR FINIR, LE CPE FUT RETIRÉ, CE QUE SARKOZY ANNONÇA LUI-MÊME AUX REPRÉSENTANTS SYNDICAUX. IL REVENAIT AINSI SUR LE DEVANT DE LA SCÈNE. LA POPULARITÉ DE VILLEPIN SOMBRA.
Le Monde
12 AVRIL 2006
SARKOZY RESTE SEUL LEADER D'UNE DROITE AFFAIBLIE
VILLEPIN FUT ALORS ACHEVÉ...
LE PREMIER MINISTRE AURAIT-IL ORCHESTRÉ CETTE INDIGNE MANIPULATION ?
le Parisien
CLEARSTREAM: SARKOZY TIENT LE SORT DE VILLEPIN ENTRE SES MAINS!
LE STATUT DE VICTIME, Y A RIEN DE MIEUX !
SARKOZY DÉCLARE ÊTRE FURIEUX D'AVOIR FAIT L'OBJET D'UNE ENQUÊTE SANS AVOIR ÉTÉ PRÉVENU...
MAIS C'EST PAS VRAI ! IL LE SAIT DEPUIS 6 MOIS. UN JOURNALISTE DU "FIGARO" L'A ALERTÉ ET LES SERVICES DE RENSEIGNEMENTS AUSSI !
JF KAHN LES REBELLES
COMME PERSONNE NE COMPRENAIT RIEN À CETTE AFFAIRE, TOUT LE MONDE TENAIT VILLEPIN POUR COUPABLE. SON IMPOPULARITÉ ATTEIGNIT DES RECORDS ET SARKOZY FIT TOUT POUR CHARGER LA BARQUE AUPRÈS DE LA JUSTICE ET DES MÉDIAS...
7 Foi G nike le grand blond
À L'ÉTÉ 2006, TOUS LES CONCURRENTS POTENTIELS DE SARKOZY À DROITE ÉTAIENT ANÉANTIS. LA ROUTE DE LA PRÉSIDENTIELLE ÉTAIT DÉGAGÉE...
COURS TOUJOURS ! L'ÉLYSÉE, C'EST DANS TES RÊVES !

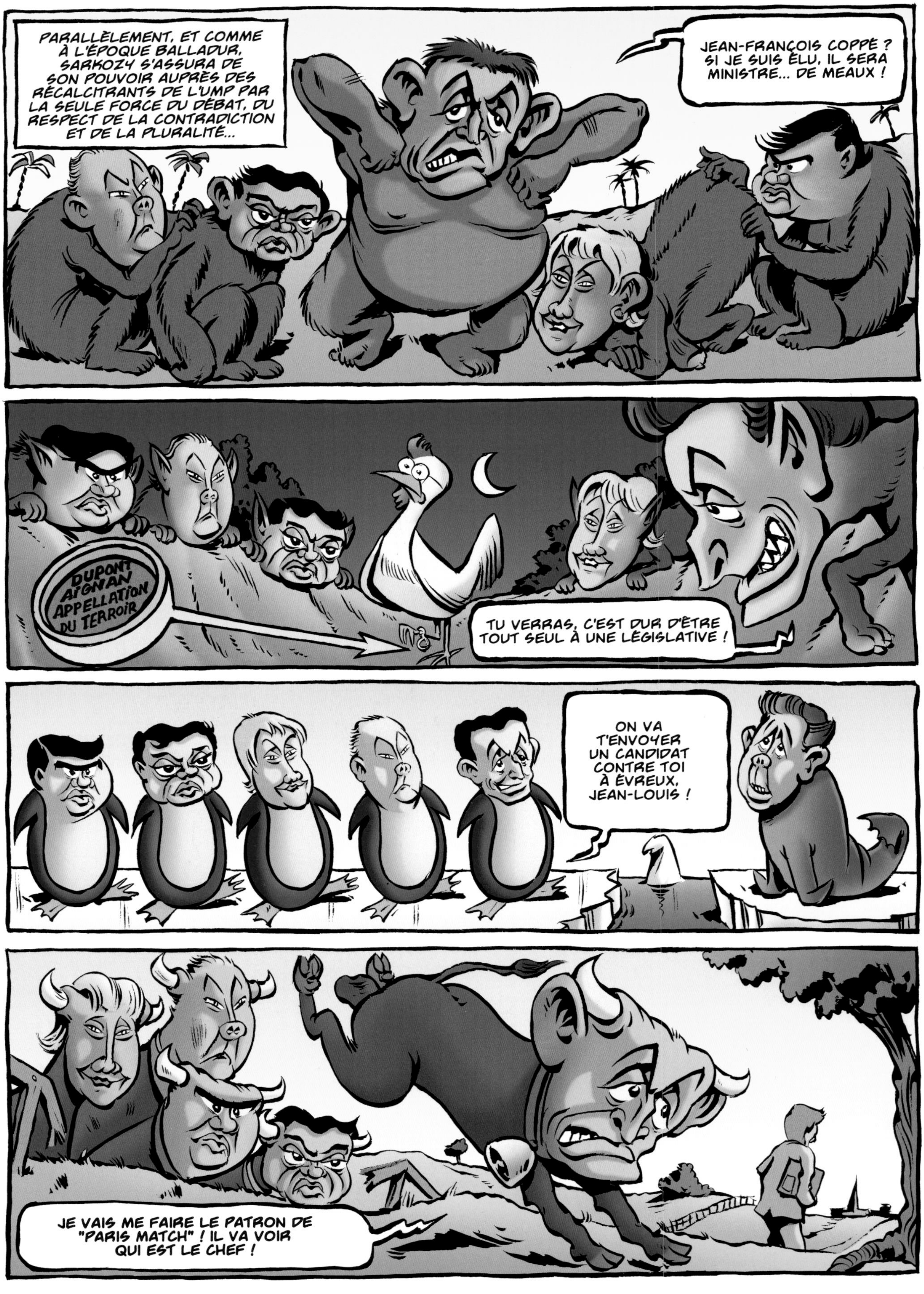
PARALLÈLEMENT, ET COMME À L'ÉPOQUE BALLADUR, SARKOZY S'ASSURA DE SON POUVOIR AUPRÈS DES RÉCALCITRANTS DE L'UMP PAR LA SEULE FORCE DU DÉBAT, DU RESPECT DE LA CONTRADICTION ET DE LA PLURALITÉ...
JEAN-FRANÇOIS COPPÉ ? SI JE SUIS ÉLU, IL SERA MINISTRE... DE MEAUX !
DUPONT AIGNAN APPELLATION DU TERROIR
TU VERRAS, C'EST DUR D'ÊTRE TOUT SEUL À UNE LÉGISLATIVE !
ON VA T'ENVOYER UN CANDIDAT CONTRE TOI À ÉVREUX, JEAN-LOUIS !
JE VAIS ME FAIRE LE PATRON DE "PARIS MATCH" ! IL VA VOIR QUI EST LE CHEF !

LE MOZART DES IDÉES

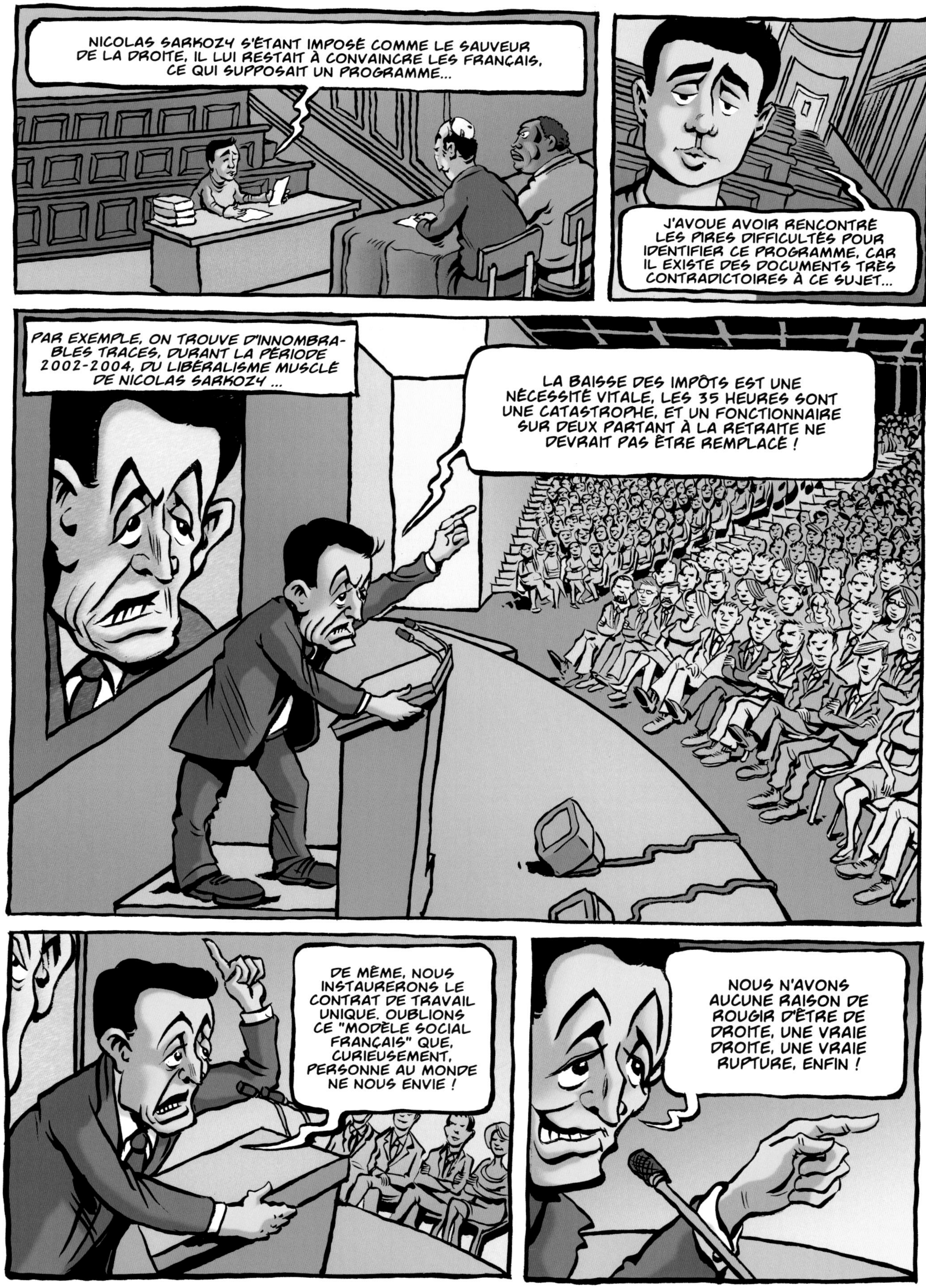
NICOLAS SARKOZY S'ÉTANT IMPOSÉ COMME LE SAUVEUR DE LA DROITE, IL LUI RESTAIT À CONVAINCRE LES FRANÇAIS, CE QUI SUPPOSAIT UN PROGRAMME...
J'AVOUE AVOIR RENCONTRÉ LES PIRES DIFFICULTÉS POUR IDENTIFIER CE PROGRAMME, CAR IL EXISTE DES DOCUMENTS TRÈS CONTRADICTOIRES À CE SUJET...
PAR EXEMPLE, ON TROUVE D'INNOMBRABLES TRACES, DURANT LA PÉRIODE 2002-2004, DU LIBÉRALISME MUSCLÉ DE NICOLAS SARKOZY ...
LA BAISSE DES IMPÔTS EST UNE NÉCESSITÉ VITALE, LES 35 HEURES SONT UNE CATASTROPHE, ET UN FONCTIONNAIRE SUR DEUX PARTANT À LA RETRAITE NE DEVRAIT PAS ÊTRE REMPLACÉ !
DE MÊME, NOUS INSTAURERONS LE CONTRAT DE TRAVAIL UNIQUE. OUBLIONS CE "MODÈLE SOCIAL FRANÇAIS" QUE, CURIEUSEMENT, PERSONNE AU MONDE NE NOUS ENVIE !
NOUS N'AVONS AUCUNE RAISON DE ROUGIR D'ÊTRE DE DROITE, UNE VRAIE DROITE, UNE VRAIE RUPTURE, ENFIN !

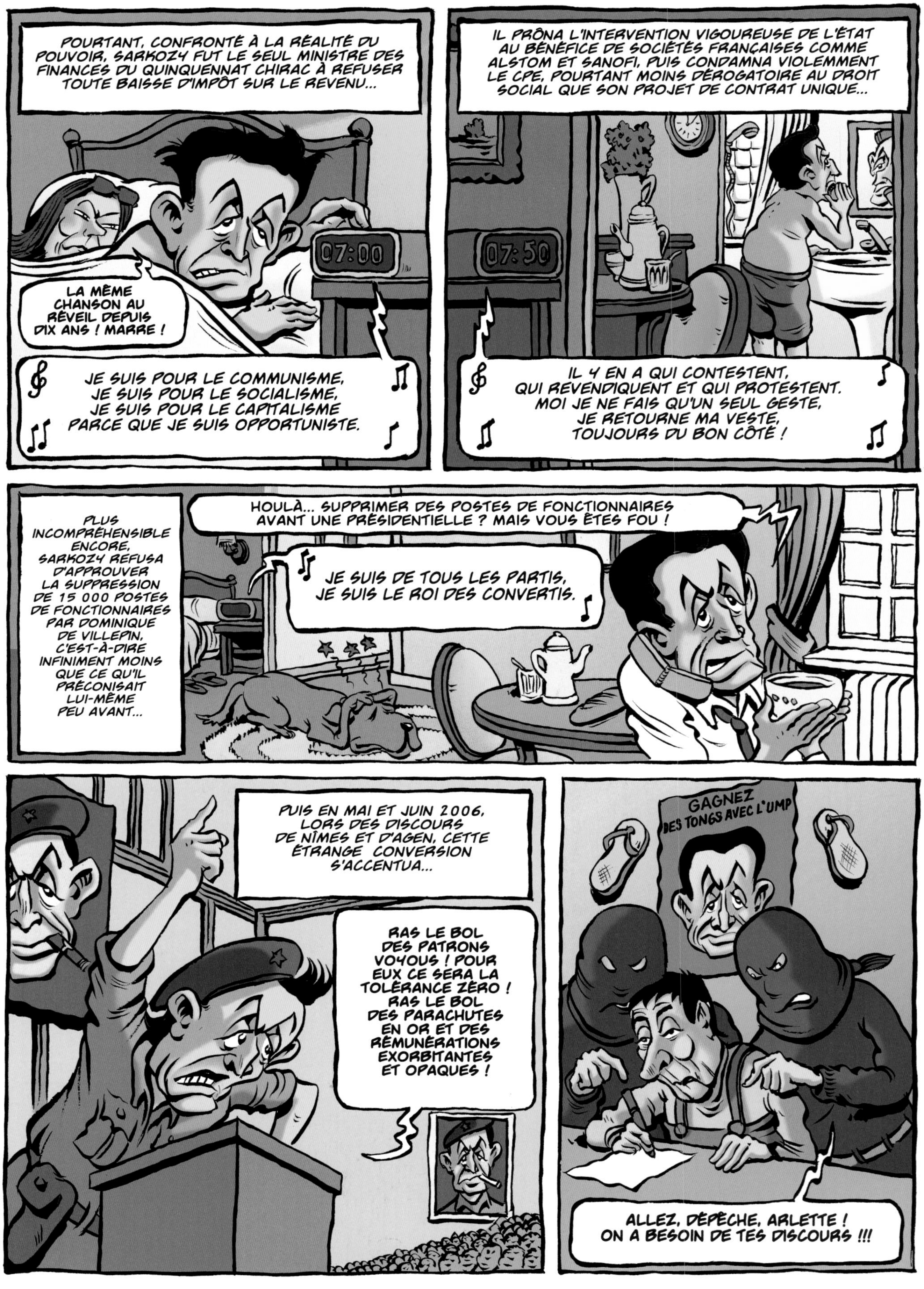
POURTANT, CONFRONTÉ À LA RÉALITÉ DU POUVOIR, SARKOZY FUT LE SEUL MINISTRE DES FINANCES DU QUINQUENNAT CHIRAC À REFUSER TOUTE BAISSE D'IMPÔT SUR LE REVENU...
07:00
LA MÊME CHANSON AU RÉVEIL DEPUIS DIX ANS ! MARRE !
JE SUIS POUR LE COMMUNISME, JE SUIS POUR LE SOCIALISME, JE SUIS POUR LE CAPITALISME PARCE QUE JE SUIS OPPORTUNISTE.
IL PRÔNA L'INTERVENTION VIGOUREUSE DE L'ÉTAT AU BÉNÉFICE DE SOCIÉTÉS FRANÇAISES COMME ALSTOM ET SANOFI, PUIS CONDAMNA VIOLEMMENT LE CPE, POURTANT MOINS DÉROGATOIRE AU DROIT SOCIAL QUE SON PROJET DE CONTRAT UNIQUE...
07:50
IL Y EN A QUI CONTESTENT, QUI REVENDIQUENT ET QUI PROTESTENT. MOI JE NE FAIS QU'UN SEUL GESTE, JE RETOURNE MA VESTE, TOUJOURS DU BON CÔTÉ !
PLUS INCOMPRÉHENSIBLE ENCORE, SARKOZY REFUSA D'APPROUVER LA SUPPRESSION DE 15 000 POSTES DE FONCTIONNAIRES PAR DOMINIQUE DE VILLEPIN, C'EST-À-DIRE INFINIMENT MOINS QUE CE QU'IL PRÉCONISAIT LUI-MÊME PEU AVANT...
HOULÀ... SUPPRIMER DES POSTES DE FONCTIONNAIRES AVANT UNE PRÉSIDENTIELLE ? MAIS VOUS ÊTES FOU !
JE SUIS DE TOUS LES PARTIS, JE SUIS LE ROI DES CONVERTIS.
PUIS EN MAI ET JUIN 2006, LORS DES DISCOURS DE NÎMES ET D'AGEN, CETTE ÉTRANGE CONVERSION S'ACCENTUA...
RAS LE BOL DES PATRONS VOYOUS ! POUR EUX CE SERA LA TOLÉRANCE ZÉRO ! RAS LE BOL DES PARACHUTES EN OR ET DES RÉMUNÉRATIONS EXORBITANTES ET OPAQUES !
GAGNEZ DES TONGS AVEC L'UMP
ALLEZ, DÉPÊCHE, ARLETTE ! ON A BESOIN DE TES DISCOURS !!!

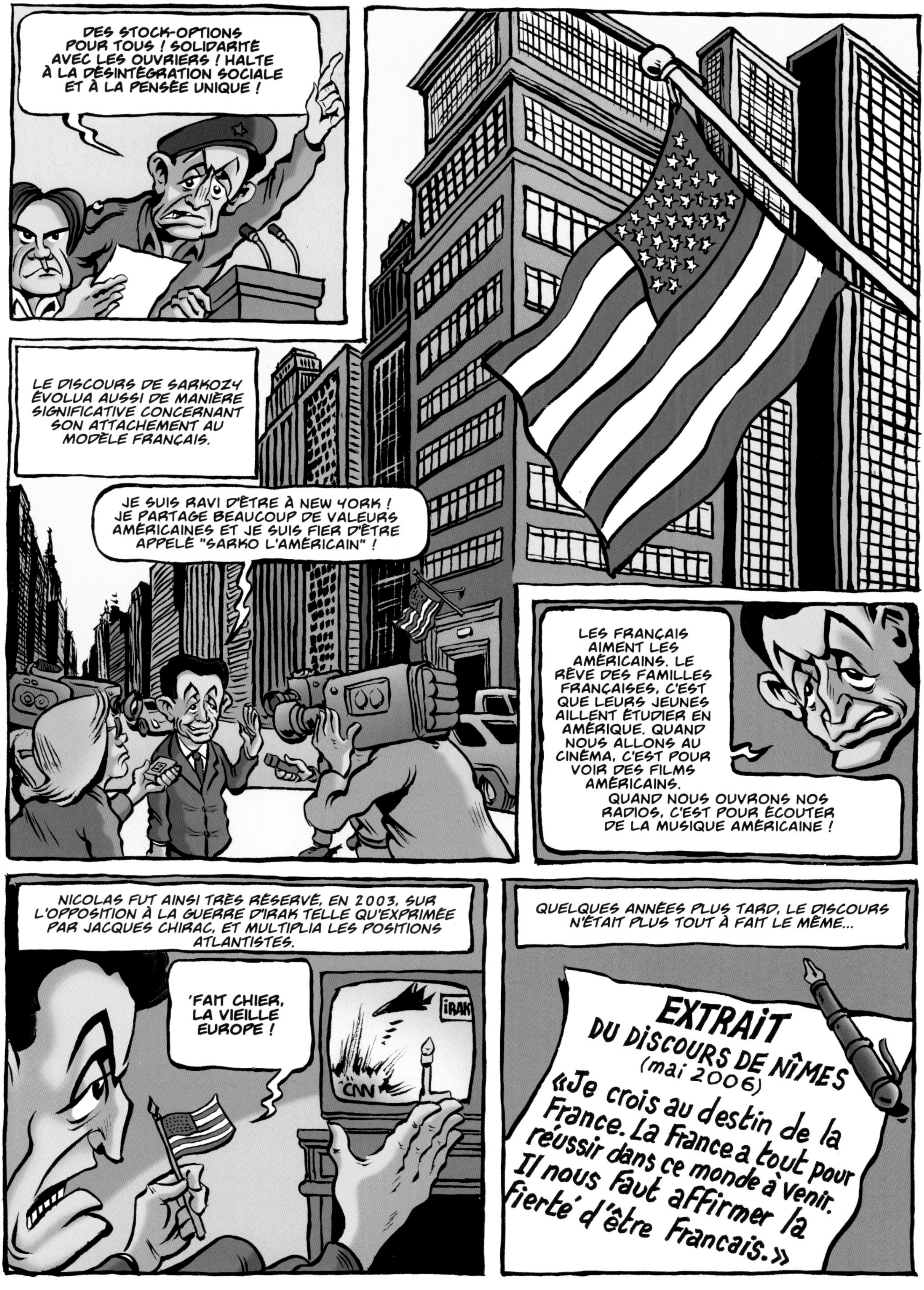
DES STOCK-OPTIONS POUR TOUS ! SOLIDARITÉ AVEC LES OUVRIERS ! HALTE À LA DÉSINTÉGRATION SOCIALE ET À LA PENSÉE UNIQUE !
LE DISCOURS DE SARKOZY ÉVOLUA AUSSI DE MANIÈRE SIGNIFICATIVE CONCERNANT SON ATTACHEMENT AU MODÈLE FRANÇAIS.
JE SUIS RAVI D'ÊTRE À NEW YORK ! JE PARTAGE BEAUCOUP DE VALEURS AMÉRICAINES ET JE SUIS FIER D'ÊTRE APPELÉ "SARKO L'AMÉRICAIN" !
LES FRANÇAIS AIMENT LES AMÉRICAINS. LE RÊVE DES FAMILLES FRANÇAISES, C'EST QUE LEURS JEUNES AILLENT ÉTUDIER EN AMÉRIQUE. QUAND NOUS ALLONS AU CINÉMA, C'EST POUR VOIR DES FILMS AMÉRICAINS. QUAND NOUS OUVRONS NOS RADIOS, C'EST POUR ÉCOUTER DE LA MUSIQUE AMÉRICAINE !
NICOLAS FUT AINSI TRÈS RÉSERVÉ, EN 2003, SUR L'OPPOSITION À LA GUERRE D'IRAK TELLE QU'EXPRIMÉE PAR JACQUES CHIRAC, ET MULTIPLIA LES POSITIONS ATLANTISTES.
'FAIT CHIER, LA VIEILLE EUROPE !
IRAK
CNN
QUELQUES ANNÉES PLUS TARD, LE DISCOURS N'ÉTAIT PLUS TOUT À FAIT LE MÊME...
EXTRAIT DU DISCOURS DE NÎMES (mai 2006)
«Je crois au destin de la France. La France a tout pour réussir dans ce monde à venir. Il nous faut affirmer la fierté d'être Français.»

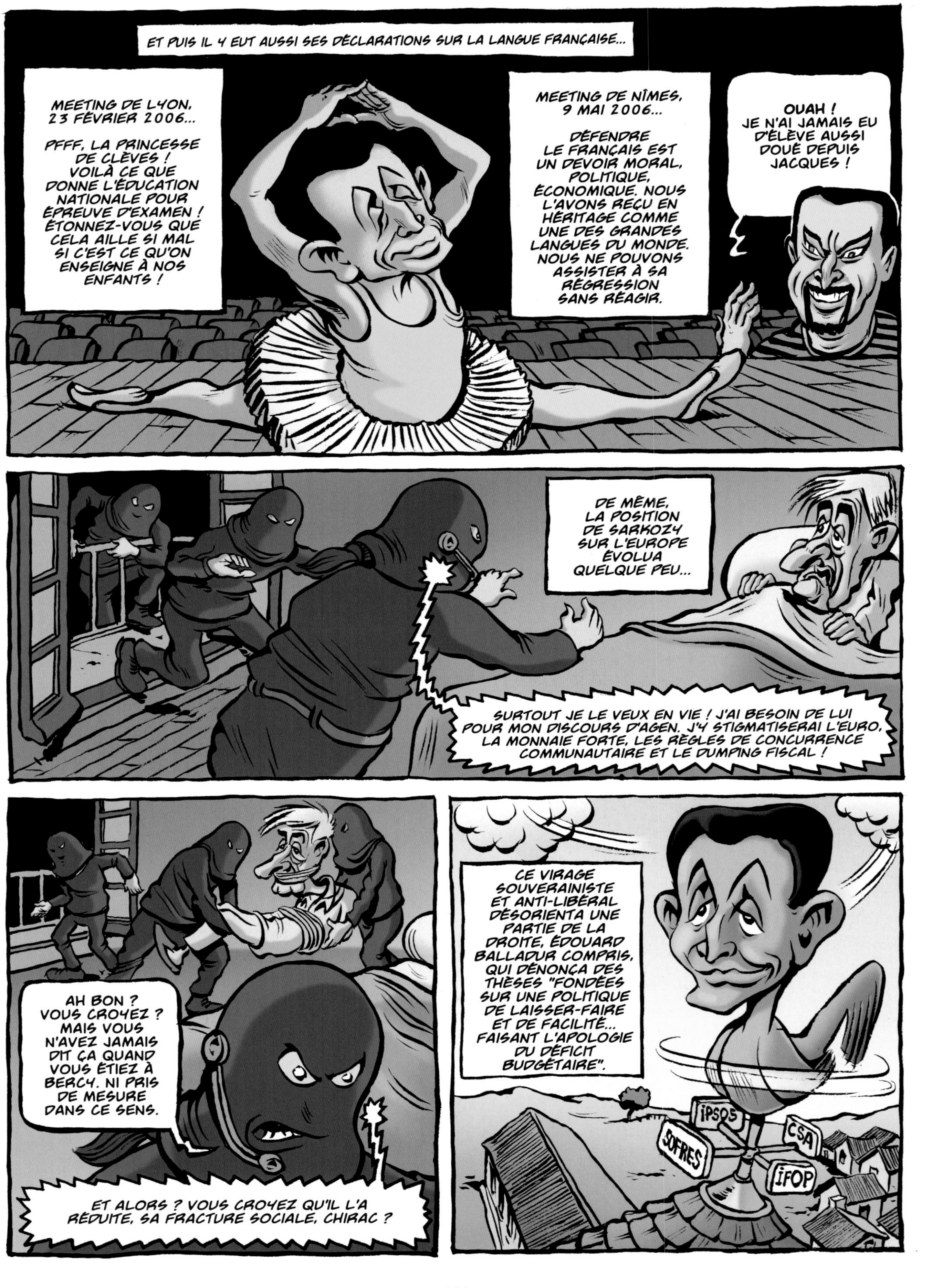
ET PUIS IL Y EUT AUSSI SES DÉCLARATIONS SUR LA LANGUE FRANÇAISE...
MEETING DE LYON, 23 FÉVRIER 2006... PFFF, LA PRINCESSE DE CLÈVES ! VOILÀ CE QUE DONNE L'ÉDUCATION NATIONALE POUR ÉPREUVE D'EXAMEN ! ÉTONNEZ-VOUS QUE CELA AILLE SI MAL SI C'EST CE QU'ON ENSEIGNE À NOS ENFANTS !
MEETING DE NÎMES, 9 MAI 2006... DÉFENDRE LE FRANÇAIS EST UN DEVOIR MORAL, POLITIQUE, ÉCONOMIQUE. NOUS L'AVONS REÇU EN HÉRITAGE COMME UNE DES GRANDES LANGUES DU MONDE. NOUS NE POUVONS ASSISTER À SA RÉGRESSION SANS RÉAGIR.
OUAH ! JE N'AI JAMAIS EU D'ÉLÈVE AUSSI DOUÉ DEPUIS JACQUES !
DE MÊME, LA POSITION DE SARKOZY SUR L'EUROPE ÉVOLUA QUELQUE PEU...
SURTOUT JE LE VEUX EN VIE ! J'AI BESOIN DE LUI POUR MON DISCOURS D'AGEN. J'Y STIGMATISERAI L'EURO, LA MONNAIE FORTE, LES RÈGLES DE CONCURRENCE COMMUNAUTAIRE ET LE DUMPING FISCAL !
AH BON ? VOUS CROYEZ ? MAIS VOUS N'AVEZ JAMAIS DIT ÇA QUAND VOUS ÉTIEZ À BERCY. NI PRIS DE MESURE DANS CE SENS.
ET ALORS ? VOUS CROYEZ QU'IL L'A RÉDUITE, SA FRACTURE SOCIALE, CHIRAC ?
CE VIRAGE SOUVERAINISTE ET ANTI-LIBÉRAL DÉSORIENTA UNE PARTIE DE LA DROITE, ÉDOUARD BALLADUR COMPRIS, QUI DÉNONÇA DES THÈSES "FONDÉES SUR UNE POLITIQUE DE LAISSER-FAIRE ET DE FACILITÉ... FAISANT L'APOLOGIE DU DÉFICIT BUDGÉTAIRE".
IPSOS
CSA
SOFRES
IFOP

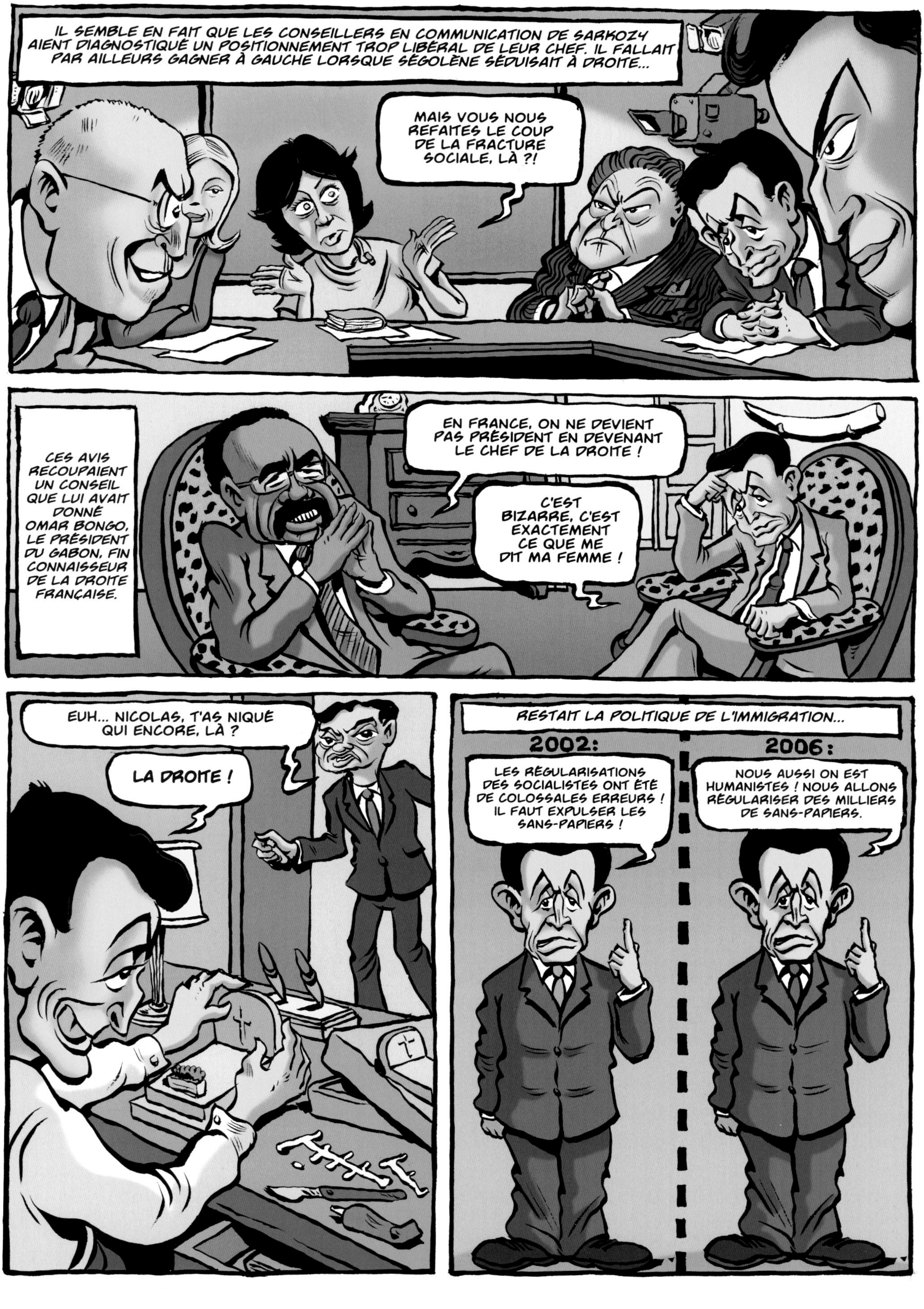
IL SEMBLE EN FAIT QUE LES CONSEILLERS EN COMMUNICATION DE SARKOZY AIENT DIAGNOSTIQUÉ UN POSITIONNEMENT TROP LIBÉRAL DE LEUR CHEF. IL FALLAIT PAR AILLEURS GAGNER À GAUCHE LORSQUE SÉGOLÈNE SÉDUISAIT À DROITE...
MAIS VOUS NOUS REFAITES LE COUP DE LA FRACTURE SOCIALE, LÀ ?!
CES AVIS RECOUPAIENT UN CONSEIL QUE LUI AVAIT DONNÉ OMAR BONGO, LE PRÉSIDENT DU GABON, FIN CONNAISSEUR DE LA DROITE FRANÇAISE.
EN FRANCE, ON NE DEVIENT PAS PRÉSIDENT EN DEVENANT LE CHEF DE LA DROITE !
C'EST BIZARRE, C'EST EXACTEMENT CE QUE ME DIT MA FEMME !
EUH... NICOLAS, T'AS NIQUÉ QUI ENCORE, LÀ ?
LA DROITE !
RESTAIT LA POLITIQUE DE L'IMMIGRATION...
2002:
LES RÉGULARISATIONS DES SOCIALISTES ONT ÉTÉ DE COLOSSALES ERREURS ! IL FAUT EXPULSER LES SANS-PAPIERS !
2006:
NOUS AUSSI ON EST HUMANISTES ! NOUS ALLONS RÉGULARISER DES MILLIERS DE SANS-PAPIERS.

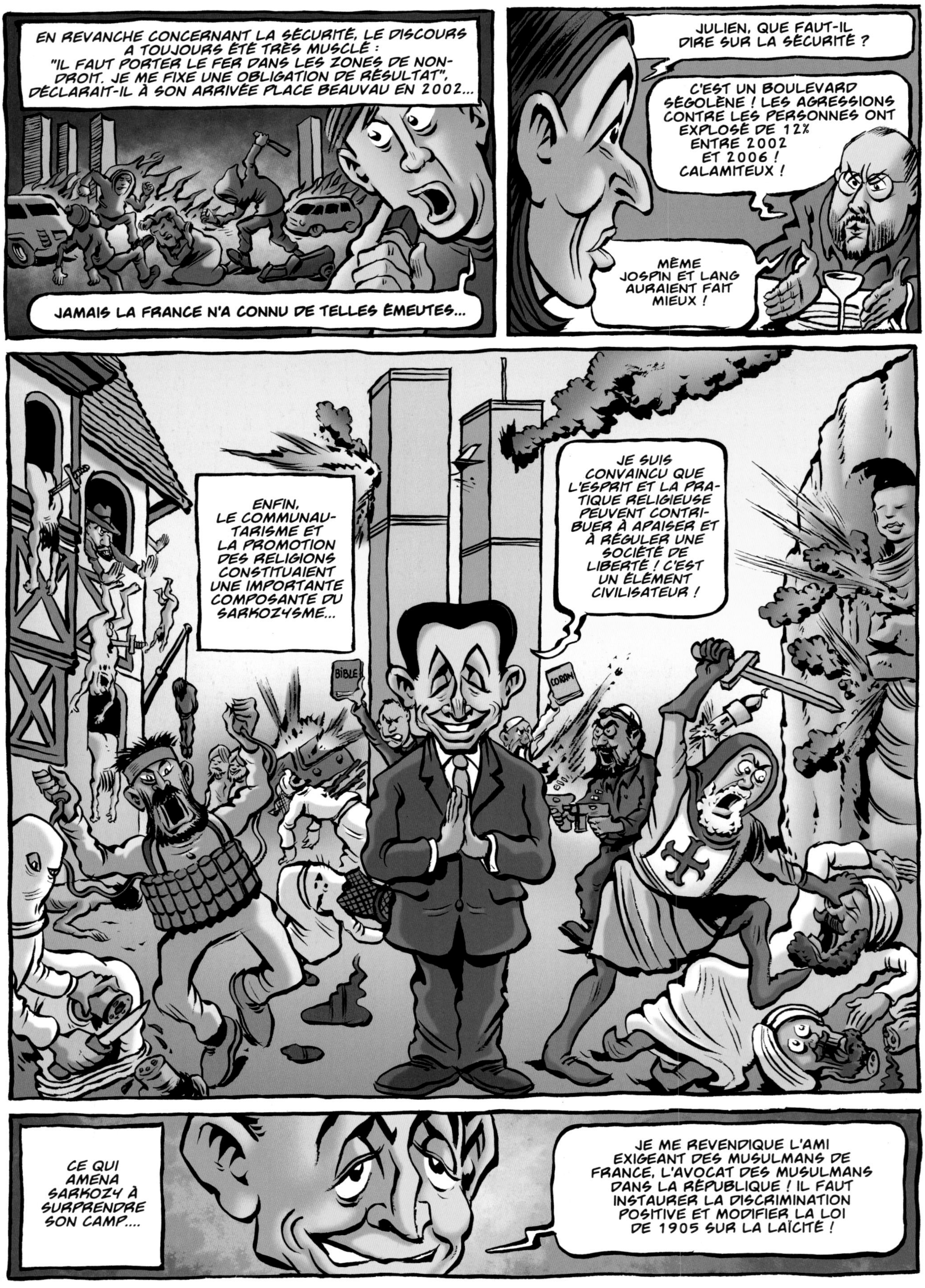
EN REVANCHE CONCERNANT LA SÉCURITÉ, LE DISCOURS A TOUJOURS ÉTÉ TRÈS MUSCLÉ : "IL FAUT PORTER LE FER DANS LES ZONES DE NON-DROIT. JE ME FIXE UNE OBLIGATION DE RÉSULTAT", DÉCLARAIT-IL À SON ARRIVÉE PLACE BEAUVAU EN 2002...
JAMAIS LA FRANCE N'A CONNU DE TELLES ÉMEUTES...
JULIEN, QUE FAUT-IL DIRE SUR LA SÉCURITÉ ?
C'EST UN BOULEVARD SÉGOLÈNE ! LES AGRESSIONS CONTRE LES PERSONNES ONT EXPLOSÉ DE 12% ENTRE 2002 ET 2006 ! CALAMITEUX !
MÊME JOSPIN ET LANG AURAIENT FAIT MIEUX !
ENFIN, LE COMMUNAUTARISME ET LA PROMOTION DES RELIGIONS CONSTITUAIENT UNE IMPORTANTE COMPOSANTE DU SARKOZYSME...
JE SUIS CONVAINCU QUE L'ESPRIT ET LA PRATIQUE RELIGIEUSE PEUVENT CONTRIBUER À APAISER ET À RÉGULER UNE SOCIÉTÉ DE LIBERTÉ ! C'EST UN ÉLÉMENT CIVILISATEUR !
BIBLE
CORAN
CE QUI AMENA SARKOZY À SURPRENDRE SON CAMP....
JE ME REVENDIQUE L'AMI EXIGEANT DES MUSULMANS DE FRANCE, L'AVOCAT DES MUSULMANS DANS LA RÉPUBLIQUE ! IL FAUT INSTAURER LA DISCRIMINATION POSITIVE ET MODIFIER LA LOI DE 1905 SUR LA LAÏCITÉ !

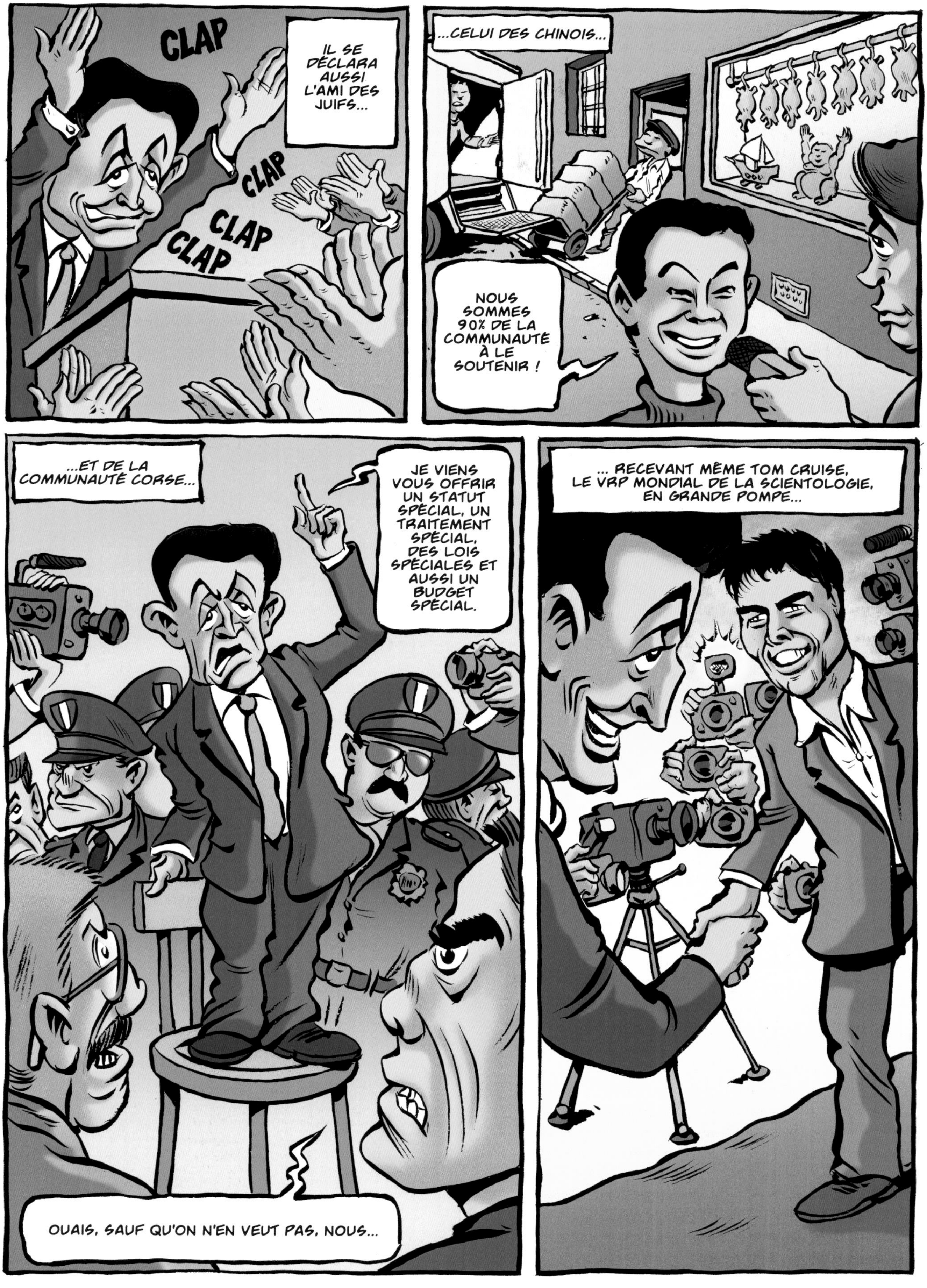
CLAP
IL SE DÉCLARA AUSSI L'AMI DES JUIFS...
CLAP
CLAP
CLAP
...CELUI DES CHINOIS...
NOUS SOMMES 90% DE LA COMMUNAUTÉ À LE SOUTENIR !
...ET DE LA COMMUNAUTÉ CORSE...
JE VIENS VOUS OFFRIR UN STATUT SPÉCIAL, UN TRAITEMENT SPÉCIAL, DES LOIS SPÉCIALES ET AUSSI UN BUDGET SPÉCIAL.
OUAIS, SAUF QU'ON N'EN VEUT PAS, NOUS...
... RECEVANT MÊME TOM CRUISE, LE VRP MONDIAL DE LA SCIENTOLOGIE, EN GRANDE POMPE...

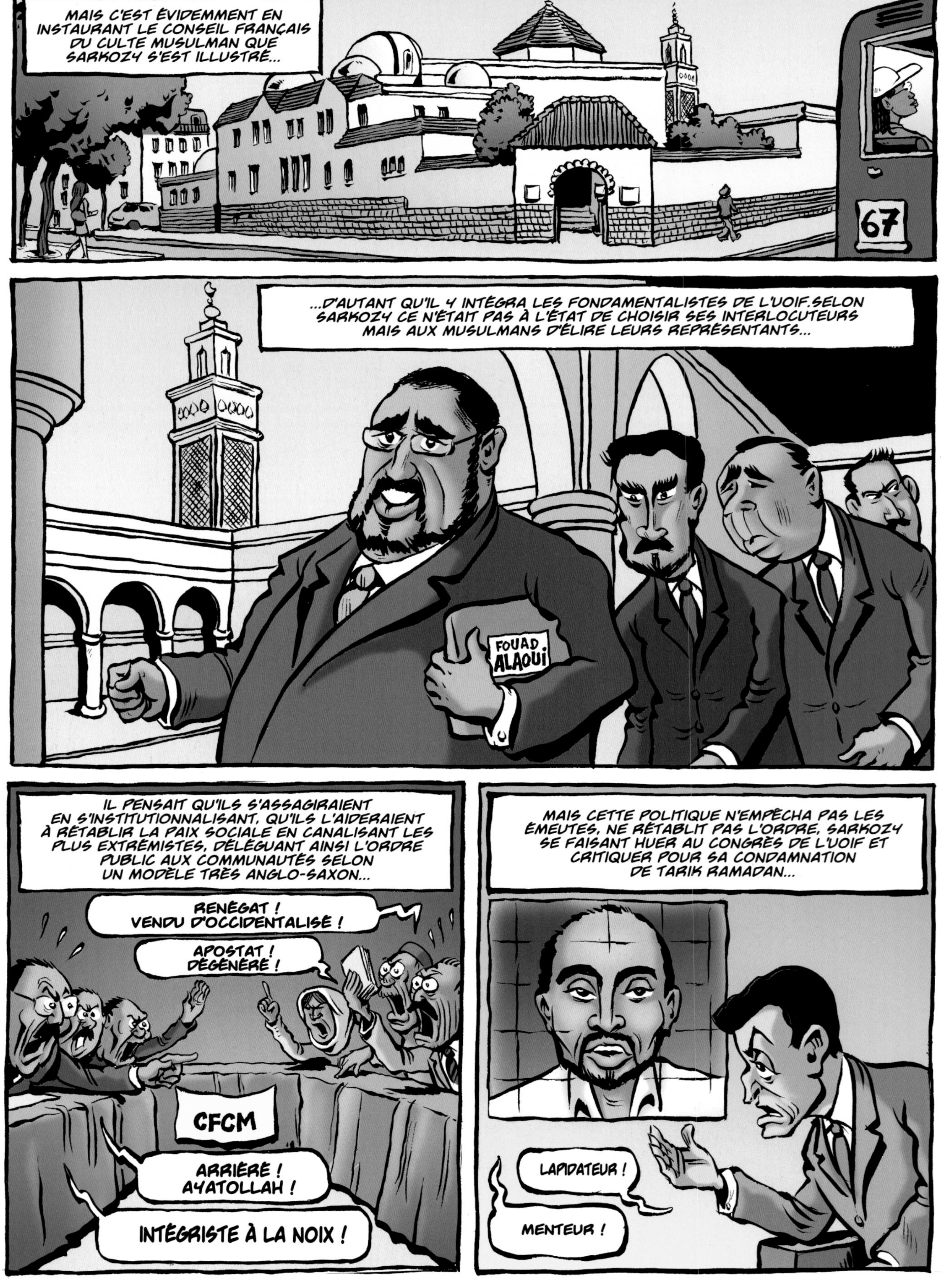
MAIS C'EST ÉVIDEMMENT EN INSTAURANT LE CONSEIL FRANÇAIS DU CULTE MUSULMAN QUE SARKOZY S'EST ILLUSTRÉ...
67
...D'AUTANT QU'IL Y INTÉGRA LES FONDAMENTALISTES DE L'UOIF. SELON SARKOZY CE N'ÉTAIT PAS À L'ÉTAT DE CHOISIR SES INTERLOCUTEURS MAIS AUX MUSULMANS D'ÉLIRE LEURS REPRÉSENTANTS...
FOUAD ALAOUI
IL PENSAIT QU'ILS S'ASSAGIRAIENT EN S'INSTITUTIONNALISANT, QU'ILS L'AIDERAIENT À RÉTABLIR LA PAIX SOCIALE EN CANALISANT LES PLUS EXTRÉMISTES, DÉLÉGUANT AINSI L'ORDRE PUBLIC AUX COMMUNAUTÉS SELON UN MODÈLE TRÈS ANGLO-SAXON...
RENÉGAT ! VENDU D'OCCIDENTALISÉ !
APOSTAT ! DÉGÉNÉRÉ !
CFCM
ARRIÉRÉ ! AYATOLLAH !
INTÉGRISTE À LA NOIX !
MAIS CETTE POLITIQUE N'EMPÊCHA PAS LES ÉMEUTES, NE RÉTABLIT PAS L'ORDRE, SARKOZY SE FAISANT HUER AU CONGRÈS DE L'UOIF ET CRITIQUER POUR SA CONDAMNATION DE TARIK RAMADAN...
LAPIDATEUR !
MENTEUR !

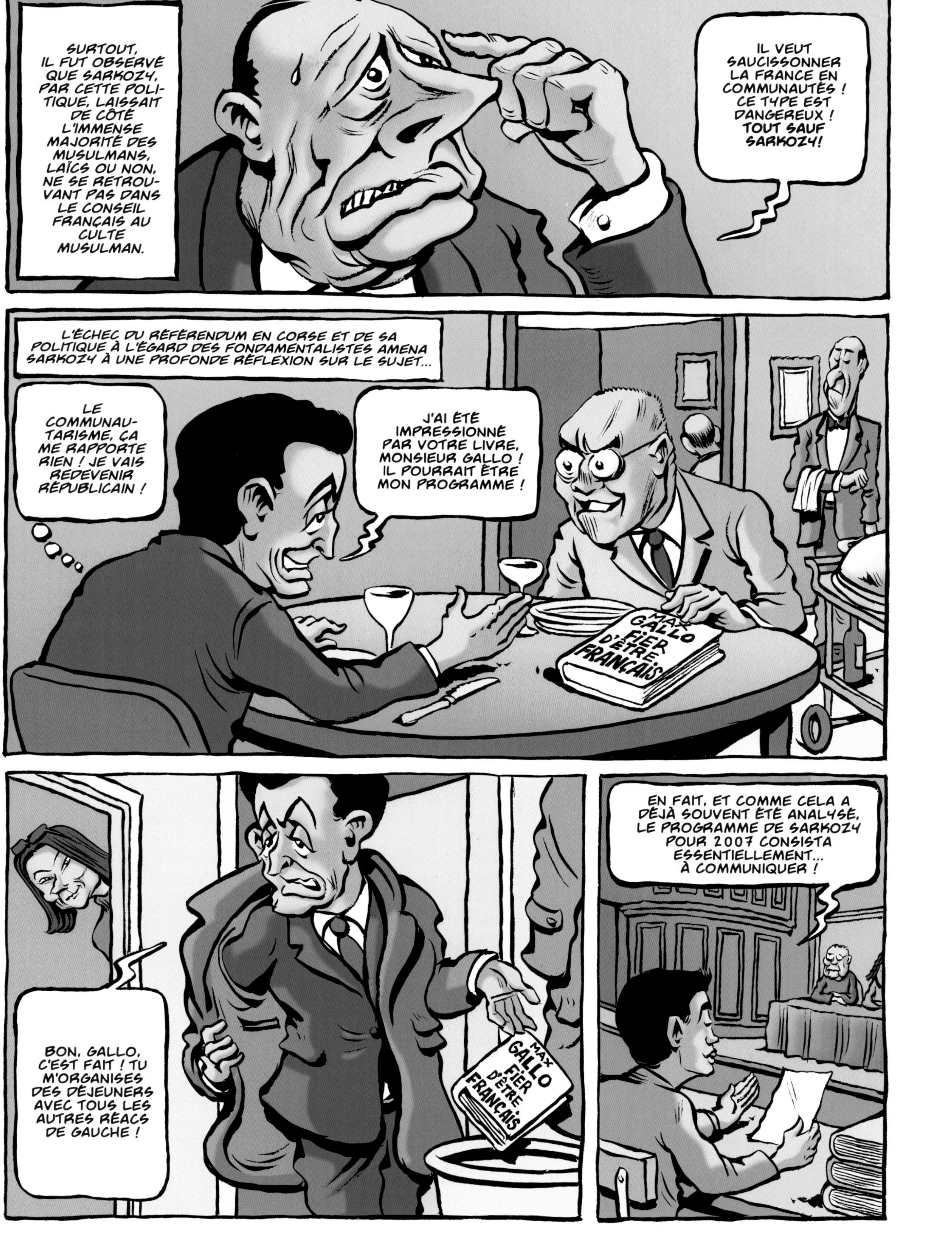
SURTOUT, IL FUT OBSERVÉ QUE SARKOZY, PAR CETTE POLITIQUE, LAISSAIT DE CÔTÉ L'IMMENSE MAJORITÉ DES MUSULMANS, LAÏCS OU NON, NE SE RETROUVANT PAS DANS LE CONSEIL FRANÇAIS AU CULTE MUSULMAN.
IL VEUT SAUCISSONNER LA FRANCE EN COMMUNAUTÉS ! CE TYPE EST DANGEREUX ! TOUT SAUF SARKOZY!
L'ÉCHEC DU RÉFÉRENDUM EN CORSE ET DE SA POLITIQUE À L'ÉGARD DES FONDAMENTALISTES AMENA SARKOZY À UNE PROFONDE RÉFLEXION SUR LE SUJET...
LE COMMUNAUTARISME, ÇA ME RAPPORTE RIEN ! JE VAIS REDEVENIR RÉPUBLICAIN !
J'AI ÉTÉ IMPRESSIONNÉ PAR VOTRE LIVRE, MONSIEUR GALLO ! IL POURRAIT ÊTRE MON PROGRAMME !
MAX GALLO FIER D'ÊTRE FRANÇAIS
BON, GALLO, C'EST FAIT ! TU M'ORGANISES DES DÉJEUNERS AVEC TOUS LES AUTRES RÉACS DE GAUCHE !
MAX GALLO FIER D'ÊTRE FRANÇAIS
EN FAIT, ET COMME CELA A DÉJÀ SOUVENT ÉTÉ ANALYSÉ, LE PROGRAMME DE SARKOZY POUR 2007 CONSISTA ESSENTIELLEMENT... À COMMUNIQUER !

L'HOMME QUI PARLAIT À L'OREILLE DES MÉDIAS

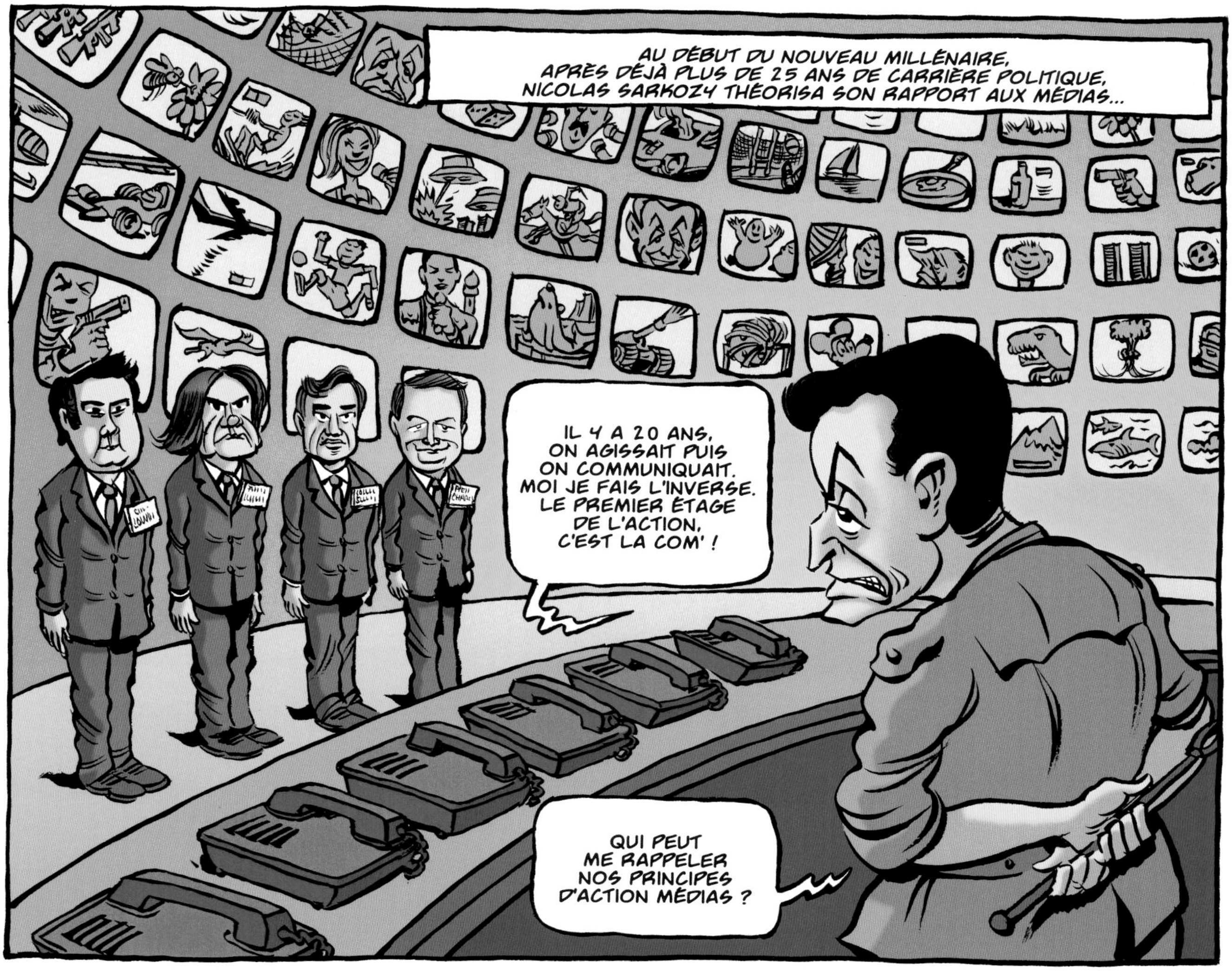
AU DÉBUT DU NOUVEAU MILLÉNAIRE, APRÈS DÉJÀ PLUS DE 25 ANS DE CARRIÈRE POLITIQUE, NICOLAS SARKOZY THÉORISA SON RAPPORT AUX MÉDIAS...
IL Y A 20 ANS, ON AGISSAIT PUIS ON COMMUNIQUAIT. MOI JE FAIS L'INVERSE. LE PREMIER ÉTAGE DE L'ACTION, C'EST LA COM' !
QUI PEUT ME RAPPELER NOS PRINCIPES D'ACTION MÉDIAS ?

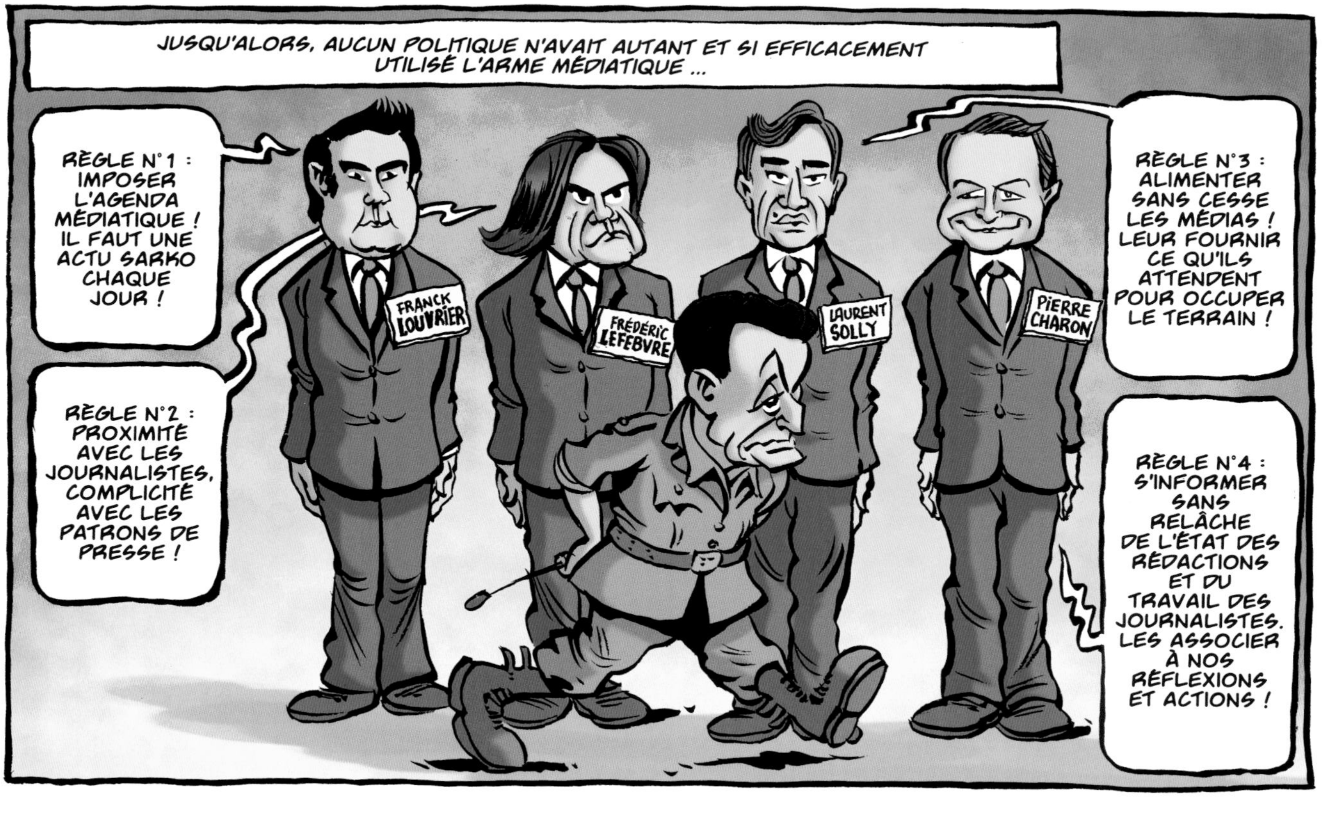
JUSQU'ALORS, AUCUN POLITIQUE N'AVAIT AUTANT ET SI EFFICACEMENT UTILISÉ L'ARME MÉDIATIQUE ...
RÈGLE N°1 : IMPOSER L'AGENDA MÉDIATIQUE ! IL FAUT UNE ACTU SARKO CHAQUE JOUR !
RÈGLE N°2 : PROXIMITÉ AVEC LES JOURNALISTES, COMPLICITÉ AVEC LES PATRONS DE PRESSE !
Franck Louvrier
Frédéric Lefebvre
Laurent Solly
Pierre Charon
RÈGLE N°3 : ALIMENTER SANS CESSE LES MÉDIAS ! LEUR FOURNIR CE QU'ILS ATTENDENT POUR OCCUPER LE TERRAIN !
RÈGLE N°4 : S'INFORMER SANS RELÂCHE DE L'ÉTAT DES RÉDACTIONS ET DU TRAVAIL DES JOURNALISTES. LES ASSOCIER À NOS RÉFLEXIONS ET ACTIONS !

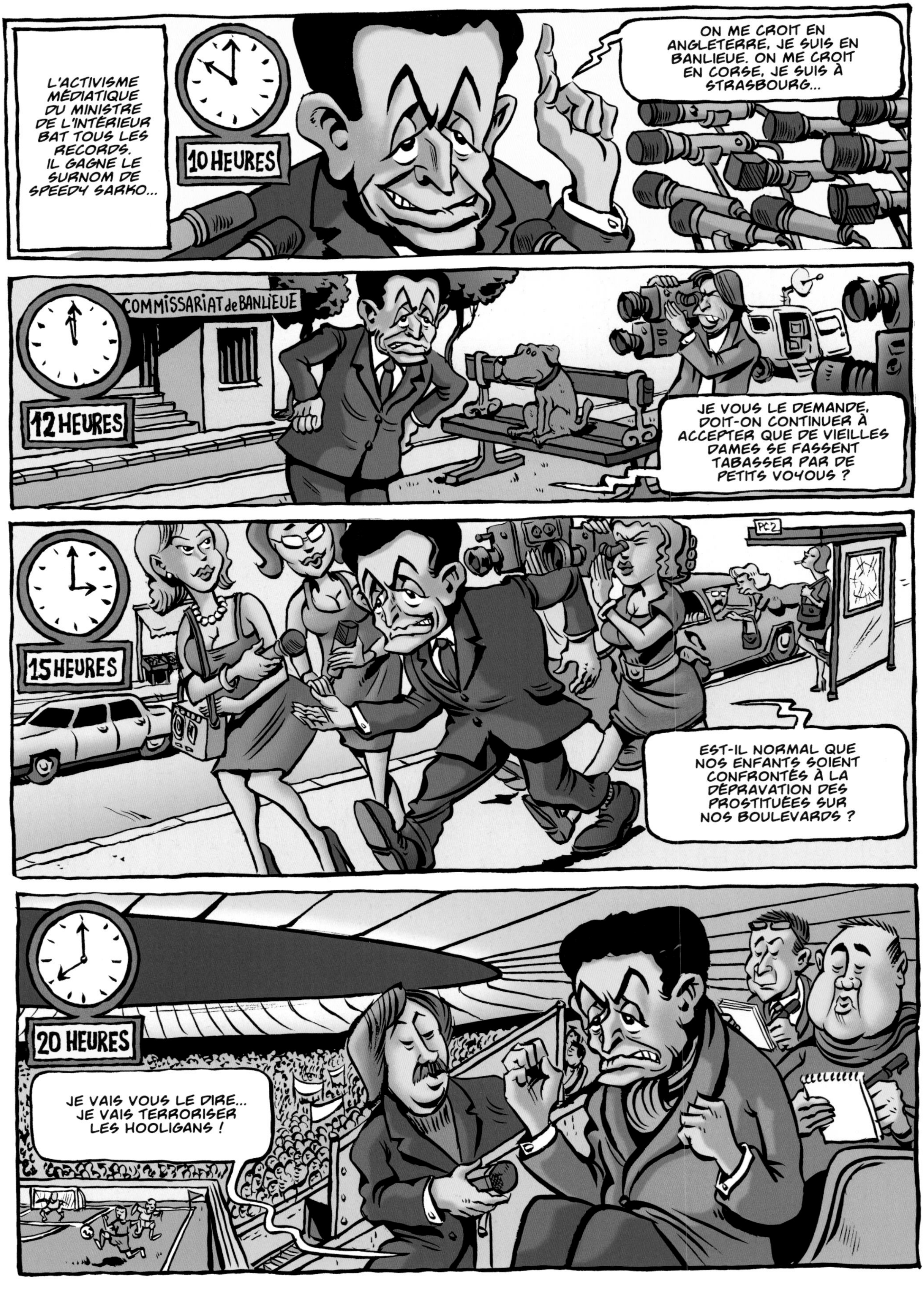
L'ACTIVISME MÉDIATIQUE DU MINISTRE DE L'INTÉRIEUR BAT TOUS LES RECORDS. IL GAGNE LE SURNOM DE SPEEDY SARKO...
10 HEURES
ON ME CROIT EN ANGLETERRE, JE SUIS EN BANLIEUE. ON ME CROIT EN CORSE, JE SUIS À STRASBOURG...
12 HEURES
COMMISSARIAT de BANLIEUE
JE VOUS LE DEMANDE, DOIT-ON CONTINUER À ACCEPTER QUE DE VIEILLES DAMES SE FASSENT TABASSER PAR DE PETITS VOYOUS ?
15 HEURES
PC2
EST-IL NORMAL QUE NOS ENFANTS SOIENT CONFRONTÉS À LA DÉPRAVATION DES PROSTITUÉES SUR NOS BOULEVARDS ?
20 HEURES
JE VAIS VOUS LE DIRE... JE VAIS TERRORISER LES HOOLIGANS !

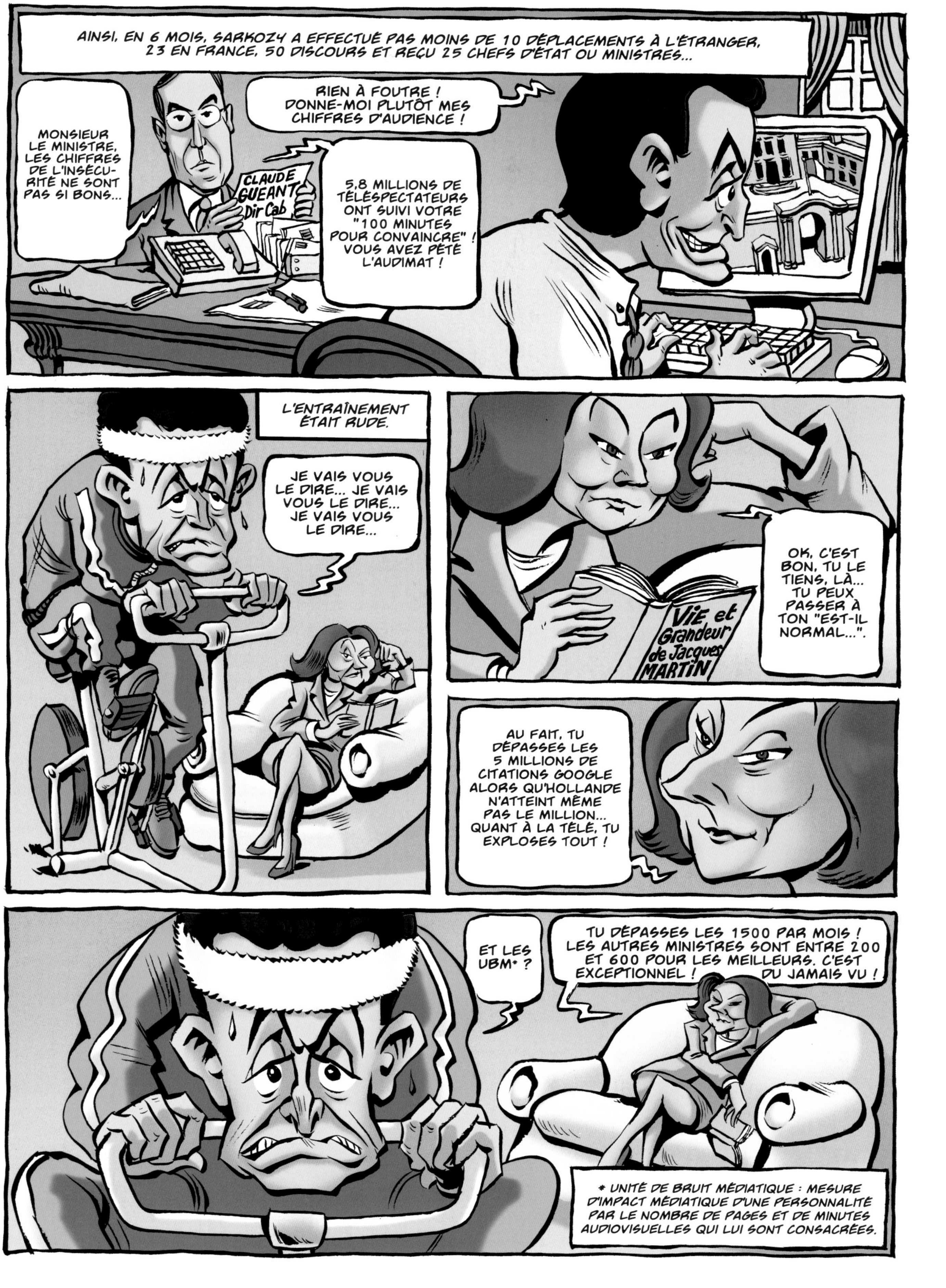
AINSI, EN 6 MOIS, SARKOZY A EFFECTUÉ PAS MOINS DE 10 DÉPLACEMENTS À L'ÉTRANGER, 23 EN FRANCE, 50 DISCOURS ET REÇU 25 CHEFS D'ÉTAT OU MINISTRES...
MONSIEUR LE MINISTRE, LES CHIFFRES DE L'INSÉCURITÉ NE SONT PAS SI BONS...
RIEN À FOUTRE ! DONNE-MOI PLUTÔT MES CHIFFRES D'AUDIENCE !
CLAUDE GUEANT Dir Cab
5,8 MILLIONS DE TÉLESPECTATEURS ONT SUIVI VOTRE "100 MINUTES POUR CONVAINCRE" ! VOUS AVEZ PÉTÉ L'AUDIMAT !
L'ENTRAÎNEMENT ÉTAIT RUDE.
JE VAIS VOUS LE DIRE... JE VAIS VOUS LE DIRE... JE VAIS VOUS LE DIRE...
OK, C'EST BON, TU LE TIENS, LÀ... TU PEUX PASSER À TON "EST-IL NORMAL...".
VIE et Grandeur de Jacques MARTIN
AU FAIT, TU DÉPASSES LES 5 MILLIONS DE CITATIONS GOOGLE ALORS QU'HOLLANDE N'ATTEINT MÊME PAS LE MILLION... QUANT À LA TÉLÉ, TU EXPLOSES TOUT !
ET LES UBM* ?
TU DÉPASSES LES 1500 PAR MOIS ! LES AUTRES MINISTRES SONT ENTRE 200 ET 600 POUR LES MEILLEURS. C'EST EXCEPTIONNEL ! DU JAMAIS VU !
* UNITÉ DE BRUIT MÉDIATIQUE : MESURE D'IMPACT MÉDIATIQUE D'UNE PERSONNALITÉ PAR LE NOMBRE DE PAGES ET DE MINUTES AUDIOVISUELLES QUI LUI SONT CONSACRÉES.

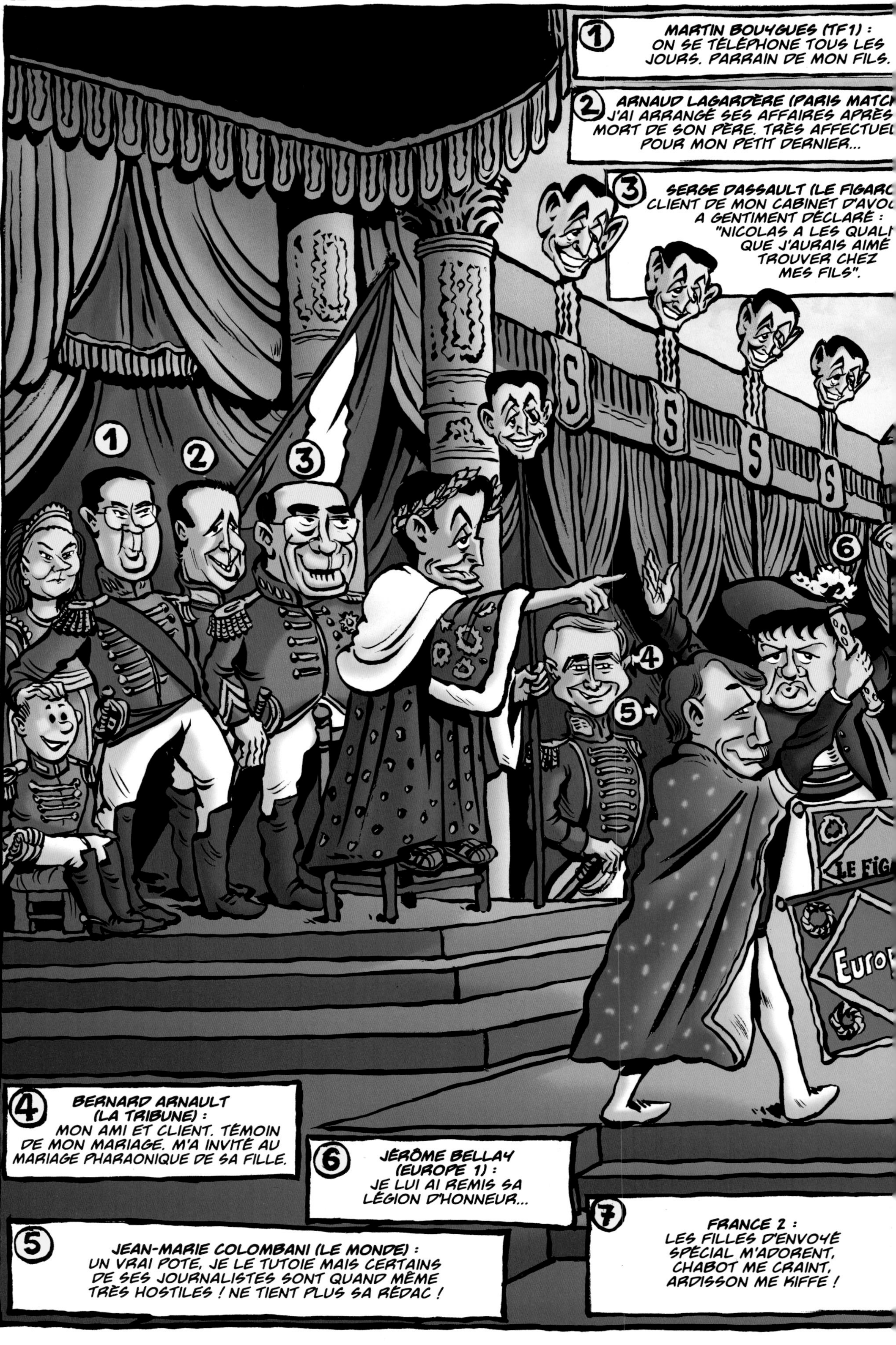
1 MARTIN BOUYGUES (TF1) :
ON SE TÉLÉPHONE TOUS LES JOURS. PARRAIN DE MON FILS.
2 ARNAUD LAGARDÈRE (PARIS MATC
J'AI ARRANGÉ SES AFFAIRES APRÈS
MORT DE SON PÈRE. TRÈS AFFECTUE
POUR MON PETIT DERNIER...
3 SERGE DASSAULT (LE FIGARC
CLIENT DE MON CABINET D'AVO
A GENTIMENT DÉCLARÉ :
"NICOLAS A LES QUALI
QUE J'AURAIS AIMÉ
TROUVER CHEZ
MES FILS".
1
2
3
4
5
6
LE FIGA
Europ
4 BERNARD ARNAULT (LA TRIBUNE) :
MON AMI ET CLIENT. TÉMOIN DE MON MARIAGE. M'A INVITÉ AU MARIAGE PHARAONIQUE DE SA FILLE.
6 JÉRÔME BELLAY (EUROPE 1) :
JE LUI AI REMIS SA LÉGION D'HONNEUR...
5 JEAN-MARIE COLOMBANI (LE MONDE) :
UN VRAI POTE, JE LE TUTOIE MAIS CERTAINS DE SES JOURNALISTES SONT QUAND MÊME TRÈS HOSTILES ! NE TIENT PLUS SA RÉDAC !
7 FRANCE 2 :
LES FILLES D'ENVOYÉ SPÉCIAL M'ADORENT, CHABOT ME CRAINT, ARDISSON ME KIFFE !

D'après « La Distribution des Aigles » de David

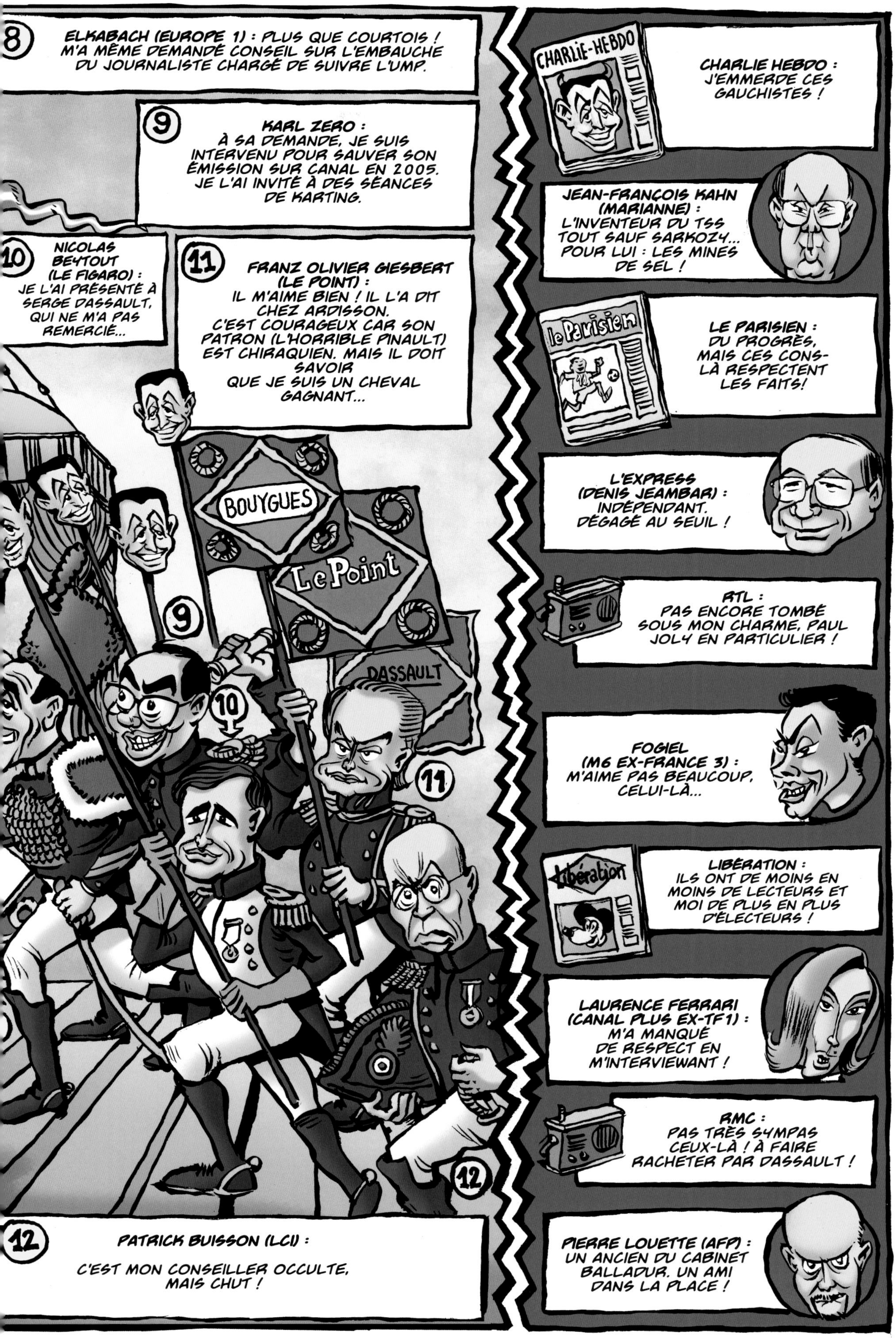

8
ELKABACH (EUROPE 1) : PLUS QUE COURTOIS ! M'A MÊME DEMANDÉ CONSEIL SUR L'EMBAUCHE DU JOURNALISTE CHARGÉ DE SUIVRE L'UMP.
9
KARL ZERO : À SA DEMANDE, JE SUIS INTERVENU POUR SAUVER SON ÉMISSION SUR CANAL EN 2005. JE L'AI INVITÉ À DES SÉANCES DE KARTING.
10
NICOLAS BEYTOUT (LE FIGARO) : JE L'AI PRÉSENTÉ À SERGE DASSAULT, QUI NE M'A PAS REMERCIÉ...
11
FRANZ OLIVIER GIESBERT (LE POINT) : IL M'AIME BIEN ! IL L'A DIT CHEZ ARDISSON. C'EST COURAGEUX CAR SON PATRON (L'HORRIBLE PINAULT) EST CHIRAQUIEN. MAIS IL DOIT SAVOIR QUE JE SUIS UN CHEVAL GAGNANT...
BOUYGUES
Le Point
DASSAULT
9
10
11
12
12
PATRICK BUISSON (LCI) : C'EST MON CONSEILLER OCCULTE, MAIS CHUT !
CHARLIE-HEBDO
CHARLIE HEBDO : J'EMMERDE CES GAUCHISTES !
JEAN-FRANÇOIS KAHN (MARIANNE) : L'INVENTEUR DU TSS TOUT SAUF SARKOZY... POUR LUI : LES MINES DE SEL !
le Parisien
LE PARISIEN : DU PROGRÈS, MAIS CES CONS-LÀ RESPECTENT LES FAITS!
L'EXPRESS (DENIS JEAMBAR) : INDÉPENDANT. DÉGAGÉ AU SEUIL !
RTL : PAS ENCORE TOMBÉ SOUS MON CHARME, PAUL JOLY EN PARTICULIER !
FOGIEL (M6 EX-FRANCE 3) : M'AIME PAS BEAUCOUP, CELUI-LÀ...
Libération
LIBÉRATION : ILS ONT DE MOINS EN MOINS DE LECTEURS ET MOI DE PLUS EN PLUS D'ÉLECTEURS !
LAURENCE FERRARI (CANAL PLUS EX-TF1) : M'A MANQUÉ DE RESPECT EN M'INTERVIEWANT !
RMC : PAS TRÈS SYMPAS CEUX-LÀ ! À FAIRE RACHETER PAR DASSAULT !
PIERRE LOUETTE (AFP) : UN ANCIEN DU CABINET BALLADUR. UN AMI DANS LA PLACE !

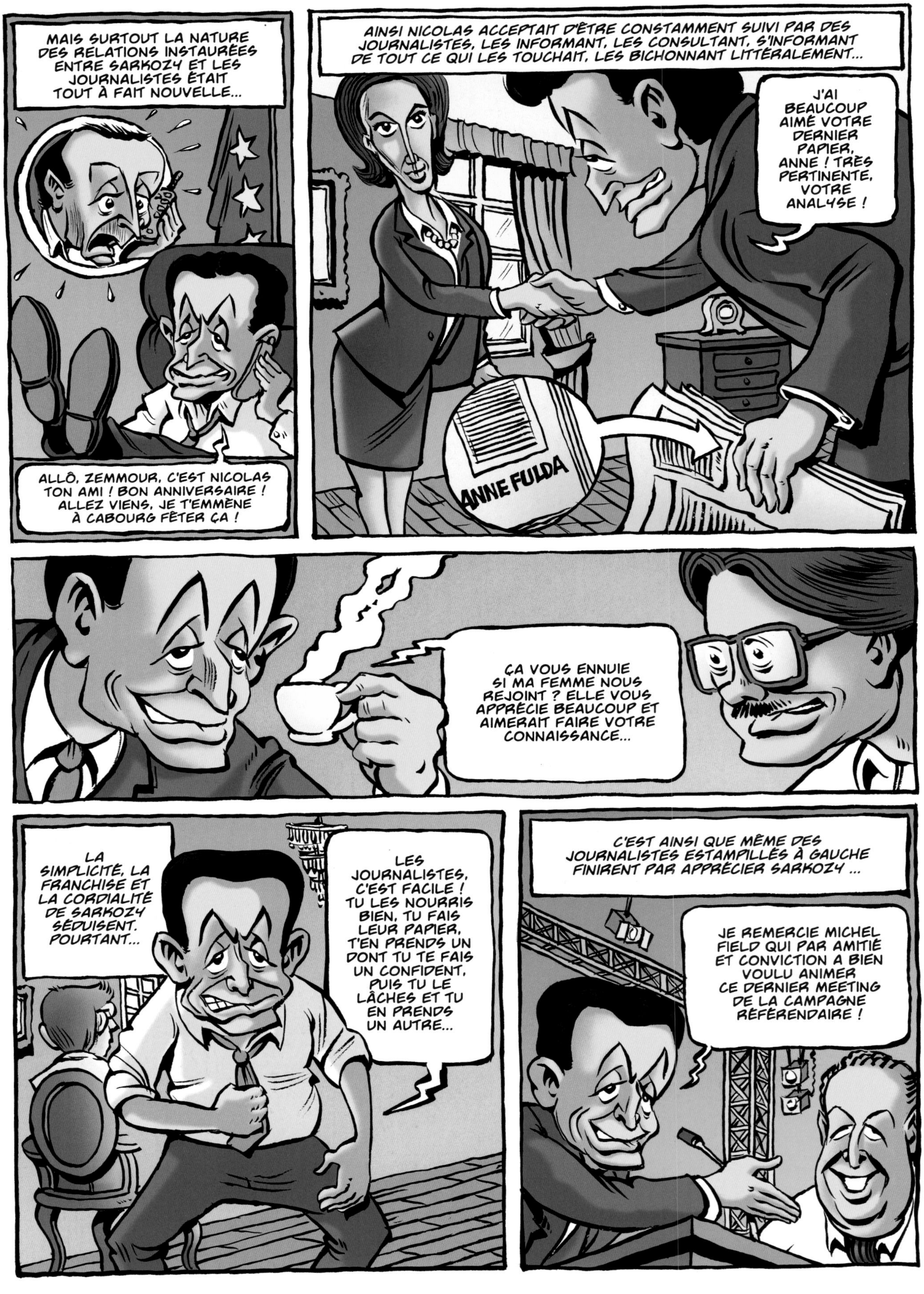
MAIS SURTOUT LA NATURE DES RELATIONS INSTAURÉES ENTRE SARKOZY ET LES JOURNALISTES ÉTAIT TOUT À FAIT NOUVELLE...
ALLÔ, ZEMMOUR, C'EST NICOLAS TON AMI ! BON ANNIVERSAIRE ! ALLEZ VIENS, JE T'EMMÈNE À CABOURG FÊTER ÇA !
AINSI NICOLAS ACCEPTAIT D'ÊTRE CONSTAMMENT SUIVI PAR DES JOURNALISTES, LES INFORMANT, LES CONSULTANT, S'INFORMANT DE TOUT CE QUI LES TOUCHAIT, LES BICHONNANT LITTÉRALEMENT...
J'AI BEAUCOUP AIMÉ VOTRE DERNIER PAPIER, ANNE ! TRÈS PERTINENTE, VOTRE ANALYSE !
ANNE FULDA
ÇA VOUS ENNUIE SI MA FEMME NOUS REJOINT ? ELLE VOUS APPRÉCIE BEAUCOUP ET AIMERAIT FAIRE VOTRE CONNAISSANCE...
LA SIMPLICITÉ, LA FRANCHISE ET LA CORDIALITÉ DE SARKOZY SÉDUISENT. POURTANT...
LES JOURNALISTES, C'EST FACILE ! TU LES NOURRIS BIEN, TU FAIS LEUR PAPIER, T'EN PRENDS UN DONT TU TE FAIS UN CONFIDENT, PUIS TU LE LÂCHES ET TU EN PRENDS UN AUTRE...
C'EST AINSI QUE MÊME DES JOURNALISTES ESTAMPILLÉS À GAUCHE FINIRENT PAR APPRÉCIER SARKOZY ...
JE REMERCIE MICHEL FIELD QUI PAR AMITIÉ ET CONVICTION A BIEN VOULU ANIMER CE DERNIER MEETING DE LA CAMPAGNE RÉFÉRENDAIRE !

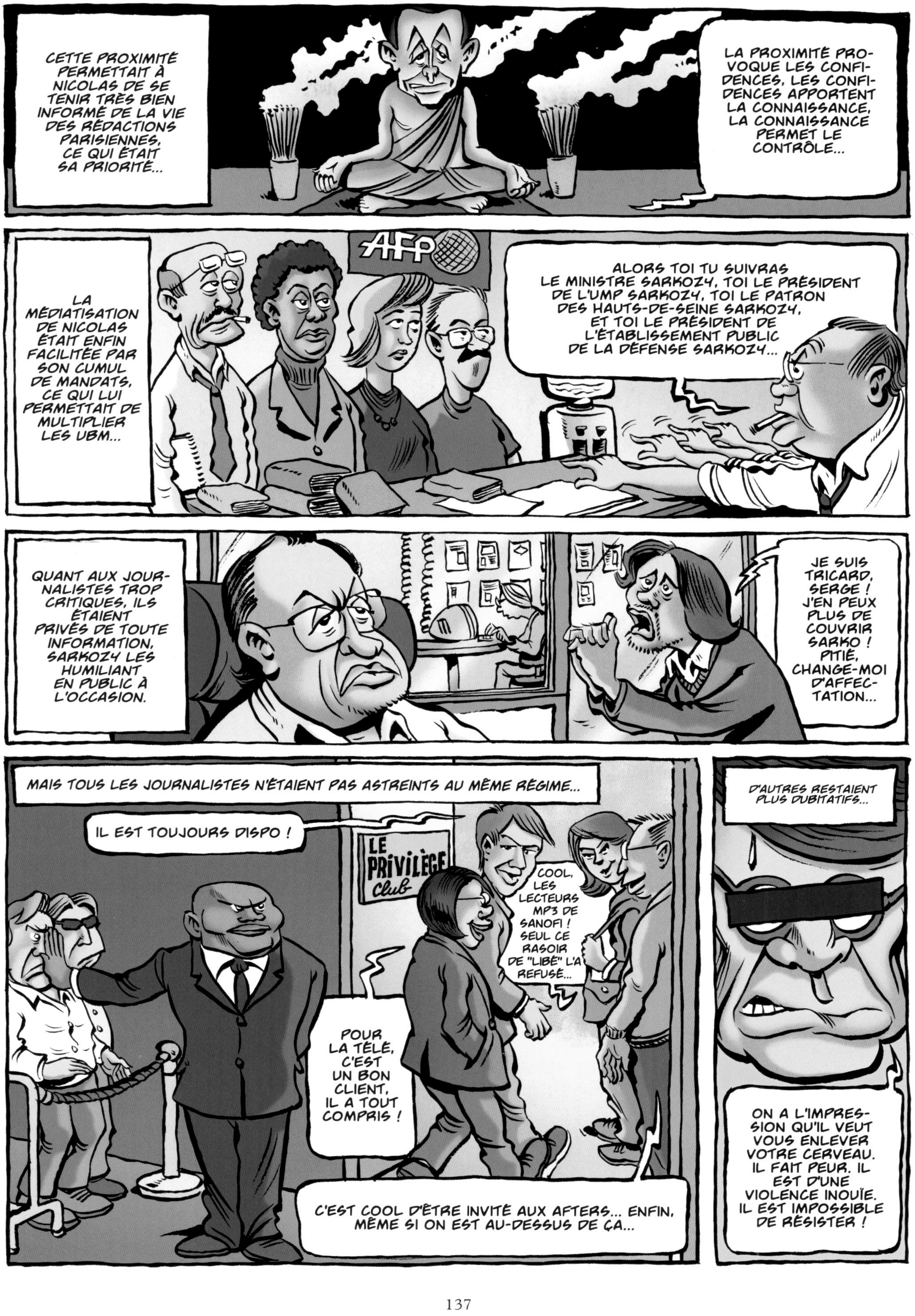
CETTE PROXIMITÉ PERMETTAIT À NICOLAS DE SE TENIR TRÈS BIEN INFORMÉ DE LA VIE DES RÉDACTIONS PARISIENNES, CE QUI ÉTAIT SA PRIORITÉ...
LA PROXIMITÉ PROVOQUE LES CONFIDENCES, LES CONFIDENCES APPORTENT LA CONNAISSANCE, LA CONNAISSANCE PERMET LE CONTRÔLE...
LA MÉDIATISATION DE NICOLAS ÉTAIT ENFIN FACILITÉE PAR SON CUMUL DE MANDATS, CE QUI LUI PERMETTAIT DE MULTIPLIER LES UBM...
AFP
ALORS TOI TU SUIVRAS LE MINISTRE SARKOZY, TOI LE PRÉSIDENT DE L'UMP SARKOZY, TOI LE PATRON DES HAUTS-DE-SEINE SARKOZY, ET TOI LE PRÉSIDENT DE L'ÉTABLISSEMENT PUBLIC DE LA DÉFENSE SARKOZY...
QUANT AUX JOURNALISTES TROP CRITIQUES, ILS ÉTAIENT PRIVÉS DE TOUTE INFORMATION, SARKOZY LES HUMILIANT EN PUBLIC À L'OCCASION.
JE SUIS TRICARD, SERGE ! J'EN PEUX PLUS DE COUVRIR SARKO ! PITIÉ, CHANGE-MOI D'AFFECTATION...
MAIS TOUS LES JOURNALISTES N'ÉTAIENT PAS ASTREINTS AU MÊME RÉGIME...
IL EST TOUJOURS DISPO !
LE PRIVILÈGE club
COOL, LES LECTEURS MP3 DE SANOFI ! SEUL CE RASOIR DE "LIBÉ" L'A REFUSÉ...
POUR LA TÉLÉ, C'EST UN BON CLIENT, IL A TOUT COMPRIS !
C'EST COOL D'ÊTRE INVITÉ AUX AFTERS... ENFIN, MÊME SI ON EST AU-DESSUS DE ÇA...
D'AUTRES RESTAIENT PLUS DUBITATIFS...
ON A L'IMPRESSION QU'IL VEUT VOUS ENLEVER VOTRE CERVEAU. IL FAIT PEUR. IL EST D'UNE VIOLENCE INOUÏE. IL EST IMPOSSIBLE DE RÉSISTER !

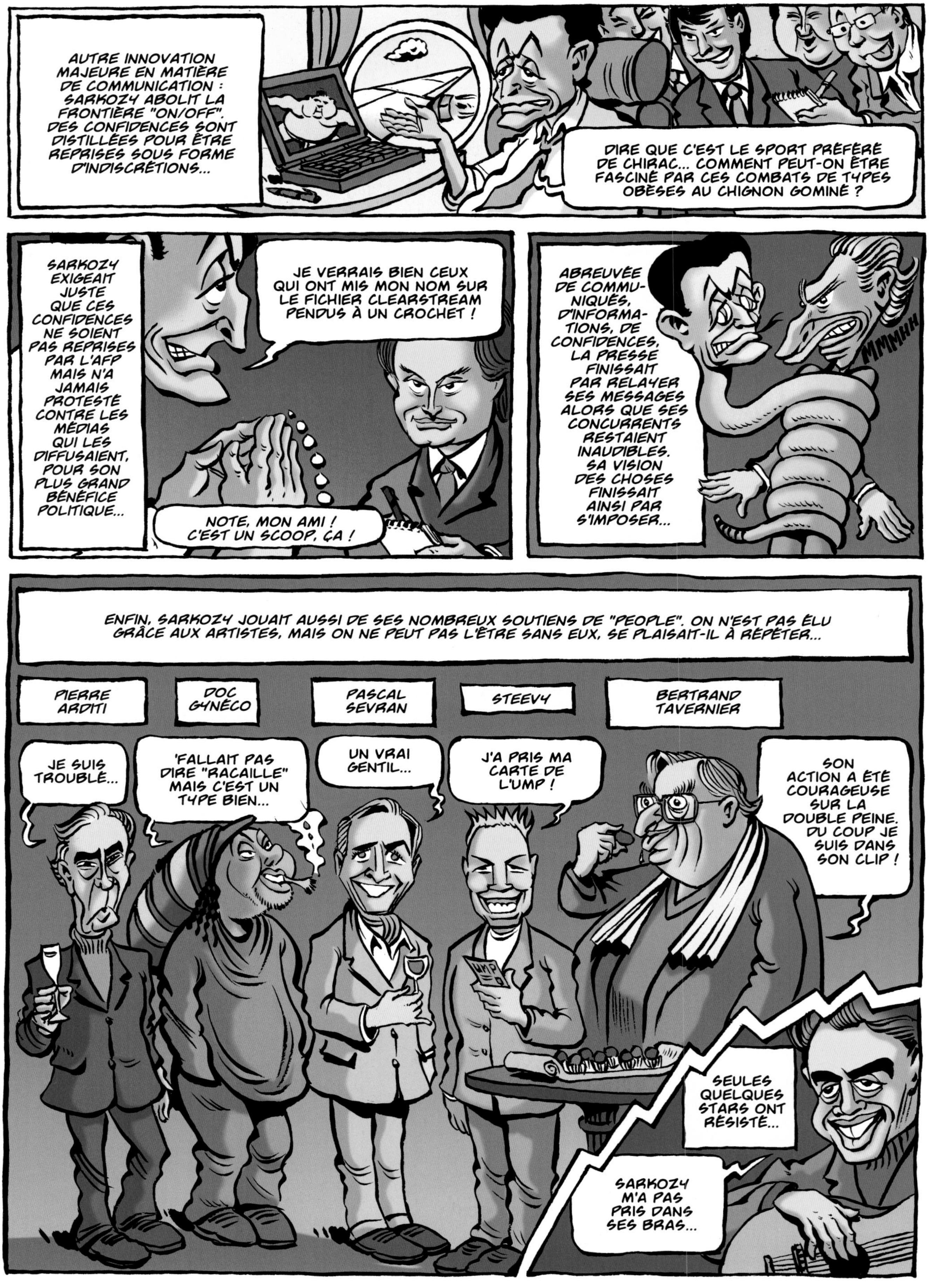
AUTRE INNOVATION MAJEURE EN MATIÈRE DE COMMUNICATION : SARKOZY ABOLIT LA FRONTIÈRE "ON/OFF". DES CONFIDENCES SONT DISTILLÉES POUR ÊTRE REPRISES SOUS FORME D'INDISCRÉTIONS...
DIRE QUE C'EST LE SPORT PRÉFÉRÉ DE CHIRAC... COMMENT PEUT-ON ÊTRE FASCINÉ PAR CES COMBATS DE TYPES OBÈSES AU CHIGNON GOMINÉ ?
SARKOZY EXIGEAIT JUSTE QUE CES CONFIDENCES NE SOIENT PAS REPRISES PAR L'AFP MAIS N'A JAMAIS PROTESTÉ CONTRE LES MÉDIAS QUI LES DIFFUSAIENT, POUR SON PLUS GRAND BÉNÉFICE POLITIQUE...
JE VERRAIS BIEN CEUX QUI ONT MIS MON NOM SUR LE FICHIER CLEARSTREAM PENDUS À UN CROCHET !
NOTE, MON AMI ! C'EST UN SCOOP, ÇA !
ABREUVÉE DE COMMUNIQUÉS, D'INFORMATIONS, DE CONFIDENCES, LA PRESSE FINISSAIT PAR RELAYER SES MESSAGES ALORS QUE SES CONCURRENTS RESTAIENT INAUDIBLES. SA VISION DES CHOSES FINISSAIT AINSI PAR S'IMPOSER...
MMMHH
ENFIN, SARKOZY JOUAIT AUSSI DE SES NOMBREUX SOUTIENS DE "PEOPLE". ON N'EST PAS ÉLU GRÂCE AUX ARTISTES, MAIS ON NE PEUT PAS L'ÊTRE SANS EUX, SE PLAISAIT-IL À RÉPÉTER...
PIERRE ARDITI
DOC GYNÉCO
PASCAL SEVRAN
STEEVY
BERTRAND TAVERNIER
JE SUIS TROUBLÉ...
'FALLAIT PAS DIRE "RACAILLE" MAIS C'EST UN TYPE BIEN...
UN VRAI GENTIL...
J'A PRIS MA CARTE DE L'UMP !
SON ACTION A ÉTÉ COURAGEUSE SUR LA DOUBLE PEINE. DU COUP JE SUIS DANS SON CLIP !
SEULES QUELQUES STARS ONT RÉSISTÉ...
SARKOZY M'A PAS PRIS DANS SES BRAS...

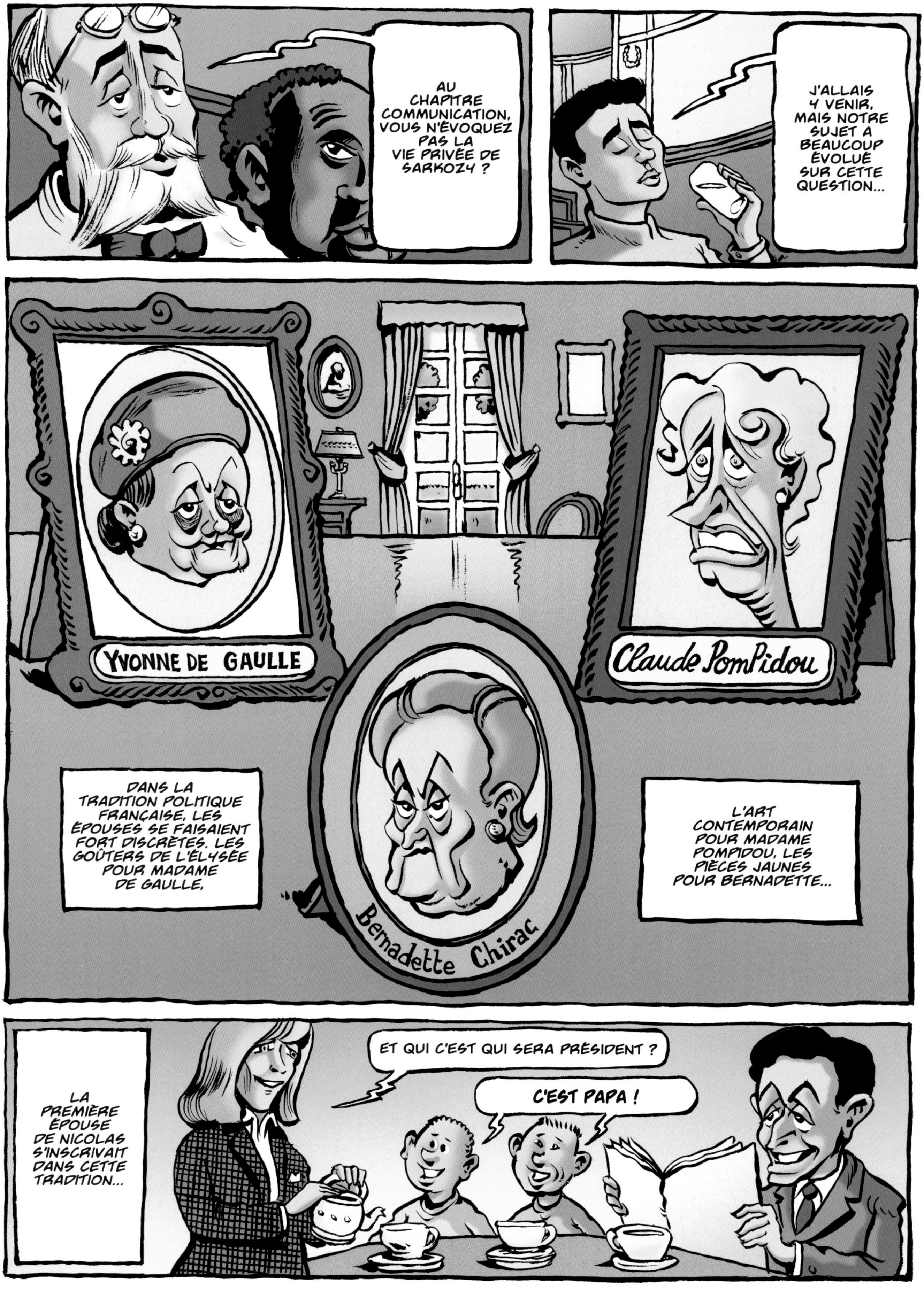
AU CHAPITRE COMMUNICATION, VOUS N'ÉVOQUEZ PAS LA VIE PRIVÉE DE SARKOZY ?
J'ALLAIS Y VENIR, MAIS NOTRE SUJET A BEAUCOUP ÉVOLUÉ SUR CETTE QUESTION...
YVONNE DE GAULLE
Claude Pompidou
Bernadette Chirac
DANS LA TRADITION POLITIQUE FRANÇAISE, LES ÉPOUSES SE FAISAIENT FORT DISCRÈTES. LES GOÛTERS DE L'ÉLYSÉE POUR MADAME DE GAULLE,
L'ART CONTEMPORAIN POUR MADAME POMPIDOU, LES PIÈCES JAUNES POUR BERNADETTE...
LA PREMIÈRE ÉPOUSE DE NICOLAS S'INSCRIVAIT DANS CETTE TRADITION...
ET QUI C'EST QUI SERA PRÉSIDENT ?
C'EST PAPA !

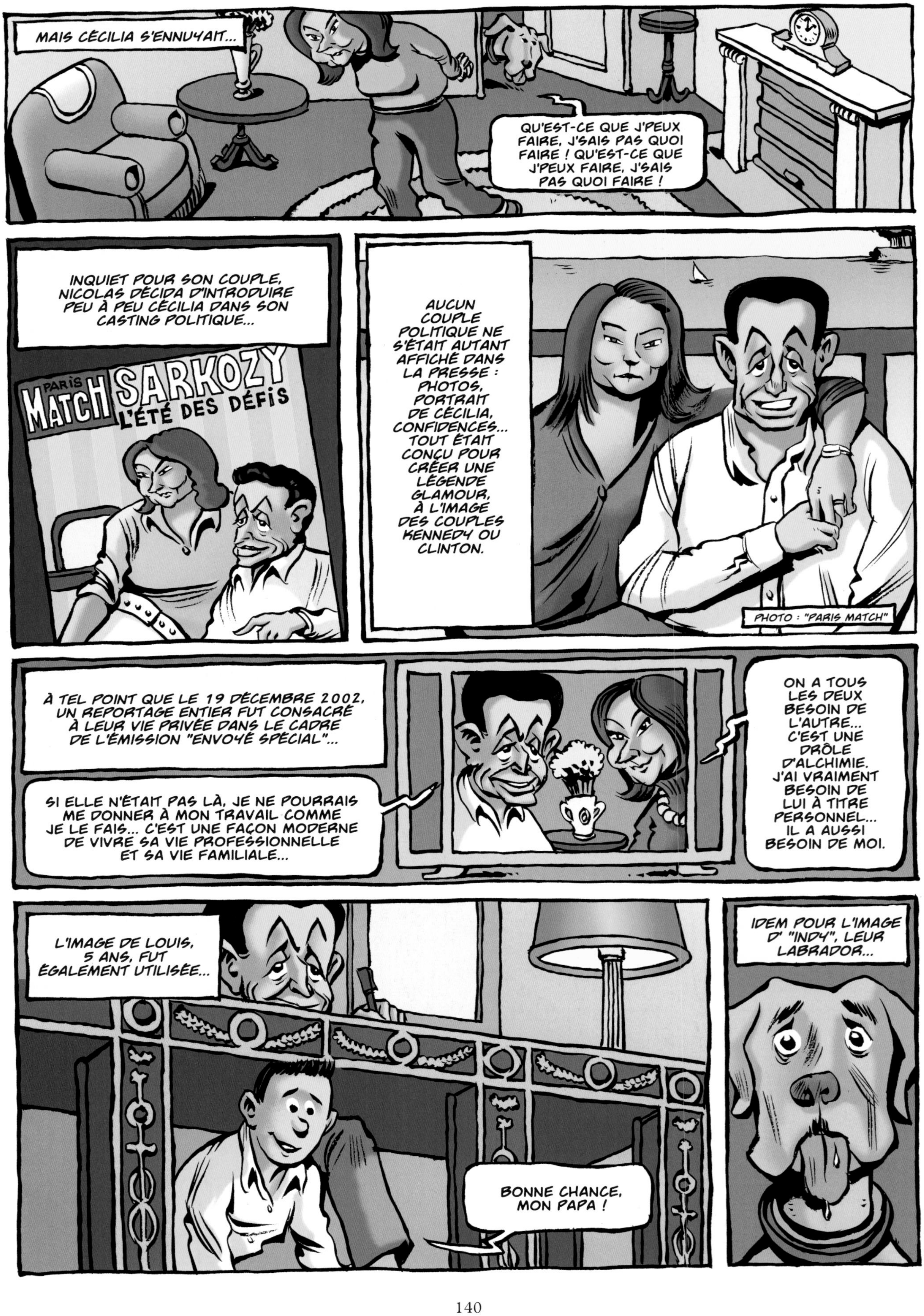
MAIS CÉCILIA S'ENNUYAIT...
QU'EST-CE QUE J'PEUX FAIRE, J'SAIS PAS QUOI FAIRE ! QU'EST-CE QUE J'PEUX FAIRE, J'SAIS PAS QUOI FAIRE !
INQUIET POUR SON COUPLE, NICOLAS DÉCIDA D'INTRODUIRE PEU À PEU CÉCILIA DANS SON CASTING POLITIQUE...
PARIS MATCH SARKOZY L'ÉTÉ DES DÉFIS
AUCUN COUPLE POLITIQUE NE S'ÉTAIT AUTANT AFFICHÉ DANS LA PRESSE : PHOTOS, PORTRAIT DE CÉCILIA, CONFIDENCES... TOUT ÉTAIT CONÇU POUR CRÉER UNE LÉGENDE GLAMOUR, À L'IMAGE DES COUPLES KENNEDY OU CLINTON.
PHOTO : "PARIS MATCH"
À TEL POINT QUE LE 19 DÉCEMBRE 2002, UN REPORTAGE ENTIER FUT CONSACRÉ À LEUR VIE PRIVÉE DANS LE CADRE DE L'ÉMISSION "ENVOYÉ SPÉCIAL"...
SI ELLE N'ÉTAIT PAS LÀ, JE NE POURRAIS ME DONNER À MON TRAVAIL COMME JE LE FAIS... C'EST UNE FAÇON MODERNE DE VIVRE SA VIE PROFESSIONNELLE ET SA VIE FAMILIALE...
ON A TOUS LES DEUX BESOIN DE L'AUTRE... C'EST UNE DRÔLE D'ALCHIMIE. J'AI VRAIMENT BESOIN DE LUI À TITRE PERSONNEL... IL A AUSSI BESOIN DE MOI.
L'IMAGE DE LOUIS, 5 ANS, FUT ÉGALEMENT UTILISÉE...
BONNE CHANCE, MON PAPA !
IDEM POUR L'IMAGE D' "INDY", LEUR LABRADOR...

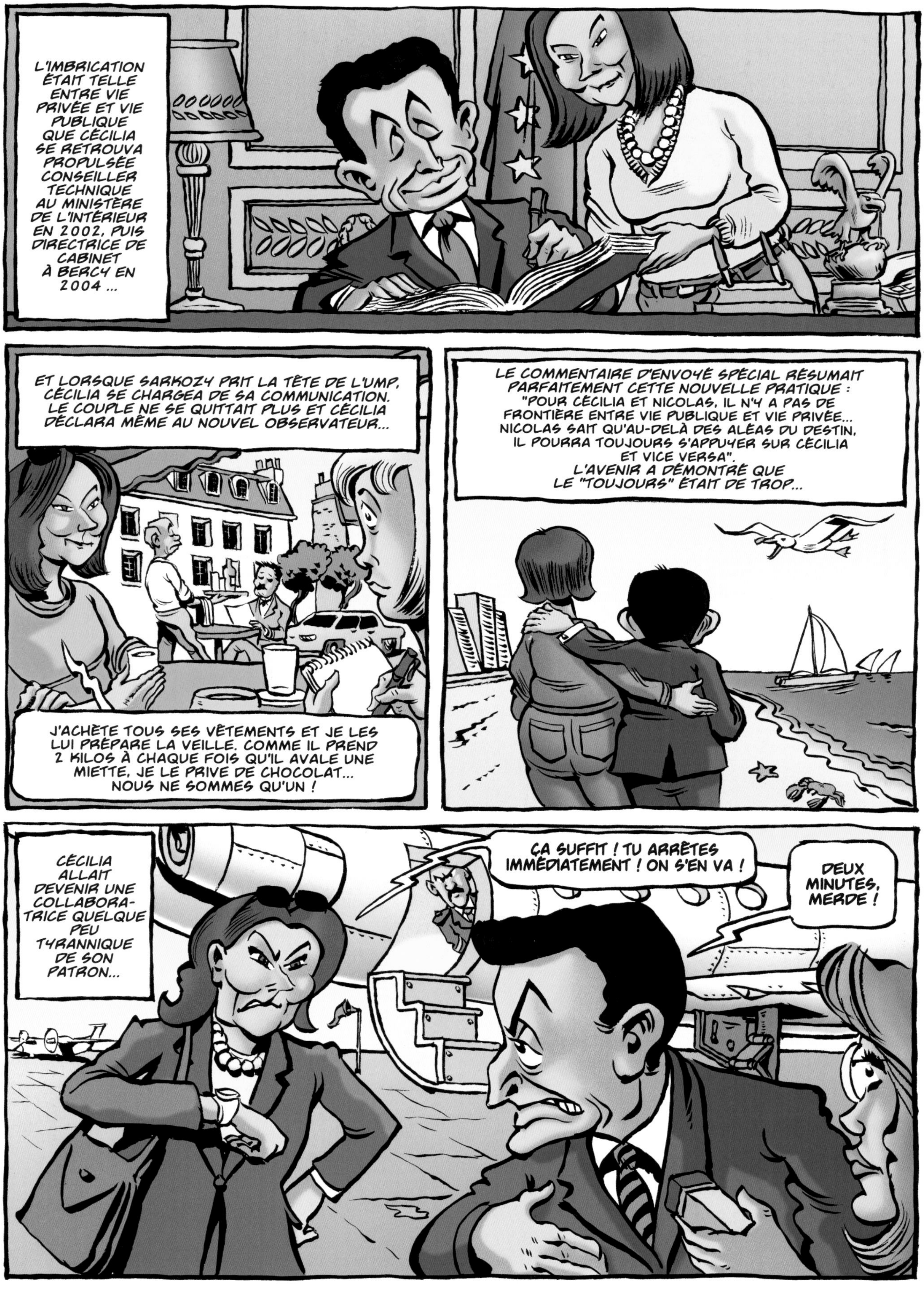
L'IMBRICATION ÉTAIT TELLE ENTRE VIE PRIVÉE ET VIE PUBLIQUE QUE CÉCILIA SE RETROUVA PROPULSÉE CONSEILLER TECHNIQUE AU MINISTÈRE DE L'INTÉRIEUR EN 2002, PUIS DIRECTRICE DE CABINET À BERCY EN 2004...
ET LORSQUE SARKOZY PRIT LA TÊTE DE L'UMP, CÉCILIA SE CHARGEA DE SA COMMUNICATION. LE COUPLE NE SE QUITTAIT PLUS ET CÉCILIA DÉCLARA MÊME AU NOUVEL OBSERVATEUR...
J'ACHÈTE TOUS SES VÊTEMENTS ET JE LES LUI PRÉPARE LA VEILLE. COMME IL PREND 2 KILOS À CHAQUE FOIS QU'IL AVALE UNE MIETTE, JE LE PRIVE DE CHOCOLAT... NOUS NE SOMMES QU'UN !
LE COMMENTAIRE D'ENVOYÉ SPÉCIAL RÉSUMAIT PARFAITEMENT CETTE NOUVELLE PRATIQUE : "POUR CÉCILIA ET NICOLAS, IL N'Y A PAS DE FRONTIÈRE ENTRE VIE PUBLIQUE ET VIE PRIVÉE... NICOLAS SAIT QU'AU-DELÀ DES ALÉAS DU DESTIN, IL POURRA TOUJOURS S'APPUYER SUR CÉCILIA ET VICE VERSA". L'AVENIR A DÉMONTRÉ QUE LE "TOUJOURS" ÉTAIT DE TROP...
CÉCILIA ALLAIT DEVENIR UNE COLLABORATRICE QUELQUE PEU TYRANNIQUE DE SON PATRON...
ÇA SUFFIT ! TU ARRÊTES IMMÉDIATEMENT ! ON S'EN VA !
DEUX MINUTES, MERDE !

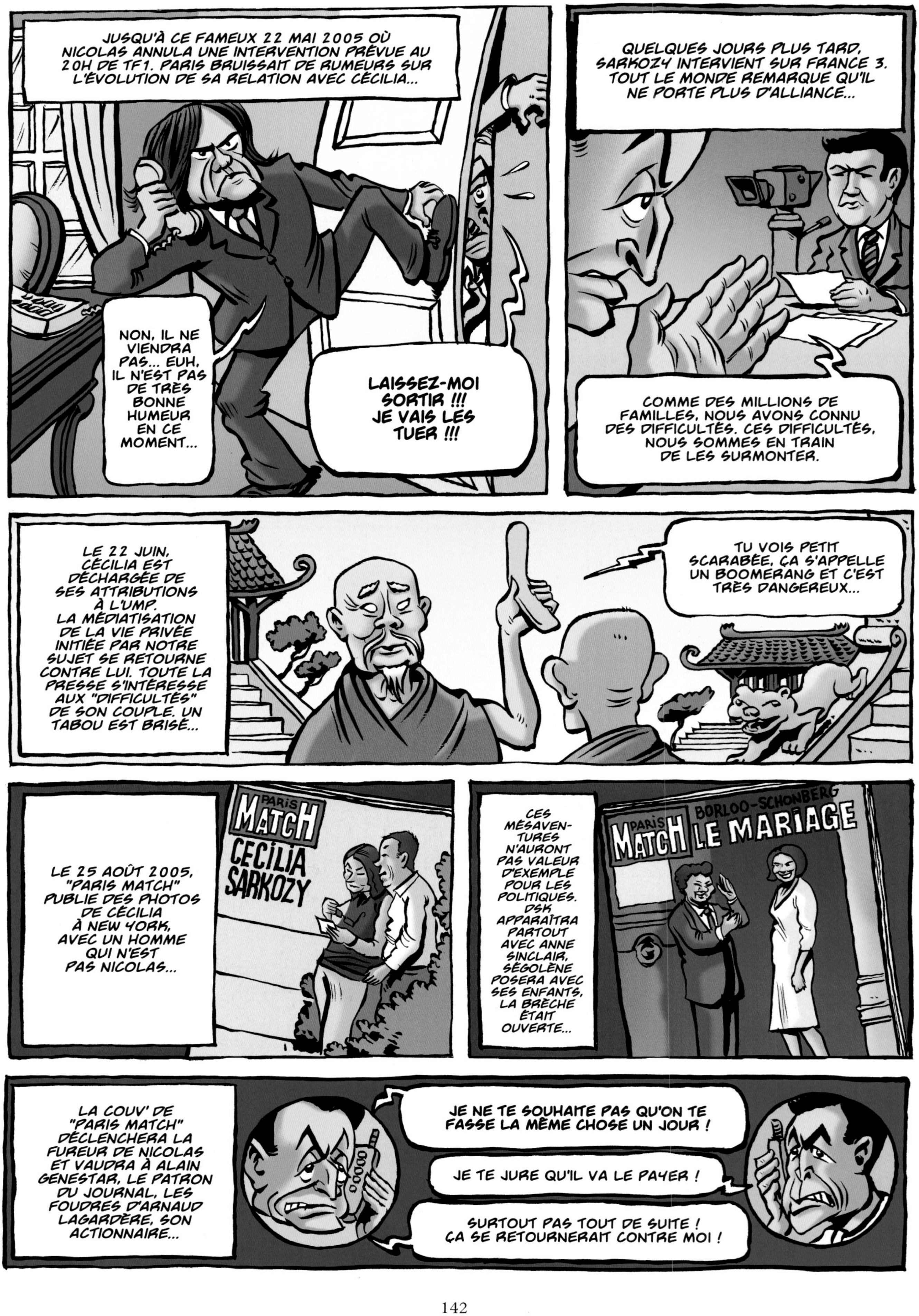
JUSQU'À CE FAMEUX 22 MAI 2005 OÙ NICOLAS ANNULA UNE INTERVENTION PRÉVUE AU 20H DE TF1. PARIS BRUISSAIT DE RUMEURS SUR L'ÉVOLUTION DE SA RELATION AVEC CÉCILIA...
NON, IL NE VIENDRA PAS... EUH, IL N'EST PAS DE TRÈS BONNE HUMEUR EN CE MOMENT...
LAISSEZ-MOI SORTIR !!! JE VAIS LES TUER !!!
QUELQUES JOURS PLUS TARD, SARKOZY INTERVIENT SUR FRANCE 3. TOUT LE MONDE REMARQUE QU'IL NE PORTE PLUS D'ALLIANCE...
COMME DES MILLIONS DE FAMILLES, NOUS AVONS CONNU DES DIFFICULTÉS. CES DIFFICULTÉS, NOUS SOMMES EN TRAIN DE LES SURMONTER.
LE 22 JUIN, CÉCILIA EST DÉCHARGÉE DE SES ATTRIBUTIONS À L'UMP. LA MÉDIATISATION DE LA VIE PRIVÉE INITIÉE PAR NOTRE SUJET SE RETOURNE CONTRE LUI. TOUTE LA PRESSE S'INTÉRESSE AUX "DIFFICULTÉS" DE SON COUPLE. UN TABOU EST BRISÉ...
TU VOIS PETIT SCARABÉE, ÇA S'APPELLE UN BOOMERANG ET C'EST TRÈS DANGEREUX...
LE 25 AOÛT 2005, "PARIS MATCH" PUBLIE DES PHOTOS DE CÉCILIA À NEW YORK, AVEC UN HOMME QUI N'EST PAS NICOLAS...
PARIS MATCH
CÉCILIA SARKOZY
CES MÉSAVENTURES N'AURONT PAS VALEUR D'EXEMPLE POUR LES POLITIQUES. DSK APPARAÎTRA PARTOUT AVEC ANNE SINCLAIR, SÉGOLÈNE POSERA AVEC SES ENFANTS, LA BRÈCHE ÉTAIT OUVERTE...
PARIS MATCH
BORLOO-SCHONBERG LE MARIAGE
LA COUV' DE "PARIS MATCH" DÉCLENCHERA LA FUREUR DE NICOLAS ET VAUDRA À ALAIN GENESTAR, LE PATRON DU JOURNAL, LES FOUDRES D'ARNAUD LAGARDÈRE, SON ACTIONNAIRE...
JE NE TE SOUHAITE PAS QU'ON TE FASSE LA MÊME CHOSE UN JOUR !
JE TE JURE QU'IL VA LE PAYER !
SURTOUT PAS TOUT DE SUITE ! ÇA SE RETOURNERAIT CONTRE MOI !

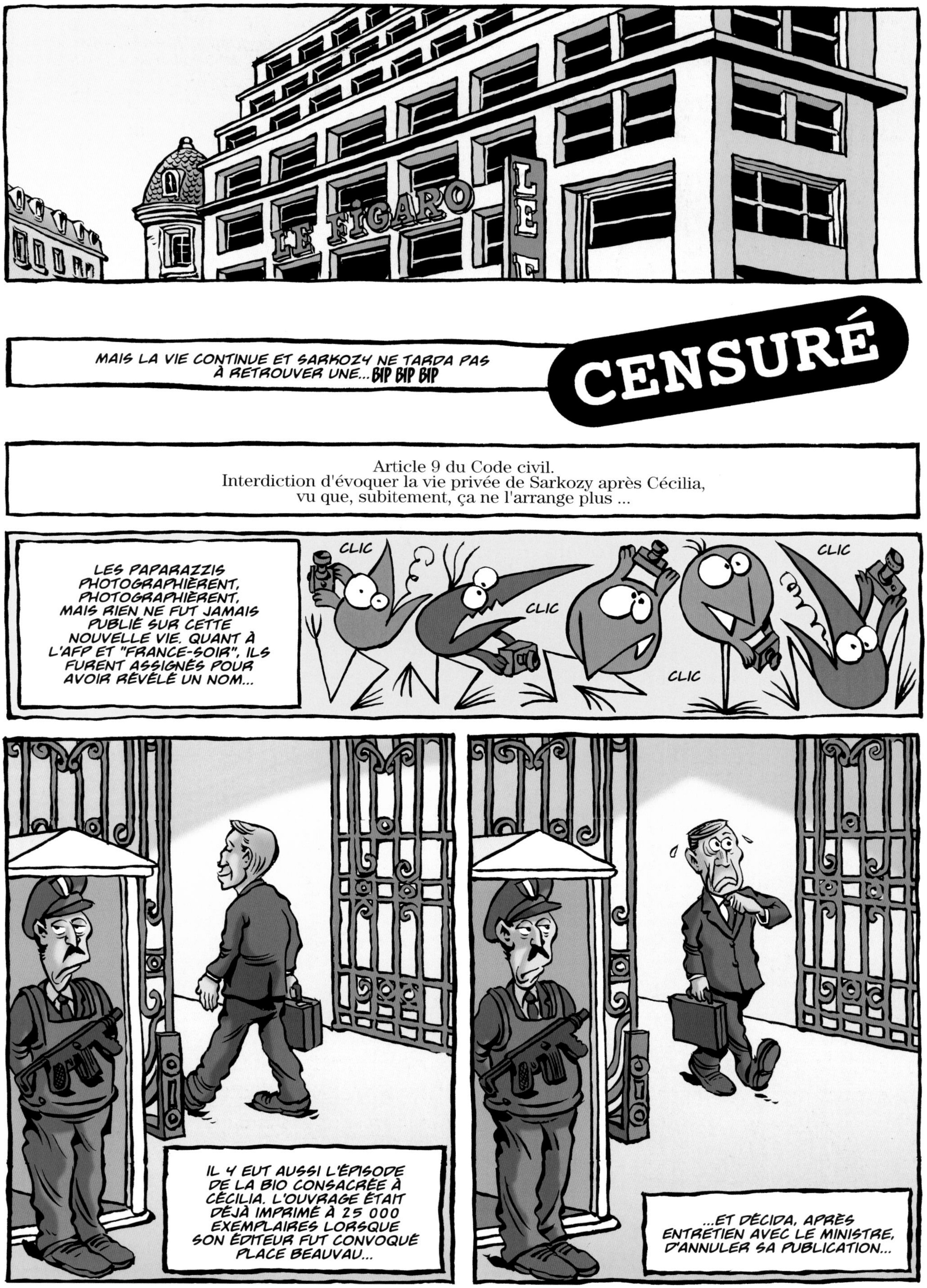
LE FIGARO
MAIS LA VIE CONTINUE ET SARKOZY NE TARDA PAS À RETROUVER UNE... BIP BIP BIP
CENSURÉ
Article 9 du Code civil.
Interdiction d'évoquer la vie privée de Sarkozy après Cécilia,
vu que, subitement, ça ne l'arrange plus ...
LES PAPARAZZIS PHOTOGRAPHIÈRENT, PHOTOGRAPHIÈRENT, MAIS RIEN NE FUT JAMAIS PUBLIÉ SUR CETTE NOUVELLE VIE. QUANT À L'AFP ET "FRANCE-SOIR", ILS FURENT ASSIGNÉS POUR AVOIR RÉVÉLÉ UN NOM...
CLIC
CLIC
CLIC
CLIC
IL Y EUT AUSSI L'ÉPISODE DE LA BIO CONSACRÉE À CÉCILIA. L'OUVRAGE ÉTAIT DÉJÀ IMPRIMÉ À 25 000 EXEMPLAIRES LORSQUE SON ÉDITEUR FUT CONVOQUÉ PLACE BEAUVAU...
...ET DÉCIDA, APRÈS ENTRETIEN AVEC LE MINISTRE, D'ANNULER SA PUBLICATION...

POUR FINIR, SARKOZY ADMIT SON ERREUR D'AVOIR MÉDIATISÉ SA VIE PRIVÉE ET JURA DE NE PLUS JAMAIS L'ÉVOQUER...

MANQUANT À LA PUDEUR LA PLUS ÉLÉMENTAIRE, DOIS-JE POUR LES BESOINS DE LA CAUSE PUBLICITAIRE, DIVULGUER AVEC QUI ET DANS QUELLE POSITION, JE PLONGE DANS LE STUPRE ET LA FORNICATION.

APRÈS AVOIR FAIT LE CONTRAIRE PENDANT DES ANNÉES, IL REVENAIT AINSI À SA DOCTRINE PUBLIQUEMENT EXPOSÉE EN 1995...

JE NE METTRAI JAMAIS MA FAMILLE AU SERVICE DE MA CARRIÈRE !

AVANT DE CHANGER UNE NOUVELLE FOIS D'AVIS, QUELQUES MOIS PLUS TARD, LORSQUE CÉCILIA RÉAPPARAÎTRA PLACE BEAUVAU...

Cécilia et Nicolas Sarkozy
POURQUOI ILS SE SONT RETROUVÉS

"RTL", "LE PARISIEN" ET "FRANCE-SOIR" EMBRAYENT, SANS QU'IL NE SOIT PLUS QUESTION DE PROCÈS... L'ÉQUIPE SARKOZY EST À NOUVEAU AUX PETITS SOINS POUR LES JOURNALISTES...

ELLE EST REVENUE LA POMPONETTE ! LA GARCE ! ELLE ÉTAIT PARTIE AVEC UN CHAT DE GOUTTIÈRES. ET LE PAUVRE POMPON QUI SE FAISAIT UN SANG D'ENCRE !

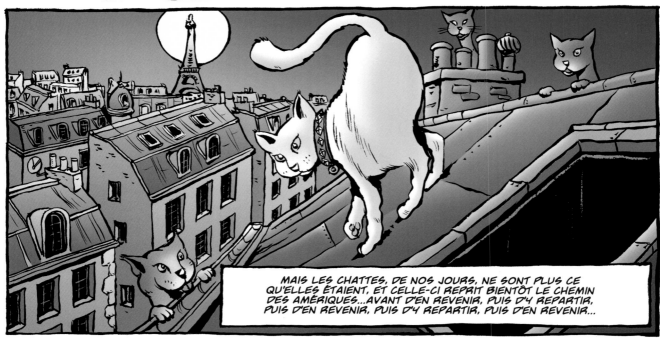

MAIS LES CHATTES, DE NOS JOURS, NE SONT PLUS CE QU'ELLES ÉTAIENT, ET CELLE-CI REPRIT BIENTÔT LE CHEMIN DES AMÉRIQUES...AVANT D'EN REVENIR, PUIS D'Y REPARTIR, PUIS D'EN REVENIR, PUIS D'Y REPARTIR, PUIS D'EN REVENIR...

ÉPILOGUE

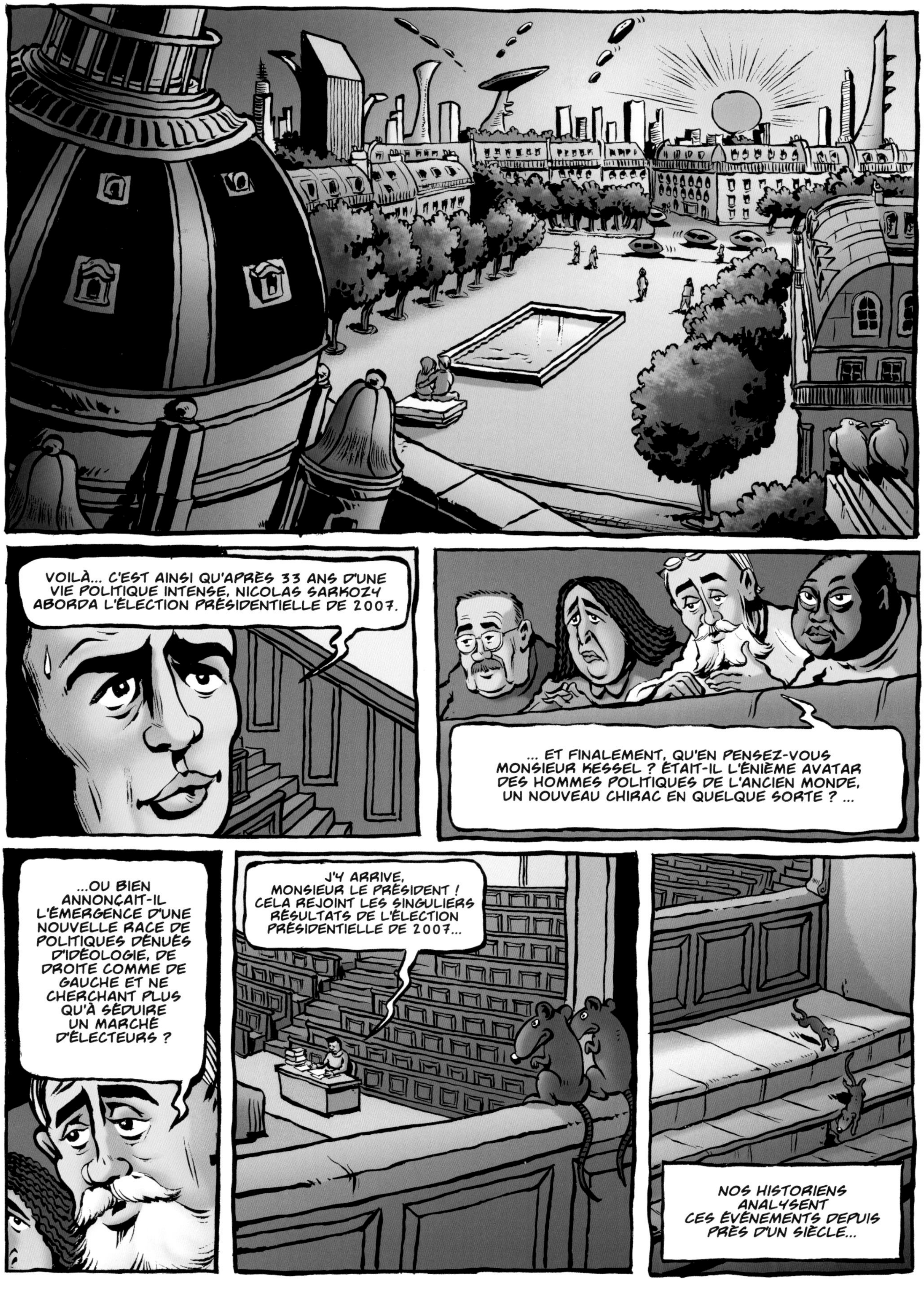
VOILÀ... C'EST AINSI QU'APRÈS 33 ANS D'UNE VIE POLITIQUE INTENSE, NICOLAS SARKOZY ABORDA L'ÉLECTION PRÉSIDENTIELLE DE 2007.
... ET FINALEMENT, QU'EN PENSEZ-VOUS MONSIEUR KESSEL ? ÉTAIT-IL L'ÉNIÈME AVATAR DES HOMMES POLITIQUES DE L'ANCIEN MONDE, UN NOUVEAU CHIRAC EN QUELQUE SORTE ? ...
...OU BIEN ANNONÇAIT-IL L'ÉMERGENCE D'UNE NOUVELLE RACE DE POLITIQUES DÉNUÉS D'IDÉOLOGIE, DE DROITE COMME DE GAUCHE ET NE CHERCHANT PLUS QU'À SÉDUIRE UN MARCHÉ D'ÉLECTEURS ?
J'Y ARRIVE, MONSIEUR LE PRÉSIDENT ! CELA REJOINT LES SINGULIERS RÉSULTATS DE L'ÉLECTION PRÉSIDENTIELLE DE 2007...
NOS HISTORIENS ANALYSENT CES ÉVÉNEMENTS DEPUIS PRÈS D'UN SIÈCLE...

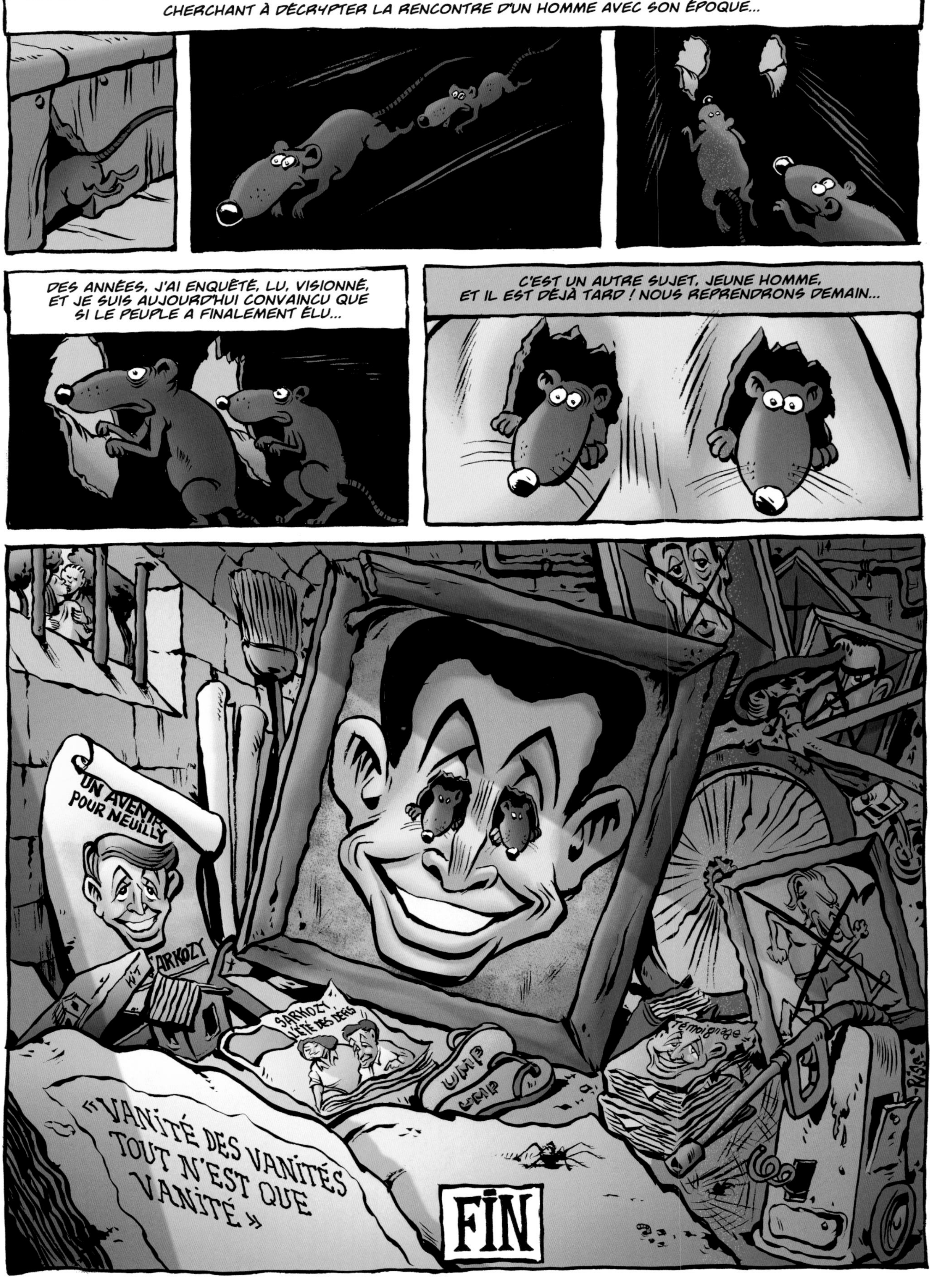
CHERCHANT À DÉCRYPTER LA RENCONTRE D'UN HOMME AVEC SON ÉPOQUE...
DES ANNÉES, J'AI ENQUÊTÉ, LU, VISIONNÉ, ET JE SUIS AUJOURD'HUI CONVAINCU QUE SI LE PEUPLE A FINALEMENT ÉLU...
C'EST UN AUTRE SUJET, JEUNE HOMME, ET IL EST DÉJÀ TARD ! NOUS REPRENDRONS DEMAIN...
POUR NEUILLY
SARKOZY
UMP
Témoignage
« VANITÉ DES VANITÉS TOUT N'EST QUE VANITÉ »
FIN

NOTES ET SOURCES

SARKOZY À MOULINSART !

Sur le ton de la boutade, Charles de Gaulle avait confié à un proche, dans les années 1960, que Tintin était son principal concurrent. Le Général voyait loin. Mais il n'aurait vraisemblablement pas pu imaginer qu'à une génération de son magistère, un homme politique se coulerait aussi bien dans un personnage de bande dessinée.

Observons le héros de cet album et son incroyable faculté à créer un « événement Sarkozy » chaque jour ou presque. Lundi à New York, mardi à Sangatte, mercredi à Aubervilliers, jeudi à Madrid… Il y a de la graine de Marsupilami chez cet homme-là. Sarkozy est le premier homme politique en latex, figurine qu'il a lui-même façonnée à force de fréquenter le « 20 heures ». Là, assis devant la table ovale, Speedy Sarko simplifie le monde. À chaque sujet son bouc émissaire, sa victime et son sauveur, Speedy Sarko, bien sûr, qui repeint l'univers en noir et en rose. Avec lui, la politique devient aussi facile à déchiffrer que les contes de notre enfance. Ce populisme infantile, qu'il décline savamment en feuilletons tout au long de l'année, est déjà la trame d'une bande dessinée. Nous n'avions donc rien à inventer, si ce n'est de marier, pour la première fois, BD et enquête.

La créativité de la mise en scène et du dessin n'a pas été bridée, mais les faits relatés sont authentiques, appuyés sur un travail journalistique. On trouvera ci-dessous les références de quelques-unes des sources exploitées pour cette enquête. Celle-ci révèle un homme cynique (c'est ce qu'il appelle le « réalisme »), affranchi de toute conviction (le « pragmatisme ») et prêt à tout pour parvenir à ses fins (l'« efficacité »). Elle montre l'émergence d'un homme politique d'un nouveau type, qui recherche l'approbation du peuple en s'efforçant de « coproduire » l'information avec les médias, se positionnant comme un élément quotidien et indispensable de l'agenda médiatique. Ce faisant, Nicolas Sarkozy contribue à transformer la démocratie, quitte à contraindre la gauche à utiliser les mêmes armes : Sarko contre Ségo, ne serait-ce pas un bon titre de BD ?

Le Général évoquait Tintin, incarnation du Bien et de la loyauté. Le maire de Neuilly-sur-Seine a songé, un bref instant, à devenir journaliste. Aujourd'hui, il nous fait plus souvent songer au général Tapioca. Or, Nicolas Sarkozy est aussi et surtout candidat à la charge suprême. Sa victoire sanctionnerait davantage son désir dévorant de conquérir le pouvoir que son talent à l'exercer pour le bien commun.

L'Élysée n'est pas le château de Moulinsart. Nicolas Sarkozy doit rester dans le rôle qui lui convient le mieux : celui d'un personnage de fiction. Vu à la télé, mais pas à l'Élysée.

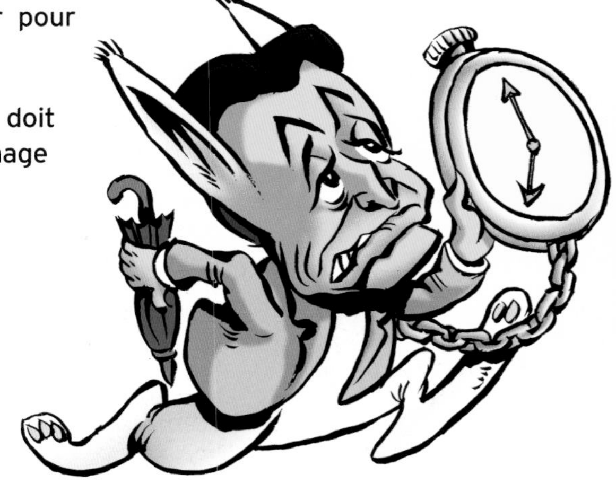

« SAR-COSETTE ».

L'enfance de Nicolas Sarkozy a été largement abordée par ses biographes, et par Nicolas Sarkozy lui-même dans ses interviews et livres.

DOCUMENTATION :
• *Sarkozy, au fond des yeux*, par Nicolas Domenach, Jacob-Duvernet, 2004 ;
• *Sarkozy, l'ascension d'un jeune homme pressé*, par Anita Hauser, Belfond, 1995 ;
• *Au bout de la passion, l'équilibre*, entretien de Nicolas Sarkozy avec Michel Denisot, Albin Michel, 1998 ;
• *Libre*, par Nicolas Sarkozy, Fixot/Laffont, 2002.

« CHIRAC M'A DONNÉ LA FOI... EN MOI ».

Les détails de l'existence du jeune Sarkozy ont été rigoureusement respectés (service militaire, études, Volkswagen).
Sur la planche de la page 28, qui reproduit la réunion du bureau politique de l'UDR du 12 décembre 1974, on reconnaît de gauche à droite : Pierre Messmer, Jacques Chirac, Michel Debré, Maurice Couve de Murville et Olivier Guichard.
La première émission de télévision à laquelle participe Sarkozy (p.31) est diffusée le 21 mai 1975.
Le premier discours de Nicolas Sakozy au congrès de Nice, les 14 et 15 juin 1974 (p.32), se conclut effectivement par la phrase : « Être gaulliste, c'est être révolutionnaire. »
La case (p. 33) reproduisant une manifestation étudiante hostile au mouvement étudiant contre la réforme Devaquet (1986) est inspirée d'une photo d'archives, de même que l'image réunissant Robert Hersant et Nicolas Sarkozy (p. 40).
La citation de Jacques Chirac au Comité central du RPR du 10 décembre 1977 (p. 39) est authentique.

DOCUMENTATION :
• *Sarkozy, au fond des yeux*, par Nicolas Domenach, Jacob-Duvernet, 2004 ;
• *Sarkozy, l'ascension d'un jeune homme pressé*, par Anita Hauser, Belfond, 1995 ;
• *La Loi du clan*, par Florence d'Harcourt, Plon, 1997.

« 1977-1983 : IL ÉTAIT UNE FOIS DANS LES HAUTS-DE-SEINE ».

La citation de Jacques Chirac (p. 41) est tirée de l'appel de Cochin.

DOCUMENTATION :
• *Sarkozy, au fond des yeux*, par

Nicolas Domenach, Jacob-Duvernet, 2004 ;
• *Sarkozy, l'ascension d'un jeune homme pressé*, par Anita Hauser, Belfond, 1995 ;
• *Le Journal de Neuilly* : collection 1977-1983.

« 1983 : NEUILLY VAUT BIEN UNE TRAHISON ».

Les citations d'Achille Peretti concernant Sarkozy et Florence d'Harcourt (p. 47) et celles concernant Louis-Charles Bary et Charles Pasqua (p. 47 également) ont été reconstituées à partir de témoignages.
Charles et Jeanne Pasqua ont effectivement déménagé pour s'installer à Neuilly en 1983 (p. 48).
Le récit de la conquête de Neuilly s'inspire de témoignages d'acteurs et d'observateurs qui complètent, confirment ou contredisent les analyses de quelques ouvrages.
La plupart des dialogues sont authentiques ou reconstitués à partir des témoignages recueillis.
La formule de Nicolas Sarkozy sur Charles Pasqua (p. 56) est authentique.

DOCUMENTATION :
• *Ce terrible monsieur Pasqua*, par Philippe Boggio, Plon, 1988 ;
• *La Loi du clan*, par Florence d'Harcourt, Plon, 1997 ;
• *Nicolas Sarkozy*, par Victor Noir, Denoël, 2005 ;
• *Sarkozy, au fond des yeux*, par Nicolas Domenach, Jacob-Duvernet, 2004 ;
• *Sarkozy, l'ascension d'un jeune homme pressé*, par Anita Hauser, Belfond, 1995 ;
• *Le Journal de Neuilly*, collection 1977-1983 ;
• *Le Quotidien de Paris* du 2 mai 1983 ;
• *Le Figaro* des 15, 16, 19, 20 et 28 avril 1983.

« 1983-1993 : L'AMI DE LA FAMILLE ».

Les citations de Charles Pasqua sur Nicolas Sarkozy (p. 63) sont authentiques.
La modeste contribution du député Sarkozy à la législature 1988-1993 (p. 64) est fidèlement restituée.
La citation de Claude Chirac (p. 66) est extraite de l'ouvrage de Béatrice Gurrey.
La citation d'Édouard Balladur (p. 68) est authentique, ainsi que sa réplique à Jacques Chirac (p. 69).
La citation de François Mitterrand (p. 69) est authentique.
Nicolas Sarkozy a effectivement

convié ses proches à fêter son arrivée à Bercy (p. 69).

DOCUMENTATION :
• *Nicolas Sarkozy*, par Victor Noir, Denoël, 2005 ;
• *Sarkozy, au fond des yeux*, par Nicolas Domenach, Jacob-Duvernet, 2004 ;
• *Sarkozy, l'ascension d'un jeune homme pressé*, par Anita Hauser, Belfond, 1995 ;
• *La Loi du clan*, par Florence d'Harcourt, Plon, 1997 ;
• *Le Rebelle et le Roi*, par Béatrice Gurrey, Albin Michel, 2004 ;
• *Les 21 jours qui ébranlèrent la droite*, par Gilles Bresson et Jean-Michel Thénard, Grasset, 1989 ;
• *Le Canard Enchaîné* du 22 décembre 1993.

« DEUX ANS DE BONHEUR : 1993-1995 ».

Le dialogue entre Jacques Chirac et Nicolas Sarkozy (p. 74) est reconstitué d'après plusieurs témoignages.
L'épisode de la prise d'otages de Neuilly est inspiré du documentaire de Jean-Baptiste Rivoire et de Véronique Robert, *Sarkozy : enquête sur un présidentiable*, diffusé par Canal+ le 29 mai 2005 (pp. 76 et 77).
La citation de Nicolas Sarkozy sur la « méthode Balladur » (p. 85) est authentique.
La citation de Jean-Marie Le Pen (p. 87) sur Nicolas Sarkozy est authentique, de même que la reconstitution du club Phares et Balises à laquelle participait également Emmanuel Todd.
Le dialogue entre Nicolas Sarkozy et William Abitbol (à droite, dans la case 2, p. 90) est authentique, de même que les extraits de l'intervention de Jacques Chirac

devant la Fondation Saint-Simon (p. 90 également).

DOCUMENTATION :
• *Les deux Nicolas. La machine Balladur*, par Ghislaine Otteinheimer, Plon, 1994 ;
• *L'Impossible Victoire*, par Ghislaine Otteinheimer, Robert Laffont, 1995 ;
• *Immobile, à grands pas*, par Éric Zemmour, Grasset, 1995 ;
• *TF1, un pouvoir*, par Pierre Péan et Christophe Nick, Fayard, 1996 ;
• *La Face cachée du Monde*, par Pierre Péan et Philippe Cohen, Mille et une nuits, 2003 ;
• *Chirac & dépendances*, par Jean-François Probst, Ramsay, 2002 ;
• *La Tragédie du Président. Scènes de la vie politique, 1986-2006*, par Franz-Olivier Giesbert, Flammarion, 2006 ;
• *Le Canard Enchaîné*, collection 1993-1995 ;
« L'incontournable M. Sarkozy », in *L'Express* du 8 septembre 1994 ;
« MM. Chirac et Balladur comptent leurs troupes parlementaires » in *Le Monde* du 17 septembre 1994 ;
« Un discret dispositif », in *Libération* du 27 septembre 1994 ;
« Droite : la haine », in *L'Express* du 17 novembre 1994 ;
« Le juge s'intéressait au dossier fiscal de Sarkozy et de Pasqua », in *InfoMatin* du 22 décembre 1994 ;
« Sarkozy se substitue au candidat Balladur », in *Le Parisien* du 31 janvier 1995 ;
« Nicolas Sarkozy gèle les crédits de la culture », in *Libération* du 26 février 1995 ;
« Des "coups tordus" émaillent la compétition au sein de la droite », in *Le Monde* du 1er avril 1995 ;
« Balladur se sert du franc pour croiser une dernière fois le fer avec Chirac », in *Libération* du 20 avril 1995 ;
« Témoin au procès des HLM des Hauts-de-Seine, le juge Halphen

évoque les dysfonctionnements de la justice », in *Le Monde* du 15 juillet 2005.

« 1995-2002 : LA TRAVERSÉE DU BAC À SABLE ».
Les phrases de Sarkozy et de Chirac de la page 95 sont tirées des articles publiés, sous pseudonyme, par le premier nommé dans le quotidien *Les Échos*.
Jean-Luc Lagardère, François Pinault et Jacques Pilhan ont effectivement fait savoir qu'ils avaient conseillé au président Chirac de faire entrer Nicolas Sarkozy au gouvernement (p. 95).
Nicolas Sarkozy a vraiment déclaré qu'un score de la majorité en dessous de 17% serait une catastrophe (p. 97).
Même s'il en a été fait fort peu de publicité, Nicolas Sakozy a sérieusement songé à abandonner la politique après le nouvel échec des élections européennes de 1999 (p. 98).
DOCUMENTATION :
• *Nicolas Sarkozy, l'instinct du pouvoir*, par Aymeric Mantoux, First, 2003 ;
• *Les lettres de mon château*, in *Les Échos* du 14 août 1995 ;
• *Le Canard Enchaîné* du 30 juin 2004.

« LA DROITE AU KÄRCHER ».
Après avoir brocardé Jean-Pierre Raffarin, Nicolas Sarkozy a effectivement organisé un dîner de réconciliation avec épouses (p. 103).
Lors de sa visite à Toulouse, Nicolas Sarkozy a annoncé le limogeage du préfet local, accusé de faire trop de « social » (p. 104).
Citation authentique du chef du Medef (p. 106) ainsi que la liste des personnes ralliées (p. 106).
Un conseiller proche de Patrick Devedjian a suggéré à un journaliste de la presse quotidienne d'enquêter sur le logement d'Hervé Gaymard (p. 108). Par ailleurs, Nicolas Sarkozy a fait plusieurs allusions assez grossières au logement de son « collègue », lors d'un déplacement en province.
Cette confidence quelque peu triomphaliste de Nicolas Sarkozy (p. 109) a effectivement été rapportée en ces termes, de même que la façon dont il a motivé son retour place Beauvau (p. 109 toujours).
Si l'existence de ces notes du général Rondot est imaginaire, leur contenu est attesté par des témoignages et des documents (p. 110).
Les interventions de Nicolas Sarkozy en matière de sécurité ont été reproduites ou fidèlement résumées (p. 111).
Les réactions de certains députés UMP à l'idée d'un vote immigré aux élections municipales ont été vives et ont effectivement déclenché la visite musclée d'Argenteuil (p. 113)
L'hebdomadaire *Marianne* a attiré l'attention de ses lecteurs sur le témoignage de Stéphane Denis (*Le Figaro*) qui affirme, contradictoirement à Nicolas Sarkozy, avoir prévenu ce dernier dès le printemps 2004 de l'existence d'une enquête sur lui menée par la DST (p. 115).
Les saillies de Nicolas Sarkozy sur Jean-François Coppé, Jean-Louis Debré ou Nicolas Dupont-Aignan sont attestées soit par des articles de presse, soit par des témoignages directs (p. 116).
DOCUMENTATION :
• *Nicolas Sarkozy, l'instinct du pouvoir*, par Aymeric Mantoux, First, 2003 ;
• *Sarkozy. Carnets de campagne*, par Jean-François Achilli, Robert Laffont, 2006 ;
• *Place Beauvau*, par Olivia Recasens, Jean-Michel Decugis et Christophe Labbé, Robert Laffont, 2006 ;
• *La Tragédie du Président*. Scènes de la vie politique, 1986-2006, par Franz-Olivier Giesbert, Flammarion, 2006 ;

« Sarkozy : "5,6 milliards d'euros pour la sécurité" », in *Le Figaro* du 10 juillet 2002 ;
« Nicolas Sarkozy, l'affamé de pouvoir », in *Le Monde* du 6 octobre 2002 ;
« Flic story », in *L'Express* du 24 octobre 2002 ;
« Soupçon sur le contrat du siècle », in *Le Point* du 6 mai 2004 ;
« Le Président français et le prince pourraient évoquer d'importants contrats », in *Le Monde* du 15 avril 2005 ;
« Non = Oui à Sarko ! », in *Le Nouvel Observateur* du 2 juin ; « Pourquoi Sarkozy a accepté de revenir », in *Le Figaro* du 1er juin 2005 ;
« Un ex-dirigeant dénonce un système de corruption chez Thales », in *Le Monde* du 27 septembre 2005 ;
« La campagne de Sarko prend feu à Clichy », in *Le Canard Enchaîné* du 2 novembre 2005 ;
« M. de Villepin impose sa stratégie de crise à Sarkozy », in *Le Monde* du 10 novembre 2005 ;
« La crise du CPE a modifié les équilibres à droite », in *Le Monde* du 12 avril 2006 ;
« Clearstream » in Wikipedia, juin 2006 ; collection de *Marianne*, novembre 2005-juin 2006.

« LE MOZART DES IDÉES ».
Les formules sur les patrons voyous et les stock-options sont tirées des discours de Nîmes et d'Agen (p. 121), en rupture totale avec la ligne de Sarkozy jusqu'alors.
La citation de Nicolas Sarkozy concernant l'Amérique (p. 121) est tirée de son discours devant l'AJC, lors de son voyage à New York, le 20 avril 2004.
Les extraits des discours de Lyon et de Nîmes sur la langue française sont authentiques (p. 122).
Le discours d'Agen prononcé par Nicolas Sarkozy était violemment critique sur l'Europe (p. 122). Seuls Édouard Balladur (citation authentique) et Alain Madelin ont relevé la chose, les médias ayant peu commenté ce tournant.
Nicolas Sarkozy a trouvé des accents ultra républicains lors de l'émission « Culture et dépendances », diffusée le 21 juin 2006 (p. 123).
L'idée que la religion est un facteur d'apaisement de la société est clairement exposée dans l'ouvrage de Nicolas Sarkozy sur la religion.
DOCUMENTATION :
• Discours de Nicolas Sarkozy de Lyon, de Nîmes et d'Agen, site officiel de l'UMP ;
• *La République, les religions, l'espérance*, par Nicolas Sarkozy,

Éditions du Cerf, 2004 ;
« Un accent américain qui irrite les gaullistes », in *Libération* du 27 avril 2004 ;
« En visite à New York, M. Sarkozy se dépeint comme un étranger dans son propre pays », in *Le Monde* du 6 octobre 2004 ;
« Sarko l'Américain », in *Le Nouvel Observateur* du 4 novembre 2004 ;
« Sarko a-t-il tourné gaucho ? », in *Marianne* du 1er juillet 2006.

« L'HOMME QUI PARLAIT À L'OREILLE DES MÉDIAS ».
La formule de la page 131 restitue, entre autres, les mots de Nicolas Sarkozy : « Il y a vingt ans, on agissait puis on communiquait. Moi, je fais l'inverse. Le premier étage de l'action, c'est la communication. »
D'où l'obsession de l'équipe Sarkozy d'intégrer l'« agenda médiatique » et d'être en symbiose avec les rédactions des principaux médias.
Le souci de l'audience de Nicolas Sarkozy (p. 133) n'est en rien exagéré : après son score réalisé dans l'émission de *France 2* « 100 minutes pour convaincre », le ministre le rappelait à tous ses interlocuteurs.
Les statistiques étonnantes sur la fréquence des passages télé de Nicolas Sarkozy est fondée sur l'exploitation de la base de données de l'INA.
L'UBM (p. 133) est un concept exploité par TNS Media Intelligence, l'un des nombreux cabinets de communication auxquels fait appel Nicolas Sarkozy.
Les appréciations « positives » de Nicolas Sarkozy sur des personnalités du monde médiatique (pp. 134-135) sont imaginaires, mais fondées sur des faits étayés.
Les « approches » de journalistes (p. 136) sont autant d'anecdotes réelles narrées par des journalistes à l'auteur de l'enquête.
La citation de Sarkozy sur Chirac et le sumo (p. 138) est authentique.
Celle sur Clearstream est tirée de l'ouvrage de Franz-Olivier Giesbert, *La Tragédie du Président*.
Tous les « hommages » des artistes de gauche (p. 138) sont authentiques.
Les citations de Cécilia et de Nicolas Sarkozy (p. 140) ainsi que le commentaire (p. 141), tirés de l'émission « Envoyé spécial », sont authentiques, de même que l'intervention de Sarkozy au journal télévisé de *France 3*.
Les photos de Nicolas Sarkozy et de sa nouvelle compagne ont été proposées à *VSD* et à *Paris-Match*, qui ont cependant refusé de les acheter (p. 143).

Le livre évoqué page 143 est celui de Valérie Domain, édité ensuite par les éditions Fayard sous une forme – à peine – romancée.

DOCUMENTATION :
• *Nicolas Sarkozy et la communication*, par Claire Arfal et Marlène Duroux, éditions Pepper, 2006 ;
• *Entre le cœur et la raison*, par Valérie Domain, Fayard, 2006 ;
• *Les Dessous de la presse people*, par Thibault Dromard et Léna Lutaud, Le Seuil, 2006 ;
• *People, le grand déballage*, par Renaud Revel et Laurence Debril, Michel Lafon, 2006 ;
« Nicolas Sarkozy, le sumo, la passion de Jacques Chirac », in *Le Monde* du 17 janvier 2004 ;
« Le Sarko Circus », in Tecknikart, mars 2004 ;
« Sarkozy prêt aux combats », in *Paris-Match* du 22 juillet 2004 ;
« Spielberg avec Chirac et Douste-Blazy, Cruise pour Sarkozy », in *Le Monde* du 8 septembre 2004 ;
« Quand le ministre de l'économie se dévoile », in *Le Point* du 28 octobre 2004 ; trois unes sur Nicolas Sarkozy (attaquées en justice par Nicolas Sarkozy), *Le Matin* (Lausanne) du 25 au 29 mai 2005 ;
« Soudés après l'épreuve », in *VSD* du 1er juin 2005 ;
« Nicolas et Cécilia Sarkozy, tempête sur leur couple », in *Gala* du 1er juin 2005 ;
« Cécilia, le pouvoir et la vie », in *Le Nouvel Observateur* du 30 juin 2005 ;
« Sarkozy, la vérité sur leur couple », in *Gala* du 10 août 2005 ;
« Qui est vraiment Cécilia Sarkozy ? », in *VSD* du 24 août ;
« Cécilia Sarkozy : l'heure du choix », in *Paris-Match* du 25 août 2005 ;
« La sarkonnection », in *Optimum* d'octobre 2005 ;
« Cécilia Sarkozy : enquête sur un livre interdit », in *Le Parisien* du 18 novembre 2005 ;
« *Paris-Match* caviarde une interview anti-Sarko de Noah », in *Le Canard Enchaîné* du 21 décembre 2005 ;
« Cécilia et Nicolas Sarkozy exhibent leur réconciliation », in *Libération* du 11 janvier 2006 ;
« Sarko conseiller en recrutement pour la rédaction d'*Europe 1* », in *Le Canard Enchaîné* du 22 février 2006 ;
« Comment Sarkozy cherche à contrôler les médias », in *Marianne* du 11 mars 2006.

La réalisation de cette enquête sur Nicolas Sarkozy a nécessité des entretiens avec plusieurs dizaines de personnes du monde politique, économique et médiatique. Le plus grand nombre d'entre elles n'ont pas souhaité apparaître directement. Que tous soient remerciés pour leur contribution.
Bien que Nicolas Sarkozy ait refusé tout contact (voir document en fac-similé p.155), malgré les questions, nombreuses, qui lui étaient destinées, nous tenons à le remercier pour son aimable contribution.

Liberté • Égalité • Fraternité
RÉPUBLIQUE FRANÇAISE

MINISTERE DE L'INTERIEUR
ET DE L'AMENAGEMENT DU TERRITOIRE

LE CHEF ADJOINT DE CABINET

Référence à rappeler :
CAB.INT/BDC/n°44085/MP

Monsieur Philippe COHEN

Paris, le ̄ 7 JUL 2006

Monsieur,

    La correspondance du 21 juin dernier que vous avez adressée à Monsieur Nicolas SARKOZY, Ministre d'Etat, Ministre de l'Intérieur et de l'Aménagement du Territoire, lui est bien parvenue.

    Votre courrier a retenu toute son attention et il vous en remercie très sincèrement.

    Cependant, il me charge de vous informer que les impératifs liés à sa charge ne lui permettront pas de vous recevoir .

    Je vous prie d'agréer, Monsieur, l'expression de ma considération distinguée.

Samuel FRINGANT

ADRESSE POSTALE : PLACE BEAUVAU 75800 PARIS CEDEX 08 - STANDARD 01.49.27.49.27 - 01.40.07.60.60
ADRESSE INTERNET : www.interieur.gouv.fr

SOMMAIRE